KB031842

인플루언서

Influencer: Die Ideologie der Werbekörper
by Ole Nymoen, Wolfgang M. Schmitt
© Suhrkamp Verlag Berlin 2021

All rights reserved by and controlled through Suhrkamp Verlag Berlin.
No part of this book may be used or reproduced in any manner whatever without written permission except in the case of brief quotations embodied in critical articles or reviews.

Korean Translation Copyright © 2022 by Miraebook Publishing Co.
Korean edition is published by arrangement with Suhrkamp Verlag, Berlin through BC Agency, Seoul

이 책의 한국어판 저작권은 BC에이전시를 통한
저작권사와의 독점 계약으로 '미래의창 주식회사'에 있습니다.
저작권법에 의해 보호를 받는 저작물이므로 무단 전제와 복제를 금합니다.

인플루언서

디지털 시대의 인간 광고판

볼프강 M. 슈미트Wolfgang M. Schmitt
올레 니모엔Ole Nymoen 지음

강희진 옮김

미래의창

서문

디지털 시대와 더불어 '인플루언서Influencer'라는 새로운 다크호스가 등장했다. 인플루언서는 대중문화와 소비문화를 앞장서서 주도하면서 광고업계나 자본주의 시장에 막대한 영향력을 행사하는 이들이다. 활동 영역이 온라인에만 국한된 것도 아니다. 이들은 오래전부터 오프라인 무대도 누벼왔다.

2019년 8월, 독일의 대표 일간지 《프랑크푸르터 알게마이네 차이퉁FAZ》은 "프로방스 지역의 라벤더 농장주들이 인플루언서들 때문에 불만이 이만저만이 아니다"라고 보도했다. 인스타그램 스타들이 완벽한 '컷'을 얻기 위해 라벤더 밭을 마구잡이로 침범하면서 피해가 막심했던 것이다.[1] 국립공원도 셀카 스타들이 무더기로 몰려오는 바람에 심각한 고초를 겪고 있다고 호소했다. 세계적 관광지들도 예외는 아니었다. 프랑스 수도 파리는 거주민 보호를 위해 사진이 잘 나오기로 입소문이 자자한 거리들을 아예 폐쇄하기까지 했다.

반면 소비재 산업계에서는 이 신흥 스타들을 양팔 벌려 환영하고 있다. 이들의 이미지를 잘만 활용하면 마트와 드러그 스토어(일반의약품 및 화장품 등 다양한 상품을 판매하는 소매점) 진열대에 자신들의 상품을 더 많이 진열할 수 있기 때문이다. 파리나 밀라노 패션쇼에서도 해당 분야 전문 기자들의 좌석이 뒤로 밀려나는 기막힌 상황이 펼쳐지곤 한다. 수백만 팔로워를 거느린 인스타그램 스타들을 위해 무대가 가장 잘 보이는 VIP석을 비워두기 위해서다.

이제 유력 신문사들의 종이 신문 정기 구독자 수는 인기 유튜버가 끌어모으는 팔로워 수에 비하면 새 발의 피에 지나지 않는다. 전통적 광고시장은 꾸준히 사양길을 걷고 있고, 젊은 층의 시청률이 급락하면서 TV 광고의 영향력도 내리막길로 치닫고 있다. 그에 반해 인플루언서를 이용한 마케팅은 브레이크 없는 질주를 거듭 중이다. 광고업계에서 자주 인용하는 마케팅 서비스 제공업체인 라쿠텐 광고가 2019년에 발표한 연구 결과를 보면 "독일 광고업체들은 최상위에 포진한 인플루언서들에게 포스팅 한 건당 3만 8천 유로까지 지불할 의사가 있다"라고 말했다.[2] 같은 해 실시한 조사에서 "총 광고 예산의 42퍼센트를 인플루언서 마케팅에 투자할 계획이 있다"라고도 답했다.[3] 이는 인플루언서가 명실상부한 경제 권력이 되었다는 뜻이다. 인플루언서의 영향력은 마케팅 분야에 그치지 않고 문화적, 정치적 파워도 막강해서 때로는 논란의 여지가 있는 특정 문화나 정치적 성향을 팬들에게 심어주기도 한다.

인플루언서는 영어 동사 '인플루언스Influence'에서 파생된 말로 인플루언스는 '영향을 미치다'라는 의미다. 인플루언서의 역할도 바로 그런 것이다. 다양한 분야에서 다양한 방식으로 많은 이들의 생각이나 행동에 영향을 미치는 사람이다. 하지만 누군가에게 영향력을 미칠 수 있는 사람이라 해도 모두가 인플루언서는 아니다. 신문에 칼럼을 쓰는 이, 저녁 뉴스에 나오는 평론가, 기아에 시달리는 아이들을 위해 기꺼이 봉사활동을 다니는 유명 운동선수, 특정 이슈를 지지하거나 반대하는 노래를 부르는 가수들도 여론의 방향이나 담론의 주제, 우리 사회와 경제, 심지어 정치계까지 영향을 미치지만, 그 사람들을 인플루언서라 부르지는 않는다. 대중의 주목을 받는 이들 모두를 인플루언서라 부른다면 특별히 인플루언서라는 개념을 사용할 필요도 없을 것이다.

2007년 무렵 마케팅 분야에서 사용하기 시작한 '인플루언서'라는 용어는 자신만의 콘셉트로 각종 상품을 홍보하는 콘텐츠(사진, 동영상, 텍스트 등)를 만들어내는 SNS 스타를 가리키는 말이다. 이들은 단 한 개 브랜드만을 위한 홍보 대사로 활동하지는 않는다. 상품의 스펙트럼이 매우 다양하다. 의류부터 시작해 운동 기구, 화장품을 거쳐 심지어 금융상품에 이르기까지, 안 하는 게 없을 정도다. 여러 가지 상품들을 홍보하는데 가장 눈에 띄는 특징은 광고 대상 제품과 자신을 어떻게든 연관시킨다는 점이다. 본인이 해당 제품을 어떻게, 얼마나 유용하게 쓰고 있는지를 최대한 잘 설명하고, 소비자인 동시에 광고 모델로서의 이중적 역할을 그럴싸하게 연출한다. 인플루언서 마케팅에 주력하는 어느 광고 대행사는 "타깃그룹에 속한 사람보다 더 사실적이고 진정성 넘치는 확대 재생자는 없다"라며 인플루언서 마케팅의 필요성을 강조했다.[4]

여기서 말하는 '진정성의 가면'은 수위가 어디까지일까? 어디까지 드러내고 어디서부터 감춰야 감쪽같은 효과를 발휘할 수 있을까? 아직은 최적의 경계가 어디인지 정해지지 않았다. 이 부분은 인플루언서 마케팅 전문가들이 앞으로 반드시 풀어야 할 난제 중 하나다. 인플루언서는 특정 제품, 특정 브랜드를 상징하는 '페르소나'와는 다른 개념이다. 독일의 유명 배우 요한나 쾨니히가 클레멘티네라는 이름으로 세제 업체 아리엘Ariel을 광고한 적이 있고, 미국 배우 잔 마이너는 틸리라는 이름으로 팜올리브Palmiloive사의 광고 모델을 한 적이 있다. 하지만 요한나 쾨니히나 잔 마이너는 유명세와 인기를 등에 업은 광고 모델일 뿐이다. 에스프레소를 한 모금 홀짝이는 조지 클루니, 너무나도 먹음직스럽게 햄버거를 한 입 베어 무는 하이디 클룸도 마찬가지다. 셀럽 출신 광고 모델들이 제품에 대한 신뢰도나 판매율을 크게 좌우하는 것은 사실이다. 그러나 대스타들은 자신들의 이미지로 제품을 홍보할 뿐, 실제로 그 스타들이 늘 그 제품만 이용한다는 믿음을 주지는 못한다.

진정성 연출과 더불어 인플루언서 마케팅으로 효과를 보기 위한 중대한 전제 조건이 하나 더 있다. 구독자 수다. 인플루언서는 팔로워들에게 마치 일대일로 대화하는 듯한 느낌으로 다가가고, 친밀한 커뮤니케이션을 통해 제품과 관련된 메시지를 전달한다. 그 대상이 수십만, 수백만 일 경우, 광고 효과는 팔로워 수에 비례해서 높아질 수밖에 없다.

광고라는 것이 시장에 등장한 이래 소비자들은 수십 년이 넘도록 원하든 원치 않든 광고를 봐야만 했다. TV 중간 광고가 싫더라도 건너뛸 수는 없었다. 그 시간에 냉장고에서 먹을 것을 꺼내오는 정도가 최선의 회피책이었다. 선택의 여지없이 쏟아지는 TV 광고들 중에는 당장이라도 꺼버리고 싶은 것도 있었고, 아무 생각 없이 그저 쳐다보기만 하는 것들도 있었다. 광고 자체가 너무 재미있어서 집중해서 보는 경우는 드물었다. 배꼽을 잡을 만큼 재치가 넘치는 광고, 눈이 휘둥그레질 정도로 선정적인 광고, 모두의 입에 오르내릴 정도로 특별한 광고가 아닌 이상, 광고는 대개 애물단지 취급을 당했다. 그런데 인플루언서라는 신인류가 등장하면서 제품을 소비하는 습관뿐 아니라 광고를 소비하는 행태도 근본적으로 달라졌다. 이제 소비자들은 광고도 선택적으로 시청한다. 보고 싶은 광고, 재미있는 광고만 골라서 본다. 광고 영상인 경우 '광고'라는 사실을 명시해야 할 의무가 있지만, 소비자들은 크게 신경 쓰지 않는다. 어느 게 합법적인 광고물이고, 어느 게 광고가 아닌 척하는 광고인지에도 큰 관심이 없다. 재미있으면 그만이다. 모든 것이 상품화의 대상인 것이다. 지금은 심지어 자기 자신도 상품화하는 세상이다.

이 책에서는 인플루언서 현상에 대해 총 열 개의 장에 걸쳐 조명해보고자 한다. 1장에서는 1990년대와 2000년대 초반 사이에 개봉한 영화나 드라마를 통해 인플루언서가 시대와 문화를 주도하는 선봉장이었다는 사실을 확인하고, 2장에서는 그 시기쯤 수요 부족 현상이 일면서 궁지로 내몰린 자본주의의 초상화를 그려볼 것이다. 3장에서는 사회적 지위가 불분명한 '광고 도구'들, 즉 인플루언서의 탄생 배경을, 4장에서는 한편으로는 자신만의 개성을 강조하는 동시에 다른 한편으로는 남을 흉내 내기에 급급한 모순적 현상을 다뤄보고자 한다. 5장에서는 인플루언서가 자신의 외모와 몸, 사생활을 어떻게 활용하는지 살펴보고, 6장에서는 달라질 듯 달라지지 않는 성역할에 대해 고민해보고자 한다. 7장에서는 인플루언서와 팔로워와의 관계를, 8장에서는 인플루언서의 콘텐츠가 단순한 제품 홍보에서 페미니즘이나 반인종주의 같은 사회·정치적 이슈로 옮겨간 과정을, 이어지는 9장에서는 전 세계를 누비며 소비를 조장하는 여행 인플루언서들의 '사해동포주의(인종이나 국가와 관계없이 인류 전체를 동포로 보는 입장)'를 짚어볼 예정이다. 마지막 10장에서는 '아메리칸 드림', 즉 누구나 큰돈을 벌어 성공하고 신분상승을 꿈꾸라고 부추기는 인플루언서들의 행태를 조명해보고자 한다.

인플루언서 현상을 바라보는 우리의 시선은 결코 장밋빛이 아니다. 그 현상 속에 모두가 진지하게 고민해봐야만 하는 위험 요소가 꽤 많이 존재한다고 생각한다. 인플루언서 현상 속에는 분명 시대를 역행하며 팔로워들을 조작하는 행위가 만연해 있고, 많은 인플루언서들이 그릇된 자의식을 조장하며, 팬들을 착취하는 것으로 자신들의 배를 채운다. 상처받은 영혼들 위에 군림하면서 후기 자본주의의 열매들을 모두 다 따가는 이들이 결코 적지 않다.

목차

♥ **일러두기**

외국어 표기는 국립국어원의 외래어 표기법을 따랐다. 다만 일부는 관용적 표기를 따랐다.

1

인플루언서 예고편

젊은 여성 인플루언서가 새하얀 양털 러그 위에 앉아 있다. 그 뒤로 보이는 커튼은 방금 내린 눈처럼 새하얗다. 방이라기보다는 '둥지' 같은 느낌이다. 여성은 레이스가 수놓아진 보디슈트에 반짝반짝 빛나는 금목걸이와 귀여운 귀걸이를 착용한 채 얼굴에는 흰색 마스크팩을 하고 있다. 화면 중앙에서 화살표 모양의 무언가가 시청자들을 유혹한다. 화살표를 클릭했더니 몇 초짜리 동영상이 재생된다. 영상 속에서 인플루언서는 조심스럽게 마스크팩을 떼어내고, 카메라를 향해 행복한 미소를 짓는다. 애교를 부리는 듯 금발 머리카락 몇 가닥을 오른쪽 귀 뒤로 쓸어 넘기며 그녀는 만족감이 넘치는 듯 낮은 목소리로 "와아!"라고 말한다. 마스크팩 덕분인지 그녀의 얼굴은 충분히 촉촉해져서 '물광'이 난다. 화장을 전혀 안 한 민낯, 자연 그대로의 얼굴, 그야말로 '레알'이다.

여성의 얼굴과 몸짓은 마스크팩 덕분에 그만큼 촉촉하고 예뻐졌다는 사실을 넌지시 암시한다. 대놓고 말하지는 않는다. 얼굴이 곧 무언의 광고 카피다. 자막에는 '아몬드 오일과 하일루론산이 풍부하게 함유된 마스크팩'이라는 문구가 흐른다. 어느 대형 마트가 자체 브랜드로 출시한 제품이다. 화면의 링크를 누르니 곧장 그 사이트로 이동한다. "홈오피스를 뷰티살롱으로 만들어보세요!"라는 자막이 한 글자씩 흐르더니 마지막에는 빨간 하트가 뜬다.

자신을 꾸준히 상품화하는 게 옳다고 말하는 신자유주의 경제 체제는 집을 왜 홈오피스라 부르는지 묻지 않는다. 신자유주의 하에서는 스스로를 가꾸고 파는 행위가 허용되고, 안팎과 공사公私의 구분이 존재하지 않는다. 신자유주의 경제 사회를 살아가는 주체들은 말하자면 뫼비우스의 띠 같은 존재다. 화면에 등장한 해시태그 '#innerandouterbeauty'처럼 안과 밖의 구분 따위는 없다.

잠시 눈길을 영화 쪽으로 돌려보자. 영화는 미래를 어떻게 예측했을까? 하나는 확실하다. 영화는 우리보다 훨씬 더 빠르고 많은 걸 알고 있었다.

장면이 시작된다. 뉴욕의 어느 고급 아파트에 존 케일의 미니멀 뮤직 풍의 피아노 테마가 잔잔히 흐른다. 카메라가 영화제작자이자 뮤지션 겸 사진작가인 로버트 롱고의 작품 〈도시인〉과 바우하우스 스타일의 고급 가구들을 비춘다. 침구가 아무렇게나 흐트러져 있는 침실도 잠시 조명하는데, 협탁 위에는 거대한 꽃병이 당당한 위용을 뽐내고 있다. 매트리스 커버보다도 더 새하얀 꽃병이다. 운동으로 단련한 탄탄한 몸매를 지닌 스물일곱 살 청년이 이제 막 일어나 욕실로 간다. 주인공이 '서서 쏴' 자세를 취하는 동안 뮤지컬 〈레미제라블〉의 포스터 액자에 흠잡을 곳 없이 완벽한 얼굴이 비친다. 굳이 설명하지 않지만 관객들은 몸짓만 보고도 그게 주인공의 '모닝 루틴'이라는 걸 눈치 챘다.

2000년에 개봉한 〈아메리칸 사이코American Psycho〉는 유튜브로는 볼 수 없던 영화였다. 유튜브라는 플랫폼이 그로부터 5년 뒤에야 등장했으니 당연히 극장에 가야만 볼 수 있었다. 크리스찬 베일이 연기한 주인공 패트릭 베이트먼은 '인플루언서계의 시조새'라 할 수 있다. 베이트먼의 인생 신조는 자기 자신에게 집중하는 것으로, 그는 균형 잡힌 식단을 유지하고, 엄청난 운동량을 소화한다. 하루에 윗몸일으키기를 천 번은 할 듯하다. 포커페이스, 피부 속 깊이 스며들어 눈부신 효과를 발휘하는 딥 액션 로션, 수용성 클렌징 젤, 허니 아몬드 바디 각질 제거 용품, 허브 민트 마스크, 애프터 셰이브, 안티링클 아이 밤, 보습 로션 등 모든 제품이 그를 보다 완벽한 사람으로 만들기 위해 힘을 합친다.

주인공이 사용하는 화장품들이 어느 브랜드 제품인지 처음에는 나오지 않는다. 영화를 계속 보다 보면 각 제품들이 서로 다른 브랜드라는 걸 희미하게 볼 수 있을 뿐이다. 영화의 원작인 동명소설의 작가 브렛 이스턴 엘리스Bret Easton Ellis는 주인공이 서로 다른 브랜드의 바디용품을 쓴다는 사실을 통해 인성을 특정할 수 없는 인물로 그를 보여주고자 했다. 주인공은 감독의 의도에 백 퍼센트 발맞춘다. "패트릭 베이트먼이라는 사람을 추상적으로 떠올릴 순 있겠지. 하지만 진정한 자아

따윈 없어"라는 쿨한 대사도 내뱉는다. 반투명한 마스크팩을 마치 제2의 얼굴처럼 가볍게 떼어내는 행동도 그의 대사와 묘하게 일치한다. 관객들은 '어라, 뭔지 잘 모르겠지만 내 모습도 패트릭이랑 크게 다를 바 없는데?'라며 의문을 품겠지만, 패트릭은 다시금 쿨하게 "나란 존재는 없는 거야"라고 말한다. 너무도 확신에 찬 말투다.

하지만 인플루언서는 감히 그런 고백을 할 수 없다. 진정한 자아 찾기가 가능하다는 환상을 친근하게 심어주는 것이 인플루언서의 무기기 때문이다. 〈아메리칸 사이코〉를 보는 이들은 관객일 뿐, 고객이 아니다. 사실 관객보다는 오히려 '공범'에 가깝다. 영화 속 패트릭의 주변인들과 달리 관객들은 증권사 고위직인 그가 밤이 되면 피를 즐기는 연쇄살인마로 돌변한다는 사실을 알고 있기 때문이다. 패트릭은 자신을 가꿀 때만큼이나 치밀하게 희생자들을 내리찍고 토막 낸다. 그가 아침마다 치르는 '의식'에서 자본주의의 추한 그늘이 적나라하게 드러나지는 않지만, 그 그늘은 분명 존재한다. 우리가 별생각 없이 살아갈 때 영화계는 이미 패트릭 베이트먼이라는 인물을 통해 인플루언서의 등장을 예언한 것이다.

지금은 비록 게임산업에 밀려 뒷방 늙은이 취급을 받고 있지만 1990년대와 2000년대 초반, 영화는 아방가르드(혁신을 추구하는 경향 혹은 그런 인물)한 대중문화의 화려한 불꽃을 쏘아 올렸다(그게 마지막 불꽃이었을까?). 그 시절의 영화는 시대정신을 단순히 반영하는 것을 넘어서 시대정신을 주도하는 주체였다. 각종 담론들을 먼저 제시했고, 진보와 발전을 이끌어낼 만한 화두도 던졌다. 그러나 눈이 핑핑 돌 정도로 모든 것이 빨리 변화하는 오늘날에는 시대적 흐름을 뒤따라가기도 벅차다. 영화가 오히려 유튜브 스타들에게 '러브콜'을 보내야 하는 입장이다. 천문학적 액수를 투입한 영화의 관객 수와 어느 유튜브 스타가 좀 괜찮은 스마트폰으로 찍은 영상의 클릭 수를 비교해보면 전세가 확실히 역전되었다는 느낌이 든다. 하지만 그 당시만 해도 영화는 다른 모든 업계들이 본받아야 할 모범이고, 교과서였다. 영화에는 스토리텔링이 있기 때문이다. 최근 마케팅 전략가들이 입을 모아 중요하다고 지적하는 포인트다. 스토리텔링이 없는 제품 광고는 결코 구매력 상승으로 이어지지 않는다. 스토리텔링의 중요성을 영화만큼 잘 보여준 매체는 없었다.

예전에는 시나리오 작가들이 마케팅 비법에 관한 참고서를 쓰곤 했다. 어떻게 하면 잘 짠 스토리로 대중들의 마음을 움직일 수 있는지, 어떻게 하면 이런저런 캐릭터에 빠져들게 만들 수 있는지 등을 가르쳐 준 것이다. 영화관으로 관객들의 발길을 유혹하는 방법과 소비자의 지갑을 여는 방법이 큰 차이가 없었기에 새 시대, 새 광고의 지침이 되었다. 《고양이를

구출하라: 흥행하는 영화 시나리오의 8가지 법칙Save the Cat》[1]이라는 책이 있다. 시나리오 작가 지망생들의 필독서로 이 책의 저자 블레이크 스나이더Blake Snyder는 첫 장면부터 관객과 주인공 사이에 공감대를 형성하려면 주인공이, 예컨대 위험에 처한 고양이를 구출해주는 등 무언가 선한 행동을 해야 한다고 강조한다. 광고업계도 오래전부터 영화 시나리오에 적용되는 이 황금률을 활용해왔다. 팔고자 하는 제품을 선한 영웅으로 포장하는 것이다.

2000년대 초반, 뜨거운 사막 한가운데에서 길을 잃은 젊은 청년이 히치하이킹을 시도하는 모습으로 시작하는 광고가 있었다. 몇 시간을 기다렸지만 개미 한 마리도 지나가지 않는다. 장소는 허름한 주유소 앞, 가만히 보니 코카콜라 자판기가 있다. 젊은 청년은 콜라 하나를 뽑아서 벌컥벌컥 들이마신다. 그 순간 트럭 한 대와 버스 한 대가 쌩하고 지나간다. 히치하이킹이라는 목표도 망각한 듯 청년은 차가운 콜라의 맛을 만끽한다. 바로 그때, 아름다운 여성 두 명이 멋진 차를 끌고 등장하더니 청년을 도시로 데려다준다. 청년은 감사의 표시로 콜라 캔에 입을 맞춘다.

소위 '대박'을 터뜨린 인플루언서들이 이러한 스토리텔링의 효과를 모를 리 없다. 광고해야 할 상품을 일상적 이야기 속에 녹이는 재주는 인플루언서가 반드시 갖추어야 할 덕목이다. 인스타그램에 '스토리' 섹션이 있다는 사실도 매우 의미심장하다. 인스타그램 스토리에는 최대 15초짜리 동영상이나 이미지를 올릴 수 있는데, 24시간 후면 자동으로 사라진다. 인스타그램 사용자들은 잠자고 일어나는 장면을 스토리에 업로드하고, 수면분석 앱으로 이어지는 링크를 '별 뜻 없이' 노출한다. 짝을 찾는 이들에게는 데이팅 앱을 '그냥 한 번' 알려주고, 실연의 상처로 가슴앓이 중인 이들을 스위스 초콜릿 광고로 위로한다. 우리 삶과 관련된 모든 이야기가 인스타그램 스토리와 이어지고, 이는 이와 연관되는 적절한 앱이나 광고로까지 이어진다. 이때 인플루언서들이 따르는 원칙 역시 '고양이를 구출하라'다. 착하고 그럴싸해 보이는 행동들을 보여주는 것이다. 그렇다. '개념wokeness'만 적당히 버무려 넣으면 장사는 잘 되게 되어 있다.

광고인 듯 광고 아닌 광고는 특히 더 효과가 크다. 이를 위해서는 잘 다듬어진 스토리텔링과 각 구성 요소를 적재적소에 배치하는 기술이 필요한데, 이 분야에 있어서도 영화가 타의 추종을 불허한다. PPLProduct PLacement이라 불리는 간접 광고로 광고라는 티가 너무 많이 나서는 안 된다. 제품을 극의 흐름이나 장면에 자연스럽게 녹여야 한다. 하지만 이를 보다 보면 '로고스logos', 즉 논리나 이성적인 말보다는 '로고들logo-s'이 세상을 지배한다는 느낌이 든다. 〈007〉 시리즈의 주인공 제임스 본드는 수십 년째 협찬사들이 제공하는 제품을 입고, 마시고, 타 왔다. 때로는 브리오니Brioni의 말끔한 슈트를, 때로는 톰 포드의 멋들어진 슈트를 입고, 볼랭저Bollinger나 동 페리뇽Dom Pérignon 샴페인을 마신다. 간간이 이는 갈증은 하이네켄 맥주로 달래고, 애스턴 마틴Aston Martin이나 BMW 혹은 아우디 차로 추격자들을 따돌린다. 그렇게 모범을 제시하면 관객들은 제임스 본드와 자신을 동일시하거나, 적어도 본드를 따라 하고 싶은 마음을 품게 된다. 극소수만이 누릴 수 있는 특권, 전 세계적 인기와 유명세, 소비지향적 라이프스타일의 상징이라 해도 과언이 아닌 본드야말로 완벽한 인플루언서라 할 수 있다. 〈007〉 시리즈의 작가 이언 플레밍Ian Fleming의 펜이 빚어낸 가상의 요원이 인플루언서에 걸맞은 모든 조건을 완벽히 갖춘 것이다. 그렇게 본드는 몇 세대에 걸쳐 수많은 (남성)관객들에게 커다란 영향을 미쳐왔다.

영화이론가 지크프리트 크라카우어Siegfried Kracauer는 1920년대에 이미 "영화는 사회를 비추는 거울이고, 영화가 다가올 미래를 예측하는 경우가 적지 않다"고 말했다. 크라카우어는 바이마르 공화국 시대의 영화들 속에서 독일의 파시즘화를 예고하는 단서들도 발견했다. 그는 자신의 이론을 정리해 《칼리가리에서 히틀러까지From Caligari to Hitler》라는 책을 출간했다. 1990년대 말과 2000년대 초반의 영화들도 다분히 예언자적 성격을 보여준다. 최소한 인플루언서의 등장은 예고했으니 말이다. 영화를 '상품'으로만 볼 수도 있지만, 자본주의 속에서 얽히고설킨 관계들을 비추는 거울이라 보는 것이 합당하다. 영화사들이 만들어내는 작품들 속에는 우리 사회를 분석할 수 있는 고해성사가 들어 있고, 영화의 모티브가 곧 사회적 이념의 총합이기 때문이다.[2]

그런데 〈007〉 시리즈는 당시 사회를 반영할 뿐 아니라 거기에서 한 걸음 더 나아가 사회상을 직접 빚기도 했다. 사물을 실제보다 더 크게 보이게 하는 확대경이자 대상물을 실제와 다르게 뒤트는 오목거울 혹은 볼록거울이기도 했던 것이다. 그 거울 속에 제임스 본드가 나타나면 관객들은 본드와 자신을 동일시하고, 자신이 본드라는 착각에 빠진다.

또한 〈007〉은 최초의 여행 인플루언서이기도 하다. 각국 관광청들은 일찌감치 감을 잡았다. 〈007 스펙터007 Spectre〉 편은 멕시코시티를 배경으로 펼쳐지는 꽤 긴 액션 시퀀스로 시작한다. 이후 본드는 멕시코에서 뭘 하다 왔느냐는 상사의 질문에 "오래전부터 못 간 휴가를 즐기고 왔죠"라고 답한다. 소문에 따르면 멕시코 정부가 영화사에 수백만 달러에 달하는 보조금을 쏟아부었다고 한다. 제임스 본드가 가상의 인물이라 해서 영화사나 협찬사가 노리는 효과가 줄어드는 일은 없다. 왕실(그리고 제작사)이 하달한 임무를 충실히 수행하는 첩보요

원 본드의 아우라는 오히려 스크린을 뚫고 나올 기세다.

숀 코너리로부터 대니얼 크레이그에 이르기까지, 본드 역할을 맡았던 배우들은 자신이 맡은 캐릭터와 완벽한 융합을 이루었다. 언제 어느 곳에 가 있든 그 배우들은 모두 다 제임스 본드였다. 피어스 브로스넌이 괜히 브리오니의 '얼굴'이 된 게 아니다. 물론 이미 '퇴직'한 요원을 모델로 낙점한 것은 사소한 패착이다. 브리오니 광고의 현실성이 떨어지고, 왠지 시대에 뒤처진 듯한 느낌을 주기 때문이다. 마케팅 분야뿐만 아니라 모든 분야에서 가장 원하는 것은 진정성인데, 퇴직한 요원이라는 결점으로 진정성 점수가 깎이는 것이다. 어쨌든 〈007〉 시리즈는 1편부터 철저히 PPL에 의존했다. 엄청난 제작비를 감당하려면 그 방법밖에 없었다. 〈트루먼쇼Truman Show〉는 심지어 '트루먼 데오도란트'라는 자체 브랜드 제품을 출시할 정도로 앞서 나갔다. 물론 주인공 트루먼은 자신의 의지와 상관없이 영문도 모른 채 인플루언서가 되었지만, 지금의 인플루언서들은 그렇지 않다. 모두 자신의 의도와 목표를 뚜렷이 알고 있다.

1998년 탄생한 피터 위어 감독의 대중매체 풍자극 〈트루먼쇼〉의 무대는 세상 속의 세상, 즉 닫힌 세상이다. 그로부터 얼마 뒤 시작한 리얼리티 TV쇼 〈빅브라더〉와 닮은꼴이라 할 수 있지만, 둘 사이에는 근본적 차이가 존재한다. 짐 캐리가 맡은 주인공 트루먼 버뱅크는 자신이 아기 때 어느 방송국에 입양된 뒤 거대한 스튜디오에서 성장했다는 사실을 모른다. 그런데 서른 번째 생일을 얼마 앞둔 어느 날, 하늘에서 갑자기 조명이 떨어지면서 숨겨놓은 카메라들을 발견하고는 충격에 빠진다. 수백만 명이 자신의 일거수일투족을 마치 시트콤처럼 시청하거나 인스타그램 스토리처럼 들여다보고 있다는 사실을 알게 된 것이다. 방송국은 그 쇼의 제작비를 PPL로 충당했다. 모든 게 연출이라는 사실을 잘 알고 있는 트루먼의 아내나 친구들은 브랜드명들을 슬쩍슬쩍 언급하고, 환한 표정으로 다양한 제품들을 카메라를 향해 들이민다. 트루먼이 어쩌다 길을 걸을 때도 배경에는 여지없이 광고 포스터가 보인다. 쇼 안에서 트루먼은 유일한 바보, 억울한 바보다. 주변 사람들 모두가 트루먼을 진심으로 대하니 속을 수밖에 없다. 트루먼의 주변 인물들은 PPL 상품들에게도 무한한 애정을 드러낸다. 인플루언서들도 그 두 마리 토끼를 다 잡고 싶어 한다. 억지스럽지 않은, 연출되지 않은 날것 그대로의 진심을 보여주는 동시에 최대한 머리를 잘 굴려서 광고 계약서에 명시된 목표를 달성하고 싶어 한다.

〈트루먼쇼〉는 주인공이 스튜디오를 떠나는 장면으로 끝난다. 방송사의 지령을 따르는 친구와 가족들의 갖은 반대와 설득에도 불구하고 트루먼은 종이 반죽으로 만든 수평선과 바다로 이어지는 문을 열고 밖으로 나간다. 바깥세상에는 TV에 중독이라도 된 듯 화면만 쳐다보던 시청자들이 더 이상 존재하지 않는다. 이 대목에서 "디즈니랜드는 미국 전체가 '실제로' 디즈니랜드라는 사실을 감추기 위해 존재한다"[3]라는 작가 장 보드리야르Jean Baudrillard의 말이 떠오른다. 영화 속 간간이 등장하는 리얼리티쇼 시청자들은 매일 밤 욕조에 누운 채, 소파에 앉아서, 혹은 경비실에서 TV 화면을 응시한다. 자신들의 따분한 일상에서 벗어나 그것만큼이나 따분한 트루먼의 일상 속으로 빠져든다. 인플루언서의 포스팅에 빠져드는 이유도 비슷하다. 인플루언서들이 평범한 사람들과 완전히 반대되는 세상을 보여주기 때문에 인기가 높은 게 아니다. 팔로워들의 세계를 그대로 보여주고 있어서 모두가 환호하는 것이다. 물론 인플루언서들이 보여주는 세계는 보통 사람이 살고 있는 세계보다는 좀 더 매끈하게 보정되어 있고, 필터링되어 있으며, 포토샵으로 조금 더 예쁘게 꾸며져 있다. 이것이 후기 자본주의가 지닌 무한한 따분함을 감추는 포장지다.

그런데 90년대 영화들 속에는 소비지향적 세계 너머에 대한 갈망이 숨어 있었다. 트루먼뿐 아니라 〈매트릭스〉의 주인공 네오도 무대 뒤 세상을 엿보고 싶어 했고, 그래서 빨간 약을 삼켰다. 자신이 현실이라 굳게 믿었던 가상 세계를 탈출하는 길, 무난하고 안전한 보호막을 벗어나는 쪽을 택했다. 인플루언서들도 가끔은 '디지털 디톡스digital detox'를 선언한다. 하지만 그들에게는 디지털 디톡스 과정조차 포스팅의 대상이다. 인플루언서들은 우선 디지털 기기 없이 살아보겠다고 선포하고, 디지털 디톡스 기간이 끝나면 그간의 삶을 세세히 보고한다. 기업들의 행태도 별반 다르지 않다. 방송이 중단되는 모든 틈을 광고로 채운다. 2020년 에너지 관련 어느 대기업은 유명 인플루언서들에게 24시간 동안 오프라인으로만 살아보라고 하면서, 그와 더불어 에너지 절약에도 동참해달고 했다. 그리고 경험을 포스팅하고, 거기에 자사의 링크를 첨부해달라고 요청했다.

데이비드 핀처 감독의 〈파이트 클럽〉이 보여준 변화와 반전은 그보다 더 아이러니컬하다. 에드워드 노튼이 주인공 잭 역할을 맡았는데, 잭의 집은 마치 이케아 카탈로그에서 오려낸 것처럼 말끔하다. 그런데 어느 날 타일러 더든이라는 인물을 운명적으로 만난다. 타일러는 '캘빈 클라인의 노예'들을 조롱하고, 지금의 소비사회가 이 시대의 남성이야말로 아메리칸 드림인 것처럼 떠들지만 실은 자신들이야말로 쥐꼬리만 한 월급에 착취당하는 값싼 소모품에 지나지 않는다고 소리친다. 지금 시대를 사는 남자들이야말로 현대화의 패배자들이라고 외친다.

한 세대 전부가 차에 기름이나 넣고, 테이블이나 닦고, 책상 앞에서 노예질이나 하고 있어. 광고 때문에 옷과 자동차를 사고 싶어 져서 하기 싫은 일을 하고, 쓸모 없는 쓰레기들을 사고 있지. 어이, 우린 역사의 과도기에 끼어 있는 존재들이야. 목표도 목적도 없는 사내들이란 말이야. 우린 세계대전도 대공황도 겪지 않았어. 우리의 세계대전은 정신적 전쟁이고, 대공황은 바로 우리 삶이야. TV 때문에 우린 언젠가는 모두가 백만장자, 대배우, 록스타가 될 거라고 믿고 자라왔어. 하지만 그렇게 되진 않을 거고, 그러면서 조금씩 현실을 깨닫겠지. 우린 지금 폭발하기 전이야, 폭발이 바로 눈앞에 다가왔어.

타일러는 몇몇 추종자들을 규합한 뒤 광고업체들이 부추기는 사치와 허영심에 맞서 지하 클럽을 결성하고, 진정한 사내의 모습을 되찾으려 한다. 맨주먹으로 싸우며 존재의 핵심을 깨달으려는 것이다. 그러나 아이러니컬하게도 그 클럽은 오히려 소비문화의 중심으로 더 깊이 빠져든다. 클럽을 유지하는 데에 필요한 자금을 조달하기 위해 사람의 지방으로 비누를 만들고 그 비누를 유통시키기 위한 상점도 여는데, 사업이 번창하면서 세계적 프랜차이즈 기업으로 회사의 세력을 확장한다. 왠지 요즘 인스타그램이나 유튜브 스타들에게서 타일러의 향기가 난다고 말하면 무리일까? 인플루언서들 중에는 온라인 사업을 시작해보라고, '사장님'이 되라고, 마음만 먹으면 누구나 쳇바퀴 같은 일상을 탈피할 수 있다고, 서비스 업계의 톱니바퀴로 일하는 지긋지긋한 월급쟁이 신세에서 벗어날 수 있다고 단언하는 이들이 적지 않다. 물론 그러려면 타일러처럼 탄탄한 몸매와 나약해빠진 사회를 이겨낼 수 있는 강인함을 지녀야 한다는 충고도 빠뜨리지 않는다. 그 말을 들은 팔로워들은 너도나도 피트니스 센터로 몰려간다. 타일러와 인플루언서는 소비사회에 대한 비판을 돈벌이의 발판으로 삼았다.

〈파이트 클럽〉, 〈트루먼쇼〉가 이루지 못할 꿈에 대한 환상을 깨자고 관객들을 설득하는 반면, 이제 막 붐을 일으키고 있는 산업은 그것과는 정반대의 이야기를 늘어놓고 있다. 인플루언서들은 미국의 미래 정치학자 프랜시스 후쿠야마Francis Fukuyama가 《역사의 종말The End of History》에서 주장한 이론을 부인하지는 않지만, 그럼에도 불구하고 삶을 충분히 알록달록 예쁘게 꾸밀 수 있다며 소비자들을 꾄다. 1989년 여름, 후쿠야마는 '역사의 종말'이라는 우울한 비전을 제시하는 에세이를 어느 잡지에 투고했고, 이는 잔잔한 호수에 커다란 파문을 일으켰다. 인플루언서들은 그 파장을 중화하기 위해서라도 더 빛나는 삶을 살아야 한다고 주장한다. 이쯤에서 후쿠야마의 주장이 어땠는지 한번 들어보자.

> 역사의 종말은 아주 슬픈 시간이 될 것이다. 인정받기 위한 투쟁, 추상적 목표를 위해 목숨 걸기, 대담무쌍함과 용기와 상상력과 이상주의를 꽃피우게 만들었던 전 세계적 이념갈등은 사라지고 경제적 계산, 끊임없이 이어지는 기술적 문제 해결, 환경문제에 대한 공포, 디테일한 소비욕구의 충족 등이 그 자리를 대체할 것이다. 역사 이후post-historic 시기에는 예술도 철학도 없고, 인류사 박물관 정도만 어쩔 수 없이 남겨두고 관리하게 될 것이다. 나와 내 주변 사람들에게서 이미 역사가 존재했던 시절에 대한 강렬한 노스탤지어가 느껴질 정도다.[4]

그로부터 9년 뒤, "역사의 끝에는 지루한 세기들만 남으리"라는 후쿠야마의 주장에 정면으로 맞서는 인류가 등장했다. 캐리, 사만다, 샬롯, 미란다가 그들이다. 〈섹스 앤 더 시티〉에 등장하는 이 네 '언니'들의 무기는 쇼핑이다. 수백만 시청자가 네 친구가 행복을 찾아가는 과정에 시선을 고정했다. 주인공들은 직장에서의 성공, 화끈한 성생활, 성공적 연애나 결혼(넷 중 사만다만이 뜨거운 '리비도libido(성본능·성충동)'를 유지하기 위해 결혼하지 않고 싱글로 남는다), 그리고 값비싼 명품 쇼핑에서 인생의 행복을 찾는다. 2008년, 같은 제목으로 개봉한 영화의 첫 장면에서 사라 제시카 파커가 연기한 섹스칼럼니스트 캐리 브래드쇼는 "매년 젊은 여성들은 두 가지 'L', 즉 상표Label와 사랑Love을 찾아 뉴욕으로 온다"라고 말한다. 이후 지금까지 보지 못한 엄청난 규모의 '무차별 PPL 공습'이 시작된다. 무려 일흔 개가 넘는 패션, 자동차, 주류 브랜드명이 약 140분에 걸쳐 스크린을 뒤덮는다. 마이클 패트릭 킹 감독이 자신의 영화를 가리켜 '세상에서 제일 비싼 여성 잡지'라고 말할 정도였다.

2008년, 독일계 온라인 쇼핑몰 잘란도Zalado가 '행복의 외침Scream of Joy'이라는 슬로건을 내걸고 힘차게 신호탄을 쏘아 올렸다. 하지만 캐리와 그 친구들은 90년대 말에 이미 기쁨의 비명을 지르기 시작했다. 주인공들이 침대 위에서 엑스터시를 느끼는 장면도 적지 않았지만, 캐리와 친구들은 '지름신'의 강령을 따를 때 가장 큰 그리고 진정한 희열을 느꼈다. 갖고 싶던 패션 아이템을 내 것으로 만들었을 때 주인공들이 내지르는 비명은 그야말로 비명 중의 비명, '절대 비명'이었다. 오스카 드 라 렌타Oscar de la Renta, 크리스티앙 라크루아Christian Lacroix, 루이비통이 연인보다 더 듬직한 파트너일 때도 셀 수 없이 많았다. '데리고 다니기'에도 확실히 애인보다 더 좋았다. 캐리를 비롯한 주인공들이 브랜드들을 일종의 인격체로 대했는지, 혹은 인격 그 자체였는지는 알 수 없지만, 무언가를 사는 행위만으로 이루 말할 수 없는 환희를 느끼고 있음을 보여주는 장면들이 너무 많았던 건 확실하다. 카메라가 브랜드 로고를 화면 가득 끌어당긴 장면을 보고, 혹은 캐리의 노트북 커버에 새겨진 도도하게 신뢰를 내뿜는 사과 모양의 로고를 드러내 놓고 보여주는 장면을 두고 우아하고 은밀한 광고 방식이라 말하기는 힘들다. 어차피 브랜드명을 교묘하게 노출할 생각 따위는 애초부터 없었다. 여성 잡지를 사는 이유를 생각해보라. 지면의 반 이상이 광고임에도 '불구하고' 사는 것이 아니라, 그 광고들 '때문에' 구입하지 않는가?

〈섹스 앤 더 시티〉의 네 주인공과 각각의 역할을 맡은 네 배우는 순식간에 인플루언서가 되었다. 말하자면 인플루언서계의 프로토 타입이었다. 그들은 전 세계 수백만 여성들에게 막대한 영향을 미쳤고, 극 중에 등장하는 패션 브랜드의 매출은 하늘 높은 줄을 모르고 치솟았다. 이런 류의 드라마 제작 과정에 이만큼 유료 협찬이 많았던 적은 없었다. 대개는 협찬사들이 자사의 제품을 무료로 빌려주거나 제공하는 정도에 지나지 않는다. 〈섹스 앤 더 시티〉의 소도구 담당자였던 사브리나 라이트에게 주어진 예산은 회차당 약 1만 5천 달러(약 180만 원, 2022년 1월 기준으로 이하 동일)밖에 되지 않았지만, 명품 브랜드에서 제공하는 의상들 덕분에 오히려 돈이 남아돌았다고 한다. 물론 해당 업체들은 지출 대비 훨씬 더 높은 수익을 올렸다. 특히 그다지 유명하지 않은 소규모 독립 브랜드들은 〈섹스 앤 더 시티〉야말로 자사 제품을 광고하기에 매우 이상적인 플랫폼이라는 사실을 일찌감치 간파했다.

마놀로 블라닉Manolo Blahnik은 특히 더 눈길을 끈다. 여성 신발을 제작하는 마놀로 블라닉은 1970년대부터 인사이더 사이에서 입소문이 돌던 브랜드였다. 하지만 세계적 브랜드로 거듭난 계기는 〈섹스 앤 더 시티〉였다. 마놀로 블라닉의 하이힐은 마치 극을 이끌어가는 핵심 주제라도 되는 듯 잊을 만하면 등장하고 또 등장했다. 라이벌에게 '꿀리기' 싫을 때 캐리가 선택한 구두도 마놀로 블라닉이었고, 어느 날 캐리를 습격한 무장 강도가 노린 것도 마놀로 블라닉이었다. 강도의 위협에 캐리는 돈, 명품 가방 등 모든 걸 순순히 내어주지만 구두를 벗으라는 요구에 그것만은 안 된다며 애걸복걸한다. 하지만 총 앞에서 결국 캐리는 눈물을 머금고 마놀로 블라닉을 건네준다. 극장 버전에서 마놀로 블라닉은 알프레드 히치콕 감독이 말했던 이른바 '맥거핀MacGuffin'으로 작용한다. 맥거핀이란 별 의미도 없으면서 극이 진행되는 내내 시청자나 관객들의 시선을 모으는 영화적 장치를 뜻한다. 시즌 1부터 캐리의 마음을 들었다 놨다 했던 꿈의 남자 미스터 빅과 캐리가 드디어 고급 펜트하우스에서 함께 살기 시작하던 날, 미스터 빅이 캐리를 위해 특별히 설치한 거대한 드레스룸의 '신고식'도 마놀로 블라닉으로 한다. 하지만 둘의 결혼식은 치러지지 않았다. 비록 로맨틱한 프러포즈는 없었지만 서로 사랑하기에 결혼을 결심했고, 경제적 측면도 꼼꼼히 따져보았건만 둘은 백년가약을 맺지 못한 것이다. 미스터 빅이 심경의 변화를 일으키고 발길을 돌린다. 캐리와의 결혼이 세 번째 결혼이라는 것이 마음에 걸렸던 것이다. 당연히 캐리는 슬픔에 휩싸이고, 사만다와 미란다, 샬롯은 그런 캐리를 달래기 위해 멕시코로 짧은 여행 계획을 세운다. 이후 로맨틱 코미디 특유의 좌충우돌 끝에 캐리와 미스터 빅은 그 드레스룸으로 돌아온다. 미스터 빅은 무릎을 꿇고 캐리에게 청혼한다. 이때 미스터 빅은 캐리의 손가락에 반지를 끼워주는 대신 캐리의 발에 마놀로 블라닉을 신겨준다. 결혼식 당일에도 캐리는 이 구두를 신는다. 캐리가 신데렐라가 된 것이다. 이쯤되면 가격이 궁금해진다. 한 켤레에 무려 1천 유로(약 130만 원)다.

〈섹스 앤 더 시티〉의 주인공들은 짧은 촌철살인을 좋아한다. 캐리한테 루이비통 가방을 선물 받은 비서는 "내 인생 최초로 내 것이 된 루이비통"이라 외치고, 사만다는 "이 반지가 곧 소중한 나 자신"이라고 말한다. 2010년 개봉한 〈섹스 앤 더 시티 2〉에서 사만다는 캐리와 샬롯, 미란다를 아부다비로 데려간다. 어느 부호가 새로 지은 호텔의 홍보 전략을 부탁하면서 그 분야 전문가인 사만다를 초청한 것이다. 네 대의 새하얀 차 마이바흐Maybach가 주인공들을 호화찬란한 5성급 호텔로 모시고, 그때부터 신기한 모험들이 시작된다. 마치 여행 인플루언서라도 된 듯 캐리와 친구들은 바자bazar(중동의 상점가)를 누비고, 사막에서 낙타 타기 체험도 한다. 물론 그때마다 의상은 바뀐다.

영화에는 인스타그램에 올리고 싶을 만한 장면들이 총집결해 있다. 인스타그램은 같은 해, 영화 개봉 후 얼마 뒤에 나왔다. 그와 동시에 영화는 세계화 시대에 있어서도 서구 우월주의가 여전히 살아 있다는 점을 보여준다. 주인공들은 호텔 가라오케에서 열렬한 페미니스트인 헬렌 레디의 1971년작 히트곡 '아이 앰 우먼I am Woman'을 열창한다. 그 모습을 현지인과 관광객, 벨리댄서들, 축구 팀원들이 지켜본다. 영화 속에서 여성해방은 소비와 동의어다. 갖고 싶은 물건을 가지는 것이야말로 해방이라 외치는 것이다. 미국의 지배적 대중문화를 거리낌 없이 과시했다는 점에서 〈섹스 앤 더 시티〉는 여성운동가 낸시 프레이저가 말했던 이른바 '1퍼센트만이 누리는 페미니즘'의 선봉장이었다고 할 수 있다.[5] 무슬림 여성들이 눈을 제외한 얼굴 전체를 가리기 위해 쓰는 니캅도 소비지향주의의 희생양으로 만들어버렸다. 캐리와 친구들은 전통시장에 갈 때도 화려하고 과감한 패션으로 치장했다. 그 모습을 본 현지인들이 분노하자 주인공들은 어느 조화 가게로 피신한다. 가게 안에 있던 니캅을 쓴 네 명의 무슬림 여성이 주인공들을 피신처로 안내한다. 그 과정에서 무슬림 여성들은 가게 옷장을 자랑스럽게 공개하고, 이후 "수백 년 이어진 전통 사이에 숨어 있는 이 옷들이 바로 올봄 컬렉션이다"라는 캐리의 독백이 이어진다. 패션 대기업의 숨결은 시대를 불문하고 언제, 어디에서나 살아 있다는 뜻이다.

2009년, 〈쇼퍼홀릭〉의 주인공 레베카도 '캐리 사단'과 비슷한 길을 걷는다. 아일라 피셔가 연기한 레베카는 경제적으로 궁지에 몰려 있다는 사소한 차이점이 있기는 하다. 레베카는 신용카드를 열두 장이나 갖고 있지만, 모두가 한도 초과 상태다. 그렇다고 질주하는 쇼핑 욕구에 브레이크를 걸 레베카가 아니다. 인플루언서들도 하루가 다르게 보기에도 황홀한 구두들을 들이민다. 몇 시간 뒤면 정상가로 돌아간다는 경고와 함께 '반짝 세일' 안내문도 올린다. "이건 사는 게 돈을 아끼는 것이다", "필요하다면 빚을 내서라도 이것만큼은 꼭 '업어가야' 한다", "다시 오지 않을 이 기회를 놓치면 자기만 손해다"라는 충고도 해준다. 약간만 옆길로 새자면, 인스타그램 사용자들 중에는 빚을 지더라도 초반에 어느 정도 자금을 쏟아부어야 스타가 될 수 있다고 생각하는 이들이 많다. 명품 브랜드의 협찬을 받고 있는 것처럼 포스팅과 스토리를 꾸미기 위해 본인의 주머니를 털어서 값비싼 패션 아이템들을 구입하는 인플루언서 지망생들이 적지 않다. 그 뒤에는 언젠가 스타 인플루언서가 될 것이라는 희망이 숨어 있다. "무릇 있는 자는 더욱 받아 풍족하게 되고"라는 마태복음 성경구절에 대한 굳건한 믿음을 지니고 있는 것이다.

〈쇼퍼홀릭〉의 주인공 레베카는 인스타그램 스타가 되고 싶었던 건 아니다. 인스타그램은 〈쇼퍼홀릭〉 이후에 등장했기 때문이다. 쇼핑중독자인 레베카는 어느 날 명품 부티크 통유리 너머로 보이는 터키색 스카프를 살지 말지를 두고 망설인다. 이미 받은 카드 청구서들이 산더미처럼 쌓여 있는 상황에서 무언가를 또 사도 괜찮을지를 두고 이른바 '내적 갈등'을 겪는 것이다. 매장 안으로 들어간 레베카가 결국 안 사기로 결심하고 발길을 돌리는 찰나, 마네킹이 말을 건다. "그래, 맞아. 스카프가 다 무슨 소용이야?" 스카프를 안 사기로 결심한 레베카를 응원하는 말 같다. 하지만 곧이어 이렇게 속삭인다. "차라리 목에다 낡은 청바지를 두르는 게 더 따뜻하긴 하겠지? 엄마라면 그렇게 말하겠지? 근데 이 스카프가 왜 중요한지 알아? 이게 바로 네 영혼이 스스로 뭔가를 결정했다는 증거기 때문이야." 왠지 맞는 말 같다. 설득력이 매우 강하다. 결국 레베카는 그 스카프를 구입한다. 인플루언서들이 바로 이 마네킹이다. 하루가 멀다 하고 무언가를 꼭 사야 한다며 팔로워들을 꼬드긴다. 레베카는 얼마 뒤 있을 면접에 그 스카프를 매고 가서 좋은 인상을 주고 싶다. 주로 고급 아이템들을 취급하는 독일 백화점 브로이닝어Breuninger의 온라인샵도 고객들에게

이 옷이나 저 옷에 꼭 "투자하세요"라며 고객들을 충동질한다. 물건 값이 비쌀수록 더 과감하면서도 확실한 투자다. 레베카가 투자했던 것처럼 인플루언서 지망생들도 이름이 알려지기 전까지 많은 투자를 하고 있다.

2010년 이후 인플루언서들이 우후죽순처럼 늘어나면서 영화의 영향력은 줄어들었고, 인플루언서를 다룬 기사들이 신문의 '노른자 지면', 즉 한가운데 왼쪽과 오른쪽 지면이 이어진 곳을 도배하기 시작했다. 어느 유명 인플루언서가 유튜브나 페이스북을 통해 '번개 팬미팅'을 공지하면 구름 떼처럼 사람이 몰리고, 그 일대 교통이 마비되며, 대규모 경찰력이 출동하는 촌극도 벌어진다. 로버트 패틴슨이나 엠마 왓슨 같은 할리우드 스타들은 오히려 마음 놓고 거리를 활보할 수 있게 되었다. 바야흐로 셀카 시대를 맞이하면서 스타들을 졸졸 따라다니는 파파라치 문화가 어차피 시들해지고 있던 참이었다. 파파라치의 전성시대는 패리스 힐튼, 니콜 리치, 린제이 로한 같은 '잇-걸it-girl'들이 한참 인기를 끌던 2000년대까지였다.

패러다임의 변화는 자연스럽게 이뤄졌고, 시선 끌기를 통해 큰돈을 버는 '관심 경제attention economy'의 시대가 포문을 열었다. 아역 시절 린제이 로한이 뛰어난 연기력으로 승부수를 걸었던 반면 지금은 많은 배우들이 레드카펫 위에서의 이런저런 퍼포먼스를 통해 유명세를 얻고 있다. 스타라면 그 정도 연출력은 지니고 있어야 한다고 본다. 사실 영화계의 잇걸들은 인플루언서 문화를 끌어낸 주역들이었다. 특정 이미지로 마케팅을 진행하면서 한 시대를 주름잡는 아이콘이 되었고, 광고 계약서에 서명만 하는 존재에서 본인의 이름을 내건 브랜드를 론칭하기까지 했다.

하지만 SNS 문화는 영화보다 훨씬 더 직접적이다. 인플루언서들이 영화계 스타덤에서 힌트를 얻은 것은 사실이지만, 이들은 영화계와는 다른 방식의 접근법을 택했다. 이제 《TMZ》 같은 연예 기사 전문 사이트나 페레즈 힐튼(미국의 유명 블로거)의 블로그 등 연예 관련 웹사이트만 클릭하면 누가 누구와 사귀고 있는지, 어느 스타가 어디에서 파티를 열었는지, 이번에는 또 누가 마약 관련 구설수에 올랐는지, 그리고 무엇보다 그 셀럽들이 그때 어떤 옷을 걸치고 있었는지를 알 수 있다. 해당 사이트들이 그 분야에 관심이 많은 젊은 층들을 집중적으로 공략하는 것이다.

사진이 실린 연예 기사나 영화가 스타가 아닌 평범한 이들의 모방심리를 얼마나 자극하는지를 둘러싼 논란은 지금도 지루하게 이어지고 있다. 2010년 3월, 미국의 유명 패션 잡지 《배니티 페어Vanity Fair》에 실린 기사 하나가 화제의 중심으로 떠올랐다. "용의자들은 루부탱을 신고 있었다"라는 제목의 기사였다. '좀 사는' 가정에서 자란 십 대 몇 명이 할리우드 힐스에 있는 스타들의 집을 털었다는 소식이었다. 아이들은 스타들의 호화로운 삶을 부러워했고, 셀럽과 똑같은 옷을 입고, 똑같은 보석으로 치장하고, 루부탱 구두를 신으며 그들을 모방하고자 했다. 최종 목표는 그렇게 훔친 패션 아이템을 걸치고 찍은 사진을 페이스북에 올리는 것이었다.[6] 그 십 대 용의자들은 말 그대로 팔로워들, 즉 '따라쟁이'들이었다.

2013년, 소피아 코폴라 감독의 〈블링 링〉이 극장에 걸렸다. '블링 링'은 네 명의 소녀와 한 명의 소년으로 구성된 범죄 클럽의 이름이다. 이 영화는 영화계가 사회적 병리 현상을 두 손 놓고 지켜보고 있지만은 않다는 것을 보여주는 시그널이었다. 코폴라는 디퓨저 패널이나 연한 핑크톤의 필터, 과다한 조명을 이용해 앞날을 점치는 듯한 장면들을 빚어냈다. 구분이 가지 않는 비슷비슷한 방에서 아이들은 훔쳐온 옷들을 걸쳐보고, 카메라 앞에서 포즈를 취하고, 귀가 멍해질 정도로 시끄러운 노래를 틀어놓은 채 우스꽝스러운 장면들을 연출하며 짧은 동영상을 찍는다. 소비를 부추기는 광고주들의 약속이 현실이 된 게 아닌가 하는 착각이 들 정도의 장면들이다. 코폴라는 배경에 음악이 흐르는 짧은 시퀀스를 통해 오트쿠튀르(기성복과 달리 예술성에 중심을 둔 고급 맞춤복)로 온몸을 휘감은 주인공들이 캣워크를 누비듯 거리를 활보하는 모습이나 침대 위에서 마치 춤을 추듯 양팔을 공중으로 내던지는 장면들을 보여준다. 중국이 개발한 앱 틱톡에도 이제 20억 명이 넘는 가입자들이 각자 스마트폰으로 찍은 〈블링 링〉에서 본 것 같은 짧은 비디오 클립들을 앞다투어 업로드하고 있다. 인플루언서들은 틱톡이라는 새로운 플랫폼도 이미 장악했다. 음악과 춤에는 언어장벽이 없어서 이제 비영어권 인플루언서도 그 무대에서 마음껏 날개를 펼치며 세계적 인기를 얻을 수 있게 되었다.

블링 링 클럽의 멤버들은 양심의 가책조차 없어 보인다. 범죄를 즐기는 듯하다. 하지만 한 꺼풀만 더 아래로 들어가면 그들이 범죄자보다는 희생자에 가깝다는 것을 알 수 있다. 과시욕 때문에 병적인 도벽에 걸린 희생자들인 것이다. 독일의 철학자 테오도르 아도르노Theodor Adorno는 사회와 역사의 '현혹'에 대해 논한 바 있는데, 인플루언서가 팬들을 얼마나 현혹시키고 있는지는 아직 더 살펴봐야 할 듯하다. 한 가지 확실한 건 캐리나 레베카가 그랬듯 인플루언서들 역시 광고하려는 상품의 최대 고객이 바로 자기 자신이라는 인상을 매우 효과적으로 심어주고 있다는 것이다. 광고업계가 근본적으로 안고 있는 문제들을 인플루언서들은 어떤 식으로 풀고 있는지 잘 보여주는 영화가 한 편 있다. 2000년에 개봉한 낸시 마이어스 감독의 로맨틱 코미디 〈왓 위민 원트〉다. 마이어스는 아주 기발한 플롯plot으로 관객들의 웃음과 공감을 자아냈다. 주인공 멜 깁슨은 잘 나가는 광고기획자지만, 여성이 주요 타깃인 제품들(립스틱, 브래지어 등)에 대해서만큼은 이렇다 할 '한 방'을 날리지 못하고 있다. 그러던 어느 날, 우연히 전기 충격을 받은 뒤 갑자기 여자들의 속마음을 읽을 수 있는 능력이 생기고, 그 덕분에 대박 광고를 만들어낸다. 소비자들의 속마음을 꿰뚫는 것은 광고계의 숙원 사업이라 해도 거짓이 아니다. 고객의 심리나 행동 양식을 읽기 위해 심리학, 신경 언어학, 행동양식 분석학 등 여러 분야의 이론도 동원한다. 그런데 광고 분야의 지각이 대변동을 일으키고 있다. 누구와도 다를 바 없는 평범한 소비자임을 자청하는 인플루언서들이 등장하면서 이제 광고계는 소비자들의 속마음을 읽을 수 있게 되었다. 심지어 소비자 자신들조차도 모르는 속마음, 앞으로 어떤 것들을 사고 싶어 하게 될지까지 예측할 수 있게 된 것이다.

2

스러져가는 자본주의의 구원 투수

오전 9시 55분, 인플루언서는 인스타그램 스토리에 올릴 콘텐츠를 만드는 것으로 하루를 시작한다. 공간적 배경은 수십 미터 아래로 수영장이 보이는 두바이의 어느 호텔이다. 피사체는 오트밀을 곁들인 다채로운 아침식사가 담긴 접시고, 햇빛이 부서지는 그릇 위로 "나의 모닝 루틴"이라는 글이 흐른다. 팔로워들은 인플루언서의 아침 일과뿐 아니라 그 뒤에 이어지는 모든 일상을 엿볼 수 있다.

점심 즈음, 피부 관리를 하는 모습이 담긴 영상이 올라온다. 타임랩스 기법으로 촬영한 것인지 재생 속도는 일반 영상에 비해 빠른데, 그러면서도 한 장면 한 장면 생기가 넘친다. 아이세럼과 립 맥시마이저, 라 메르La Mer, 디올 같은 제품명과 브랜드명이 또렷이 들린다. 이후 시청자들은 자신들의 우상이 호텔 방 안에서 맥북을 이용해 일과 관련한 중대한 회의에 참석하는 모습을 보고, 곧이어 "뜨겁지도 차갑지도 않아서 딱 좋은 온도예요"라며 바닷물에 몸을 담그는 장면, "우와! 진짜 맛있어요. 이게 오늘의 제 저녁 메뉴랍니다"라고 말하며 음식을 먹는 장면 등을 본다. 어쩌다가 인스타그램 스토리 영상에 팔로워의 링크가 번쩍일 때도 있다. 인플루언서의 제품 평가에 큰 감동을 받아 스마트워치를 구입한 팔로워의 링크다.

이제 인플루언서의 발길은 피트니스센터로 향한다. 집중 스트레칭 코스 뒤에는 으레 복근 단련 코스가 이어진다. 배경에는 비욘세의 '겟 미 바디드Get Me Bodied'가 흐른다. 오늘도 만족스러운 하루를 보낸 인플루언서는 팬들의 일상도 꼼꼼히 챙긴다. 행여 운동을 거른 팬들은 없는지 걱정하고, 모두들 조금씩이라도 트레이닝을 했다는 대답에 만족한다. 다들 지금처럼만 하면 몸도, 커뮤니티의 결속력도 강해질 수 있다며 용기를 북돋운다. 케이티 페리의 노래 '틴에이지 드림Teenage Dream'으로 오늘을 마감하고, 내일 다시 만날 것을 기약한다. 오늘은 어제와 똑같았고, 내일도 오늘과 아마 똑같을 것이다.

칼 마르크스Karl Marx의 《자본론 2》를 보면 자본가들의 고충에 대한 내용이 나온다. 자본가는 물건을 생산한 뒤 그 가치를 반드시 '실현시켜야' 한다. 여기서 실현시킨다는 것은 판매를 의미한다. 물건이 새로운 소유주를 찾아야, 다시 말해 물건을 팔아서 돈을 벌어야 자본가들은 안도한다. 제품을 현금화하지 못할 경우, 생산을 위해 투자한 자본의 가치가 하락할 뿐 아니라 팔지 못한 물건을 창고에 보관하는 비용까지 추가된다. 제품이 만들어지기까지는 자본가가 '갑'이다. 하지만 현금화 과정에서는 위치가 뒤바뀐다. 오히려 자본가가 고객 앞에서 아쉬운 소리를 해야 하는 '을'이 되는 것이다. 마르크스는 판매자와 고객 사이의 이러한 역학관계를 다음과 같은 가상의 대화로 정리했다.

판매자가 "이 물건이 6개월 동안이나 자리만 지키고 있습니다. 그새 든 보관비도 보관비지만, 그 외에도 엄청난 비용이 들었습니다. 정말 죄송하지만 제 사정이 이렇게 급합니다"라고 아무리 하소연해도 최종 구매자는 코웃음만 칠 뿐이다. 아마도 고객은 "이 가게만 가게인가요? 이 옆에 다른 가게도 있던데요? 그 가게 물건들은 그저께 막 나온, 따끈따끈한 거라던데요. 이런 말씀드리기 좀 죄송하지만, 이 물건들은 팔리지 않고 자리만 지켰다고 하셨죠? 모르긴 해도 아마 '세월의 때'를 타기도 하지 않았을까요? 그렇다면 이 물건은 당연히 경쟁업체보다 더 싸게 팔아야 하는 것 아닌가요?"라며 반박하지 않을까?[1]

광고업계는 초기부터 지금까지 늘 투자비용 대비 더 큰 수익을 낼 수 있는 방법을 궁리해왔다. 광고업계의 미션은 투자자본이 수익으로 이어지게 만드는 것이다. 수익 현실화, 즉 물건을 팔아 돈을 버는 과정이 중단되어서는 안 된다. 수요 부족 현상이 장기간 지속되어서도 안 된다. 이런 면에서 광고업계와 자본가의 이해관계가 서로 톱니바퀴처럼 맞물려 있다고 할 수 있다. 상호의존 관계에 놓여 있는 것이다. 산업혁명 한참 전에 이미 초기 형태의 광고가 등장하기는 했다. 자본주의라는 개념이 생겨나기 전에 물물교환 형태의 거래가 이뤄졌던 것과 유사하다. 하지만 광고계가 제대로 성장하기 시작한 것은 산업혁명 이후였다. 스위스 출신의 저널리스트 한스 부흘리Hanns Buchll는 광고의 역사를 다룬 자신의 저서에서 다음과 같이 말했다.

> 1734년 7월, 프랑스 파리 경찰은 상업용 전단지 배포를 금지하는 조례를 선포했다. 당시까지 남아 있던 길드 법Guild Laws이나 자유로운 상거래를 금지하는 각종 조항들 때문에 해당 조례를 선포했다는 데에는 의심의 여지가 없다.[2]

요즘은 할인 행사가 소비자들에게 이익이 된다는 의견도 많지만, 당시 파리는 소비자를 유혹하는 박리다매 전략에 엄격한 법적 잣대를 들이밀었다. 하지만 시간이 흐르자 봉건주의의 족쇄가 사라지며 자본주의가 대두되었고, 그와 더불어 광고업계도 본격적으로 발달하기 시작했다. 그 과정에서 신문들이 결정적 역할을 담당했다. 부흘리는 "〈르 모니퇴르 위니베르셀Le oniteur Universel〉이 1789년 5월 5일(프랑스혁명이 일어나던 바로 그해), 자사 신문의 지면 광고료를 처음으로 공개했다"라고 밝혔다. 그로부터 2년 뒤인 1791년, 프랑스에서는 노동과 산업 그리고 모든 업체들의 자유로운 광고를 허용하는 법이 선포되었고, 이후 이 법률이 대부분 나라로 널리 확대되었다.[3]

시장경제가 발달함에 따라, 지면 광고를 비롯해 갖가지 방법으로 상품을 홍보하고자 하는 업체가 늘어났고, 그러면서 새로운 업종, 광고업이 독립된 업종으로 발달했다. 광고업계의 최대 과제는 아름답고 멋진 상품의 세계를 언제 어디에서나 보여주며 고객들을 유혹하는 것이었다. 이후 신문과 라디오, TV, 길거리에 설치된 광고용 기둥 등에서 대규모 캠페인이 벌어졌다. 현재는 스마트폰까지 그 대열에 합류했고, 광고는 그때부터 지금까지 자본주의의 굳건한 동반자 지위를 한 번도 내어준 적이 없다. 1970년대 초반, 독일의 철학자 볼프강 프리츠 하우그Wolfgang Fritz Haug는 '상품 미학Warenästhetik'이라는 말로 이러한 현상을 분석했다.[4]

하우그의 상품 미학 이론은 일종의 모순에서 출발한다. 마르크스도 《자본론》에서 상품의 교환가치와 사용가치를 논하며 비슷한 분석을 한 적이 있다. 사람들은 보통 실용적 가치가 있는 물건을 구입한다. 마르크스 식으로 말하자면 그 물건이 사용가치가 있기 때문에 그 물건을 구입한다는 것이다. 하지만 여기에서 말하는 사용가치가 제품의 기본적 기능만을 뜻하지는 않는다. 예를 들어 목도리의 경우, 기본적으로는 보온 기능만 있으면 되지만, 거기에는 부수적 기능도 포함되어야 한다. 목도리를 둘렀을 때 더 어려 보이고, 섹시해 보이고, 패셔너블하게 보여야 하는 것이다. 이와 관련해 마르크스는 다음과 같이 말했다.

> 우선 상품은 눈에 보이는 대상물이다. 본연의 특성 덕분에 인간의 다양한 욕구를 달래는 하나의 물건에 불과하다. 이때 어떤 욕구인지는, 예컨대 허기를 달래고 싶은 욕구인지, 상상력을 만족시키려는 욕구인지는 중요치 않다.[5]

그러나 판매자 입장에서 보면 상황이 조금 다르다. 물건을 팔아야 하는 이들에게 있어 해당 물건은 아무런 실용적 가치도 없다. 직접 써도 되는데 굳이 내다 파는 이유는 분명 실용적 가치가 없다는 뜻이다. 판매자가 느끼는 '실용'적 가치는 기껏해야 물물교환의 의미에서의 가치, 환금성이 있다는 가치밖에 되지 않는다. 하우그의 《상품 미학 비판Kritik der Warenästhetik》은 바로 이러한 모순에서 출발한 책이다.

> 사용가치 면에서 보자면, 구매자가 구입한 물건을 쓸 수 있고 누릴 수 있다면 해당 욕구는 충족된 것이다. 교환가치 면에서 볼 때, 해당 물건을 교환한 결과가 돈의 형태로 나타나 준다면 판매자의 욕구도 충족된 것이다. 하지만 판매자 입장에서는 타인(구매자)의 삶이 자신의 교환가치 실현 욕구를 충족시키는 수단과 도구일 뿐이다. '생필품'의 경우에도, 구매

자에게는 그 물건(구체적 물건이든 추상적 물건이든)이 자신의 삶을 유지하기 위해 꼭 필요하다고 생각하겠지만, 판매자에게 그 물건은 돈벌이의 수단일 뿐이다.

하우그는 판매자와 구매자 사이의 대립 구도, 교환가치와 사용가치 사이의 모순을 '허상적 솔루션, 사용가치에 대한 헛된 약속'[6]에 불과하다고 말한다. 소비자가 어떤 물건을 구입함으로써 판매자의 주머니만 채워주는 게 아니라 구매자 자신의 안위를 위해 반드시 그 물건이 필요하다는 확신을 심어줘야 한다는 것이다. 그러기 위해 판매자들은 구매자의 마음에 쏙 들 만한 디자인을 고심하고, 브랜드라는 허울로 제품을 포장한다. 하우그는 "상표권 보호를 받는 제품명이 그 자리(제품의 원래 이름)를 대신하고 있다"[7]라는 말로 이러한 현상을 정리한다.

1967년 서독, 유나이티드 프루트 컴퍼니UFC는 "이제 '바나나'라는 말은 잊어버리세요. '치키타Chiquita'만 기억하세요." 라는 광고를 내보냈다. 실제로 오늘날 자본주의 사회에는 원래 용도와는 무관한 이름을 쓰는 사례가 적지 않다.

브랜드가 탄생하려면 광고는 필수적이다. 그런데 광고가 약속한 사용가치가 소비자들이 체감하는 실제 사용가치와 일치하지 않을 때가 대부분이다. 광고가 실제 사용가치보다 미학적 허상을 더 앞세우기 때문이다. 거의 모든 제품들은 양 갈래의 목적을 염두에 두고 생산된다. 첫 번째는 사용가치고, 두 번째는 사용가치에 대한 환상이다.[8]

향수 TV 광고를 한번 살펴보자. 향수 광고는 향수의 효용과 감미로운 사랑을 연결한다. 향수 펌프를 몇 번 칙칙 누른다고 진정한 사랑을 찾는 경우는 거의 없다는 사실을 빤히 알면서도 그렇게 하는 것이다. 소비자들에게 이런 환상을 심어주는 이유는 빤하다. 기업가가 리스크를 감수하고 생산한 제품이 진열대 한 구석을 장기간 차지하고 있는 애물단지가 되는 사태를 방지하려는 것이다.

그렇게 수익이 누적되고 재투자되는 동안 소비자들의 욕구를 다시금 일깨우는 새로운 광고가 끊임없이 이어진다. 그래야 제품의 인기가 시들해지지 않는다. 하우그는 이와 관련해 1960년대 들어 위기에 내몰린 서독의 패션업계가 의류 판매고를 끌어올리기 위해 극단적 수단을 동원한 사례를 든다.

> 결론은 소비자들의 공포심을 자극하는 슬로건들을 내걸자는 것이었다. 얌전하고, 단정하고, 깔끔한 것을 좋아하는 소

비자들이 지금까지 정석이라 생각해왔던 것들을 근본부터 뒤흔들자는 것이었다. "회색은 비겁해", "낡은 코트 때문에 뚱뚱해 보이는 거야", "남자들이 피곤한 이유는 낡은 슈트 때문이야", "매일 똑같은 코트만 걸치는 건 식은 음식을 다시 데우는 것처럼 재미없어" 같은 슬로건들이 난무했다. '낡은'이라는 말은 '철 지난'이란 뜻이고, '회색'은 '비겁함, 뚱뚱함, 피곤함, 지루함'과 동의어였다.[9]

모든 광고들이 늘 자극적인 건 아니었다. 하지만 자본주의 사회 속에서 광고의 역할은 크게 달라지지 않았다. 현재 쓰고 있는 제품이 나름대로 쓸 만한 데도 불구하고 끊임없이 새 제품을 구입하도록 소비자들을 유혹하는 것, 나아가 이로써 끊임없는 자본의 확대 재생산을 보장하는 것이 바로 광고의 궁극적 목적이다. 신상품이 출시될 때마다 "할렐루야"를 외치는 게 광고계의 당연한 생리다. 하지만 그간 대중매체의 몸집은 불어났고, 지형도도 하루가 다르게 바뀌고 있다. 이에 발맞춰 광고계에도 변화의 바람이 불고 있다.

밀레니엄 시대에 접어든 이후 광고계는 미디어 소비자들의 행동양식에 발맞춰 노선을 조정했다. TV 광고의 영향력이 줄어들던 시기를 즈음해 PPL이라는 새로운 형태의 광고가 우후죽순처럼 늘어났다. 이는 녹화한 영상들이 유포되고 페이

TV(유료 방송)들이 등장하면서 많은 시청자들이 보기 싫은 광고를 '스킵skip'하는 것에 대한 대응책이었다.[10] 그때부터 광고주들은 제품을 TV 드라마나 기타 프로그램, 영화 자체에 포함하기 시작했고, 이로써 광고 효과의 극대화를 꾀했다. 이제 시청자들이 광고가 나올 때 채널을 돌릴까 봐 가슴 졸일 필요가 없어졌다. 시청자들이 프로그램을 시청하는 동안 충분한 광고 효과를 누릴 수 있게 되었기 때문이다. 제품과 프로그램이 하나로 융합되는 효과도 발생했다. 하지만 이러한 놀라운 발전에도 불구하고 PPL의 효과는 인터넷 광고의 효과에 비하면 그야말로 새 발의 피에 지나지 않는다.

광고업계가 머나먼 미래의 일쯤으로 생각하고 멍하니 상상만 하던 일이 이미 현실이 되었다. TV 광고나 신문 전면광고를 통해 무차별적으로 제품을 홍보하던 시절, 대부분 광고가 '빗나간 화살'에 불과하던 그런 시절은 지나가고 개개인의 욕구에 딱 맞는 맞춤형 광고를 통해 '영점 조준'이 가능한 시대가 온 것이다. IT 대기업들은 지난 20년간 사용자들의 데이터를 수집하고 분석하며 그 어느 때보다 더 효과적인 광고를 만들 수 있는 기반을 다졌다.

인플루언서가 온라인 광고 분야의 왕좌에 올랐다는 데에는 의심의 여지가 없다. 이제 광고주들은 타깃그룹을 힘들게 찾지 않아도 된다. 단백질 보충제 생산업체라면 수많은 팔로워를 거느린 헬스 인플루언서를 검색한 뒤 그중 자사 제품을 간접적으로 광고하겠다는 사람, 홍보 계약서에 서명하는 사람을 낙점만 하면 된다. 광고비를 '실적'으로 책정할 수도 있다. 인플루언서의 동영상에 올라온 제휴사 링크를 타고 자사의 온라인 상점에 온 사람들의 숫자를 파악한 뒤 클릭 수에 비례해 지급하면 되는 것이다. 그렇게 하면 거액의 광고비를 날리는 사태를 방지할 수 있다. SNS 스타가 얻는 이익도 적지 않다. 자신의 일상을 소개하면서 팔로워와의 친밀감을 자연스럽게 높이고, '강매'가 아닌 '소개'의 방식으로 다가가기만 하면 된다. 그렇게 판매를 끌어올리면 평범한 직장인으로서는 상상조차 하지 못할 정도의 수입을 챙길 수 있다. 다시 말해 자본을, 수익을 실현하는 것이다.

포드주의의 위기

자본주의는 벌써 반세기째 고전을 면치 못하고 있다. 적어도 서방 국가들에서는 이러한 현상이 두드러지고 있다. 평론가들만 이렇게 참담한 분석을 내놓는 게 아니다. 자본주의를 열렬히 지지하던 이들도 비슷한 말을 하고 있다. 미국의 전 재무장관 래리 서머스도 2013년 "자본주의 국가들에서 구조적 장기 침체와 지속적 성장 부진 현상이 나타날 것이다"라고 예고했다.[11] 제2차 세계대전 종전 후 몇십 년간 해당 국가들은 유사 이래 보기 드문 호황을 누렸고, 복지 수준도 전체적으로 꽤 높아졌다. 하지만 2008년 불어닥친 글로벌 금융위기와 함께 오랜 기간 애써 외면해온 불편한 현실이 수면 위로 떠올랐다. 1970년대부터 성장률은 끊임없이 바닥을 향해 곤두박질쳤고, 민주국가 정부들이 내놓은 전략으로 위기를 극복하기에는 역부족이었다. 기껏해야 성장률 둔화 속도를 조금 늦추면서 시간을 버는 것뿐이었다.

독일의 사회학자 필립 스타브Philipp Staab는 최소한 2008년 경부터 "진정한 디지털 자본주의의 껍질이 벗겨지며 속살이 드러났다"[12]라고 말했다. 그 지적은 분명 일리가 있다. 승승장구를 거듭한 대규모 온라인 플랫폼 업체들이 아직 새로운 형태의 축적체제regime of accumulation를 구축하지 않았음에도 불구하고 그러한 현상이 일어났다.[13] 자본주의는 이제 새로운 모습을 띠는 동시에 예전의 모습을 이어가고 있다.

'자동차 왕'이라 불리는 헨리 포드는 노동생산성을 증대시키는 집약적 축적체제를 도입했고, 제2차 세계대전 이후 수많은 국가들이 포드주의를 도입하며 큰 호황을 누렸다. 공장들은 수명이 긴 소비재들을 대량으로 생산했고, 소비자들은 그 물건을 기꺼이 구입했다. 그러면서 수많은 가정에 사상 최초로

TV가 보급되었다. 자가용이 있는 가정도 적지 않았다. 수백만 이 드디어 가난에서 벗어났고,[14] 노동생산성과 복지 수준은 꾸준히 올라갔으며, 그 열매는 다시금 노동자들에게 돌아갔다. 생산성이 향상되자 임금은 올려주고 작업 시간은 단축해준 것이다.

하지만 1970년대 초반부터 이러한 축적체제가 원활히 돌아가지 않는 상황이 발생한다. 거의 모든 가정에 자동차, 세탁기 등이 보급되면서 수명이 긴 소비재들에 대한 수요가 줄어든 것이다. 경제 전반에 걸쳐 시장 포화 상태나 소비 부족 현상이 지배적이었고,[15] 이는 자본주의 선진국들의 경제를 옭아매는 올가미로 작용했다. 정부는 시들어가는 경제를 되살릴 만한 묘안을 내놓지 못했다. 각국 정부들이 제시한 위기극복책들 중 많은 이들에게 사회적 성공과 신분상승의 기회를 제공할 만한 대책은 없었고, 이러한 상황이 벌써 수십 년째 이어져오고 있다. 수요 부족으로 인한 위기 발발을 겨우 지연시키고 있을 뿐인데, 그 일등공신은 바로 가계부채다. 각종 규제를 풀면서 금융시장을 자유화하고 문을 활짝 연 덕분에 가계 빚이 눈덩이처럼 불어난 것이다.[16] 하지만 정체된 임금상승률과 불어나는 가계부채로는 경제를 장기적으로 떠받칠 수 없었고, 그러면서 경제구조가 기괴한 방향으로 흘러갔다. 2004년 독일의 경제지 《한델스블라트Handelsblatt》는 미국민 1인당 평균 신

용카드 보유 개수가 무려 6개가 넘는다고 보도했다.[17]

영국의 저명한 사회학자 콜린 크라우치Colin Crouch는 이러한 문제 해결 방식을 민간에게 떠넘긴 '케인즈 처방privatised Keynesianism'이라 불렀다. 하지만 민간이 국가경제를 떠받치는 이러한 구조는 2006년 이후 미국 가계가 한계에 다다르면서 무너지기 시작했다. 엄청난 액수의 대출에 비해 민간의 상환능력이 터무니없이 부족했던 것이다. 그러면서 글로벌 금융, 화폐, 경제가 줄줄이 위기에 봉착했다. 세계경제는 수십 년째 외면해온 위기의 정점(그 시점에서는 이때가 정점이었다)을 맞이했다. 디지털 자본주의가 위기에 대응하는 시늉은 했지만, 제대로 된 솔루션은 제시하지 못한 것이다.

디지털 자본주의만 제대로 돌아갔더라도 새로운 형태의 축적체제가 구축될 수 있었을 것이다. 종전 이후 몇십 년에 견줄 만한 풍요로운 물질사회를 창출하고, 점점 쪼그라드는 자본주의의 당위성에 인공호흡기라도 꽂아줄 수 있었을 것이다. 하지만 그만큼 큰 혁신은 일어나지 않았다. 현재 디지털 분야를 주름잡고 있는 거대 기업들만 봐도 결과는 크게 다르지 않다. 단 하나의 예외가 있다면 아마 하드웨어 생산이 주력 산업 분야인 '애플'이 아닐까?

GAFAGoogle, Apple, Facebook, Amazon라 불리는 거대 기업들 중 애플을 제외한 나머지 세 기업은 아직까지 국민 전반에게 혜택을 줄 수 있는 비즈니스 모델을 개발하지 못했다. 아마존의 클라우드 컴퓨팅 서비스 AWSAmazon Web Services를 제외하면, 구글과 페이스북의 주 수입원은 제품 광고고, 아마존은 그 물건들을 팔아서 수익을 챙긴다. 조금 무자비하게 비판하자면 재화 창출의 관점에서 볼 때 구글, 페이스북, 아마존은 아주 비생산적인 기업들이다. 상업적 인터넷 이용 분야에서 우위를 선점한 덕분에 얻는 광고 수익과 마진 거래로 먹고사는 기업들이다. 필립 스타브는 그 온라인 권력들이 인터넷을 쥐락펴락하면서 '소유시장proprietary market'이라는 새로운 시장이 구축되었다고 주장한다. 그 기업들은 시장에서 물건을 파는 게 아니라, 기업 자체가 시장이다. 이 '민간 소유의 시장'[18]들은 생산업체들의 입점권을 쥐고 흔들 뿐 아니라 자신들의 수익률까지 직접 결정한다.

> 만약 구글이나 애플이 앱스토어에서 발생한 수익 중 30퍼센트가 아닌 40퍼센트를 뜯어가겠다고 결정하면 말릴 방법이 없다. 그 기업들은 마진율을 스스로 결정할 수 있어서 경기침체 상황에서도 두둑한 이윤과 엄청난 성장을 기록할 수 있다.[19]

IT 분야 대기업들이 주식시장에서 인기가 높은 것도 그 때문이다. 황폐해진 불황의 사막 어딘가에 숨어 있는 유일한 오아시스처럼 보이는 것이다. 콕 집어 말해서 미안하지만, 앞서 말했듯 구글이나 페이스북은 사용자들의 데이터 수집과 분석, 맞춤형 광고 제공 말고는 버젓한 사업 모델을 개발하지 못했다. 광고수입 의존도가 지나치게 높은 것에 대한 투자자들의 원성도 크다. 디지털 시장을 과점하고 있는 이 업체들의 분기별 실적보고서를 보면 이유를 알 수 있다. 구글의 지주회사인 알파벳Alphabet Inc.의 보고서를 보면 구글 및 유튜브 광고를 통한 매출액이 총매출의 80퍼센트 이상을 차지한다(2019년 총 매출액 1,618억 달러 중 1,348억 달러가 광고수입이다). 페이스북의 광고 의존도는 그보다 더 높다. 2020년 3분기에 올린 총 매출액 210조 4,700억 달러 중 210조 2,210억 달러가 광고수입이었다. 무려 99퍼센트가 넘는 비중이다.[20]

디지털 산업계의 공룡들은 자체 상품 개발보다는 광고를 통해 기업과 잠재적 고객을 연결하는 것으로 돈벌이를 하고 있다.[21] 그렇다, 이 공룡들은 자본주의가 수십 년째 벗어 나오지 못하고 있는 수요 부족 위기를 광고로 대처하고 있다. 광고 효과를 극대화하는 방법을 끊임없이 연구하고, 이로써 광고주들의 기대에만 부응하고 있다. 하지만 그렇게 해서는 시장 포화나 장기적 수요 부족을 근본적으로 해결할 수 없다. 《플랫폼 자본주의Platform Capitalism》를 쓴 런던의 경제학자 닉 서르닉Nick

Srnicek은 "플랫폼 경제는 초저금리와 불투명한 투자전망 시대를 맞이해 공중에 떠도는 잉여자본의 도피처가 될 수 있을지는 몰라도 시들어가는 자본주의를 다시 살아 숨 쉬게 만들 '아방가르드'는 될 수 없다"[22]라고 꼬집었다.

플랫폼과 인플루언서 : 경쟁자와 동업자, 그 애매한 사이

인터넷이 상업적 무대가 되면서 인플루언서들이 대거 등장했다. 인플루언서들은 디지털 세상의 수익실현가들이다. 대규모 플랫폼들은 인플루언서와는 비교조차 할 수 없을 정도로 엄청난 양의 데이터를 수집하고 분석한다. 그 데이터를 기반으로 누가 무슨 제품에 관심이 있는지를 '귀신같이' 알아맞히고, 클릭할 때마다 각자의 취향에 맞는 맞춤형 광고를 떡하니 들이민다. 하지만 신선함은 떨어진다. 오래전부터 소비자들이 접해온 광고 방식에 지나지 않는다.

인플루언서는 다르다. 인플루언서는 '증언'을 한다. '테스티모니얼 마케팅testimonial marketing'이라는 말이 있다. 번역하자면 '증언 광고'쯤 되는데, 주로 유명 인사들이 제품을 직접 써본 뒤 체험담을 전하면서 제품에 대한 신뢰감을 심어주는 방식이다.

이 광고 기법은 예전부터 있어왔다. 독일의 유명 TV쇼 진행자인 토마스 고트샤크를 하리보의 꼬마곰 젤리 모델로 내세웠던 게 대표 사례다. 그런데 디지털 자본주의 시대를 맞이하면서 테스티모니얼 마케팅이 광고계의 다크호스로 급부상했다. TV쇼 MC가 실제로 달콤한 군것질거리를 좋아했는지 아닌지 시청자로서는 알 길이 없지만 인플루언서는 다르다.

인플루언서는 자신이 홍보하는 제품을 실제로 일상 속에서 사용하는 모습을 영상으로 남긴다. 피트니스 기구를 홍보하는 인플루언서는 단백질 셰이크를 휘젓고 마시는 모습을 보여주고, 뷰티 인플루언서는 메이크업 과정을 직접 보여준다. 얼굴이나 이름만 알려진 셀럽들이 출연하는 TV 광고에 비해 인플루언서들의 '디지털 테스티모니얼', 즉 '동영상 증거'는 신뢰도가 높을 수밖에 없다.

기업들이 무차별적으로 난사하는 온라인 광고들 역시 위기를 맞고 있다. '광고 차단ad-block' 기능으로 건너뛰기가 가능해진 것이다. 구글이나 페이스북으로서는 그간의 광고 방식을 뿌리부터 뒤엎어야 할 위기일 수도 있다.[23] 그러나 인플루언서의 방송에는 애드블록 기능을 적용할 수 없다. 콘텐츠 안에 광고가 포함되어 있기 때문이다. 시청자들은 광고를 건너뛰고 싶다는 마음 자체를 품지 않는다. 인플루언서의 광고 방송은 중간에 난데없이 끼어든 훼방꾼이 아니라 보고 싶고 즐기고 싶은 영상인 것이다.

세상이 그야말로 뒤집혔다. 예전에는 광고가 훼방꾼이었다. 한참 재미있는 순간, 정말 긴장되는 순간에 방송이 뚝 끊겼다. 인터넷으로 신문 기사를 좀 볼라치면 여기저기에 뜨는 팝업 광고창을 닫느라 성가시기 짝이 없었다. 하지만 스타 유튜버와 인스타그래머의 광고는 다르다. SNS 사용자들은 여러 제품으로 완전무장한 인플루언서의 일상을 호기심 가득한 눈으로 엿본다. 방송이 곧 광고고, 광고가 곧 방송인 영상들을 뚫어져라 쳐다본다. 그들의 일상이 상품에 대한 진정성을 전달하기 때문이다. 그리고 방송을 보는 동안 시청자들은 '어머, 저건 꼭 사야 해. 안 사면 나만 바보가 되는 거야'라는 압박감을 느끼게 된다.

인스타그램에서는 이런 내용들이 주로 스토리 코너에 올라온다. 인스타그램 스토리는 스냅챗의 모델을 그대로 베낀 것이다. 스토리에는 짧은 동영상이나 사진들을 올릴 수 있는데, 24시간이 지나면 자동으로 삭제된다. 스토리를 통해 팬들은 아이돌의 일상을 거의 실시간으로 확인한다. 언제든지 열어볼 수 있는 게시물들이 넘쳐나는 마당에 시간제한을 걸어둔 스토리가 이토록 인기가 높은 것은 왜일까? 그건 바로 지나가는 일상 속에 특정 상품을 슬쩍 노출하는 방식이 PPL과 증언 광고의 완벽한 조합이기 때문이다. 그러면 팬들은 마음이 조급해진다. 하나라도 놓칠까 봐 불안해한다. 24시간이 지나면 사라지므로 그전에 빨리 달려가서 봐야만 할 것 같다.

스냅챗의 설립자 에반 스피겔Evan Spiegel은 인스타그램의 승승장구가 고까울 수밖에 없다. 모르긴 해도 아마 자신의 작품을 도용당한 느낌일 것이다. 그래도 스피겔은 "매일 아침 눈을 뜨면 새로운 하루가 우리를 기다리지만, 다행히 오늘을 어제와 비교할 필요는 없다. 이런 마인드야말로 긍정적이고 짜릿한 삶의 태도다"[24]라며 지금의 상황을 바람직하다고 평가한다. 스피겔이 말한 그 마인드는 아주 잘 팔리고 있다. 인플루언서들은 매일 새로운 물건들을 홍보하지만, 그 인플루언서가 지난주에 어떤 립 케어 제품을 발랐고, 어느 샴푸를 썼는지는 아무도 기억하지 않는다.

아예 새로운 브랜드를 론칭하는 인플루언서들도 있다. 귀한 시간에 남의 물건을 홍보하기 싫다는 것이다. "조금만 더 열심히 뛰고 조금만 더 부지런하면 더 큰 기회가 눈앞에 보이는데 굳이 내가 왜?"라는 생각이다. 본인의 이름을 내건 브랜드로 제품을 홍보하는 고단수들이 아주 많은 분야 중 하나가 뷰티케어 분야다. 팬들의 열광에 힘입어 큰돈을 번 이들도 많다. 일상에서 주로 사용하는 제품뿐 아니라 전자책, 인스타그램 필터도 팔 수 있다. 책의 경우, 재테크, 뷰티, 자기 계발을 주제로 한 책이 대부분이다. 요즘은 나르시시즘을 주제로 한 책들도 더러 볼 수 있다. '프리셋preset'이라 불리는 인스타그램 필터는 사진이나 영상에 자신이 원하는 감성적 효과를 더하거나 좋아하는 연예인과 최대한 닮은꼴을 연출할 수 있게 해주는 기능이다.

유튜브 광고 역시 금광 중에 금광이다. 유튜브의 모회사인 구글은 사용자들이 동영상을 클릭할 때마다 거의 매번 광고를 내보낸다. 광고수입의 일부는 동영상을 올린 인플루언서에게 돌아간다. 인플루언서는 자신이 업로드하는 콘텐츠를 통해서도 돈을 번다. 자신의 '하찮은' 일상을 기록한 브이로그vlog 속에 협찬과 PPL을 적당히 버무려서 주머니를 채우는 것이다. 제품을 구매할 수 있는 웹사이트 주소나 제휴 링크가 뜰 때도 많다. 인플루언서가 걸치고 있는 옷들, 인플루언서가 쓰는 수저 세트, 인플루언서가 언급한 브랜드 등 모든 제품의 링크가 영상 하단이나 화면 한 귀퉁이에서 번쩍거린다. 종종 그 옆에 할인 코드도 달려 있기도 한다. 아예 특정 제품 홍보용으로 만든 영상도 셀 수 없이 많다.

유튜브 이용자들 중에는 '언박싱unboxing' 동영상, 즉 주문한 제품이 도착하는 순간부터 테이프를 제거하고 내용물을 확인하는 과정을 넋을 잃고 바라보는 이들이 적지 않다. 스타 유튜버의 쇼핑 과정을 지켜보는 시청자도 많다. 쇼핑 인플루언서들은 대개 하나의 '챌린지challenge', 즉 미션을 정해놓고 움직인다. 현재 독일 뷰티 유튜브에서 엄청난 조회수를 기록하고 있는 영상들 중에도 '1분 안에 500유로 다 쓰기', '분홍색으로 된 물건이 보이면 무조건 다 사기', 'A부터 Z까지, 모든 알파벳으로 시작하는 브랜드의 제품이나 그 글자로 시작하는 물건 주문하기' 등이 있다. 재미와 마케팅을 아주 잘 결합한 콘텐츠들이다.

수백만 젊은 시청자들이 유튜브 메가 인플루언서들의 채널을 '홈쇼핑 채널'로 인식하고 있는 건 아닐까? 게다가 '선호 채널'로 등록해놓은 건 아닐까? 유튜브 인플루언서들의 마케팅 실력은 훌륭하다 못해 완벽하다. 모회사인 구글이 경쟁의식을 느낄 만큼 인플루언서의 파워는 막강해졌다.

구글은 2006년 유튜브를 인수했고, 페이스북은 2012년 인스타그램을 사들였다. 하지만 애드블록 기능으로 SNS 플랫폼들은 수입이 줄어들 걸 걱정해야 하는 입장에 놓여 있다(인스타그램에서는 애드블록 기능이 잘 작동하지 않는다. 스마트폰 앱을 통한 접속이 대부분이고, PC로 접속한 경우 사용에 제약이 많기 때문이다). 엎친 데 덮친 격으로 인플루언서들까지 합세해서 가뜩이나 얇아지고 있는 모회사의 지갑을 야금야금 털고 있다. 그런 면에서 플랫폼 사업주들은 인플루언서에 대해 일종의 애증을 느낄 수밖에 없다. 구글과 페이스북은 사용자들을 끌어모으는 '콘텐츠 크리에이터'에게 매달릴 수밖에 없지만, 그와 동시에 광고 타깃들을 둘러싸고 그들과 경쟁해야 하기 때문이다.

그러다 보니 인플루언서와 플랫폼 업체 사이에 미묘한 기싸움이 일 때가 많다. 어느 스타 유튜버는 영상(효과적인 '가슴골' 노출법을 알려주는 영상)이 시작하자마자 '가슴'이라는 말을 쓰면 안 된다며 푸념부터 늘어놓는다. 가슴이라는 말을 쓰는 순간, 조회수는 포기해야 한다는 것이다. 때로는 불합리하기 짝이 없고 터무니없는 엄격한 규정도 많지만 온라인 스타들은 운영자가 정해둔 규정을 따를 수밖에 없다. 그 규정을 위반하면 알고리즘한테 퇴출당하고, 한순간에 아무도 영상을 보지 않는 채널이 된다.

심한 경우, 플랫폼 측에서 자신들이 정한 규정을 위배한 유튜버의 채널을 차단하기도 한다. 인플루언서 입장에서는 당연히 마음껏 자유롭게 영상을 제작하고 싶겠지만, 현실적으로 불가능에 가깝다.[25] 스마트폰과 인스타그램 계정의 주인은 자신들이지만, 결국엔 플랫폼의 명령에 무릎을 꿇을 수밖에 없다. 플랫폼이 없으면 인플루언서들은 돈벌이 자체를 할 수가 없고, 그래서 대형 플랫폼들이 정해둔 '게임 룰'이 아무리 마음에 안 들어도 고분고분 따라야만 한다. 온라인 셀럽이 올린 영상의 조회수가 언제, 무슨 이유로 갑자기 줄어들지는 아무도 모른다. 그러니 인플루언서들은 순위에서 밀려나지 않기 위해 긴장의 끈을 놓지 않는다. 지금 당장은 거액을 꿀꺽하고 있지만, 언제 퇴출당할지 모르는 지속적 고용 불안정 상태에 놓여 있는 것이다.

3

새로운 광고 도구의 탄생

에디트 피아프Édith Piaf가 "장밋빛 인생이 보여요"라며 진정한 사랑을 노래한 적이 있다. 그로부터 약 75년이 흐른 지금, 광고업체들은 샹송의 대명사인 에디프 피아프가 찬양한 그 컬러를 최고의 기분을 상징하는 색깔보다는 자라나는 어린 여자아이들을 현혹하는 수단으로 활용하고 있다. 바닷가에서 멋진 포즈를 취한 인스타그램 인플루언서의 사진을 보자. 아마도 장밋빛 립스틱에 핑크색 상의, 분홍색 헤어밴드 차림일 것이다. 손톱도 분홍빛 네일 컬러로 칠했을 확률이 높다. 핑크빛 옷과 액세서리는 세찬 여성해방운동의 과정을 꿋꿋이 딛고 견디며 지금까지 살아남았다. 지금도 분홍색은 '여성의 색'이라는 고정관념을 이용한 광고들이 판을 치고 있다. 얼굴 가득 환한 미소를 짓고 있는 아름다운 여자 모델이 오른손에 들고 있는 핑크빛 향수병은 수많은 여성들의 욕망을 자극한다. 인플루언서들은 구독자들에게 묻는다.

"우리가 언제 이렇게 행복했던 적이 있었나요? 마지막으로 정말 행복했던 때가 언제였죠? 음, 어떤 걸 볼 때, 어떤 걸 할 때 기분이 좋아지시나요? 저는요, 정말 오랜만에 하루 휴가를 내서 바닷가에 갔답니다. 아무 생각 없이 그냥 쉬고, 먹고, 잤죠." 그런 다음 '본색'을 드러낸다. "그런데 그때 제가 무슨 향수를 뿌린 지 아세요? 바닷가에 갈 때 뿌린 향수는 최근 발견한 정말 좋은 건데요, 잠시만요. 짜잔! 바로 이거예요. '지방시 뷰티@givencybeauty'에서 구입한 '이리지스터블irresistible(너무나 매력적이서 거부할 수 없는)'이죠. 이름이 아예 '이리지스터블'이래요. 얼마나 거부할 수 없는 매력을 지니고 있는지 다들 아시겠죠? 뭐랄까, 과일 파우더를 뿌린 것 같은 소프트한 향기인데, 제일 중요한 건 아무래도 이 향이 너무나도 '여자여자스럽다'는 거예요. 이걸 한번 이렇게 '차악' 뿌리기만 해도 기분이 달라져요. 다들 아시잖아요. 기분 좋은 냄새만 맡아도 진짜로 기분이 좋아지잖아요?"

뇌가 마비될 정도로 정신없이 이어지는 인플루언서의 멘트에, 향수와 기분과 행복한 인생을 교묘하게 버무린 그 '짬뽕 멘트'에 구독자들은 쉽게 마음을 빼앗긴다. 방금 예를 든 이 멘트를 업로드한 인플루언서에게 무려 9만 개가 넘는 하트가 붙었다. '장밋빛 인생'의 가사 한 토막처럼 모두들 '내 안에 뛰는 심장을 느낀Mon coeur qui bat' 것이다.

디지털 자본주의 시대를 맞이한 인플루언서들을 규정짓는 가장 큰 특징은 '돈벌이'다. 물론 자신의 목표가 돈벌이라고 대놓고 말하는 인플루언서는 거의 없다. 자신들의 역할을 돈이 아닌 다른 곳에서 찾는 인플루언서들이 더 많다. 2019년 10월, 어느 독일 스타 유튜버가 미디어 매거진 《잽Zapp》과의 인터뷰에서 시사프로그램의 진행자인 "안네 빌Anne Will도 인플루언서, 나도 인플루언서, 《프랑크푸르터 알게마이네 차이퉁》도 인플루언서다. 모두들 대중들에게 영향을 주고 있다"[1]라고 말했다. 인플루언서 마케팅의 진짜 특성은 쏙 뺀 채 인플루언서라는 영어 단어의 원래 뜻만 강조하는 교묘한 화술이다. 인플루언서라는 '직종'에 대한 이해도가 아주 낮은 발언이었다.

그 그릇된 인식은 어디에서 온 것일까? 특정 제품을 광고함으로써 유튜브나 인스타그램을 먹여 살리고 있다고 해도 과언이 아닌데, 인플루언서들은 왜 자신들이 마케터가 아니라 시청자들에게 '그저' 영감을 주는 '친구'일 뿐이라고 착각하고 있을까? 혹은 알면서도 왜 아무것도 모르는 순진한 업로더에 불과한 것처럼 자신을 포장할까? 돈벌이라는 목적을 감추고 오락적 요소만 강조해야 시청자들의 주머니를 쉽게 털 수 있다는 전략일까? 이렇게 결론을 내릴 수만 있다면 더 이상 이 주제에 대해 논할 필요도 없겠지만, 그 뒤에는 더 복잡한 메커니즘이 숨어 있다. 인플루언서들이 스스로 바라보는 관점과 돈벌이의 관점에서 바라본 인플루언서의 역할에는 확연한 차이가 존재한다.

스포츠나 연예계에서 이미 이름이 널리 알려진 사람이라면 초단기간 안에 수백만 구독자를 확보할 수 있다. 하지만 그건 그야말로 예외적인 경우다. 대중적 인기를 이미 얻은 셀럽이 아닌 이상, 힘든 과정을 거쳐야 비로소 인플루언서가 된다. 짧게는 몇 달, 때로는 몇 년에 걸쳐 재미있는 동영상이나 여행지의 멋들어진 풍경을 끊임없이 보여줘야 비로소 커뮤니티의 '네임드', 즉 인플루언서가 되는 것이다. 제품 광고는 그 이후부터 가능하다. 팔로워가 20~30명쯤 되는 인스타그램 사용자에게 자사 제품의 광고를 맡기는 업체는 없다.

유튜버 1세대들이 올린 동영상을 지금 다시 보면 방금 한 말이 무슨 뜻인지 감이 올 것이다. 당시 유튜브에 올라온 영상은 대개 '시대를 잘 만난' 청소년들이 만든 것들이었다. 당시 젊은 층들은 카메라 렌즈를 쳐다보며 이런저런 실험들을 했고, 그렇게 찍은 영상물들을 인터넷에 올렸다. 그림 그리는 과정을 올린 사람도 있고, 레이디 가가의 안무를 따라한 영상을 업로드한 사람도 있고, 메이크업 '꿀팁'을 올린 사람도 있다. 그 시절, 업로더들의 목적은 돈이 아니라 관심과 인정이었다. 지금 그 영상들을 다시 보면 "이야, 그땐 저랬구나!"라는 감탄사가 절로 나온다. 지금은 인플루언서가 되어 클릭 장사로 거금을 챙기고 있겠지만, 그 사람들이 그 시절 올린 영상 속 미소는 순진무구했고, 편집이나 조명도 아마추어 수준이었다. 하지만 인플루언서들은 순식간에 진화했다. 제작 단계에서부터 꽤 큰돈을 투자하고, 편집도 순식간에 해내며, 영상의 퀄리티도 발전했다. 왜냐하면 그 모든 게 다 돈이 되기 때문이다.

유튜브는 설립 2년 후인 2007년부터 '파트너 프로그램'을 가동하기 시작했다. 유튜브 콘텐츠를 감상하기 전에 광고부터 감상하게 만드는 '윈-윈 전략'을 채택한 것이다. 아직 인플루언서라 부를 수는 없는 그 시절 유튜버들은 광고 수익의 일부를 받는 것만으로 매우 기뻐했다. 그러나 상황은 금세 달라졌다. 스타 유튜버들에게 협찬이 들어오기 시작한 것이다. 일반인이 자신의 매우 평범한 일상 속에 이런저런 제품들을 사용하는 모습을 카메라로 찍으면서 인플루언서 마케팅이 시작되었다.

인플루언서의 진화과정은 두 단계로 볼 수 있다. 1단계는 순수한 목적으로 영상을 올리다가 수만, 수백만 팬을 거느리게 된 온라인 스타들의 등장이다. 이후 그들이 인플루언서로 진화한 것이 2단계다. 지금도 돈벌이가 목적이 아니라고 바득바득 우기는 스타 유튜버들이 많은데, 1단계를 거쳐 2단계로 넘어왔기 때문에 그렇게 주장할 수밖에 없다. 그 그룹에 속하는 인플루언서들은 자신들이 기본적으로 엔터테이너라고 생각한다. 엔터테이너로 일을 하다 보니 돈이나 유명세가 따라왔을 뿐이라고 말한다. 하지만 이제 온라인에 데뷔하는 이들은 손가락에, 머리에 불이 나도록 계산기를 두드린다. 한편, '자본'은, 다시 말해 타깃그룹을 공략하려고 혈안이 된 기업들은 인플루언서들을 재미있는 엔터테이너, (본인들도 모르는) 자신들의 욕구를 백 퍼센트 넘게 채워줄 '광고 도구'로 인식한다.

알맹이 없는 콘텐츠

타깃 찾기에 혈안이 된 자본가들 입장에서 보면 인플루언서들은 대규모 '예비군'이다. 경제 전문지 《블룸버그》 기자인 사라 프라이어Sarah Frier가 인스타그램의 역사를 낱낱이 분석한 《노 필터No filter》에는 다음과 같은 내용이 나와 있다.

(인스타그램에 접속하는 월평균 10억 명에 가까운 인스타그램 사용자 중) 팔로워 수가 5만이 넘는 사람은 2억 명이 넘는다. 인플루언서 분석 전문업체 도브테일Dovetale은 팔로워 수가 그 정도라면 브랜드의 의뢰를 받아 제품을 홍보하는 것만으로도 충분히 생계를 이어갈 수 있다고 말한다. 사실 팔로워가 100만이 넘는 유저는 전체의 1퍼센트도 되지 않는다. 하지만 인스타그램 유저의 수가 워낙 많다 보니 0.00603퍼센트만 되도 이미 600만이 넘는다. 오직 인스타그램이라는 앱만으로 그 정도의 유명세를 누리게 된 온라인 스타의 수가 그만큼이나 많다는 뜻이다.[2]

인스타그램 창업자들이 인플루언서(그리고 그 팬들)를 자신들의 플랫폼으로 끌어들인 것은 그야말로 신의 한 수였다. 유명 스타들에게 또 다른 연극무대를 제공하는 대신, 평범한 일상을 공개하는 인플루언서들을 고용해서 연출이 꽤 많이 섞인 영상들을 팔로워들에게 보여주게 만든 것이었다. 예를 들어 미국의 팝스타 테일러 스위프트가 고양이와 노는 영상을 보더라도 시청자들로 하여금 이게 '연출된 스토리가 아니'라고[3] 느끼게 만들어야 한다. 목적은 뚜렷하다. 스타의 특별한 삶이 아니라 평범한 일상을 특별하게 포장하는 것, 그래서 누구나 필터를 잘만 활용하면 자신들의 일상을 멋지게 포장할 수 있다는 사실을 알려주는 것이다. 인스타그램은 독과점 플랫폼임에도 불구하고 이렇듯 '민주주의의 향기'를 내뿜는다. 기회는 평등하고, 이에 따라 누구나 스타가 될 수 있다는 점을 끊임없이 주입시키고, 아무 것도 아니었던 '노바디nobody'가 단기간 안에 유명한 '썸바디somebody'가 될 수 있다는 사실을 널리 홍보한다.

그런데 누구에게나 공평한 이 민주주의적 경쟁방식에서 왜 어떤 이들은 승자가 되고 나머지 많은 이들은 패자가 될까? 인터넷 스타가 되는 방법을 가르쳐주는 책들이 무수히 쏟아지고 있지만, 사실 온라인 비즈니스에서 성공을 백 퍼센트 보장하는 비법 같은 것은 존재하지 않는다. 어떤 종류의 SNS든 성공하는 사람이 있고, 그렇지 못한 사람이 있다. 유튜브뿐 아니라 인스타그램, 틱톡 등 거의 모든 종류의 SNS가 시작될 때마다 남들보다 앞서간 이들, 온라인 시장에서 통하는 상술을 꿰뚫어 본 이들이 있었다. 그 선구자들은 아무도 모르던 트렌드를 콕 집어냈고, SNS가 없던 시절에는 상상조차 할 수 없던 새로운 장르를 개척했다. '선형적 시청 방식', 즉 정해진 시간에 정해진 TV 프로그램만 시청할 수 있던 시절을 지나온 이들에게 있어 유튜브나 기타 SNS는 안드로메다에서 온 방식처럼 느껴질 수 있다. 원하는 때, 원하는 것만 골라서 볼 수 있는 방식이 생소할 것이다.

그렇다면 동영상 플랫폼 서비스를 이용하는 사용자들은

어떤 영상을 선호할까? 어떤 영상을 보며 재미를 느낄까? 시청자들의 기분을 '업'시킬 수 있는 동영상들이 대표적이다. 예를 들어 유압 프레스기가 재료를 찍어 누르는 단순한 과정을 몇 분씩 시청하는 이들이 생각보다 많다. 이런 '파괴'적 영상들은 시청자들의 이성에 호소하지 않는다. 보는 이들의 눈만 자극하면 된다. 많은 이들이 잠들기 전 침대에 누워서, 일하다가 갑자기 따분하다는 느낌이 들 때면 사무실에서, 기차에서 시간을 '때워야' 할 때 그런 영상들을 본다. 파괴 대상인 물건의 값이 비쌀수록 조회수는 치솟는다. 인플루언서들은 이 메커니즘을 일찌감치 간파했다. 각종 실험 과정을 보여주는 영상, 값비싼 물건들을 못 쓰게 만드는 걸 보여주는 영상들이 시시각각 올라온다. 아이폰을 파괴하는 영상이 대표적이었다. "아이폰을 깨물어 봤어요(클릭수 120만)", "아이폰을 믹서기에 넣고 돌려봤어요(280만)", "세상에서 제일 잘 드는 칼로 아이폰을 썰어볼게요(500만)", "천하무적 폰 케이스라고요? 아이폰을 부숴봅시다(590만)".[4] 이 네 개의 영상은 모두 유튜버 한 명이 자신의 채널에 올린 것이다. 해당 영상들의 조회수를 보면 인플루언서의 '콘텐츠'를 시청하는 요즘 젊은 세대들에게 '알맹이'는 중요하지 않다는 것을 알 수 있다. 그런데 이 오락용 영상들은 비단 클릭 수뿐 아니라 더 진화한 방식으로 돈을 벌어들인다. 인플루언서들은 한편으로는 신상품의 판매를 올리기 위해 그 이전 모델을 일부러 철 지난 것처럼 홍보하는 '계획적 구식화planned obsolescence' 전략, 즉 멀쩡한 제품의 수명을 순식간에 단축시키는 전략을 택하지만, 그와 동시에 자신이 파괴한 물건을 "어머, 저건 반드시 사야 해"로 둔갑시키는 전략도 쓰고 있다. 일종의 '레어rare 아이템'으로 홍보하면서 그 제품을 손에 넣거나 수리하고 싶은 욕구를 자극하는 것이다. "낡은 코트 때문에 뚱뚱해 보이는 거야"라는 예전의 광고 카피가 이제 "최신 제품이 아닌 스마트폰은 믹서기에 넣으세요"로 바뀐 것이다. "5분 안에 드러그스토어 데엠dm(독일의 소매점)에서 과연 얼마나 쓸 수 있을까?", "40킬로그램 누텔라 초코잼 안에서 목욕하기"와 같은 실험 영상들 역시 파괴실험 영상만큼이나 인기가 높다.

그런데 이미 얻은 명성과 인기를 이용해 대기업과 홍보계약을 맺고 싶은 마음도 있겠지만, 그렇지 않은 경우도 많다. 특정 업체의 협찬 없이도 소비지향주의를 찬미하는 노래를 부르는 인플루언서도 있다. 조회수 최상위를 기록하는 영상들 대부분이 '지름신 강림'이나 인간의 기본 욕구를 충족시키는 과정을 묘사하고 있다. 인스타그램에 올라온 게시물들이 특히 더 그렇다. 팔로워들은 인스타그램 스토리 덕분에 자신의 우상과 하루 종일 함께하고, 그 속에서 일체감을 느낀다. 물론 인플루언서가 업로드한 영상에서 풍기는 '부자들의 스멜'과 팔로워들의 '현실적 일상'에는 차이가 많지만, 인플루언서들도 아침이면 눈을 뜨고, 샤워를 하고, 화장을 한다. 여성 인플루언서들이 대부분이지만, 남성 인플루언서들도 요즘은 화장품을 사용한다. 그런 다음 아침을 먹고, 점심에는 뭘 먹을지를 고민하고, 운동하러 가고, 저녁을 먹고, 잠자리에 든다. 팔로워들은 그 영상들을 보며 거울을 들여다보는 듯한 착각에 빠진다. 가끔씩 광고로 인해 거울보기가 중단되기는 하지만, 이제는 광고조차 인플루언서의 라이프스타일에 완벽하게 들어맞는 퍼즐처럼 딱딱 맞아떨어진다. 아침에 세수하는 스토리에는 수분크림과 립 맥시마이저가 등장하고, 오늘 입을 옷을 고르는 장면에서는 어느 패션 브랜드의 웹사이트 링크가 깜빡인다. 운동하러 가는 스토리에서는 먹기만 하면 애플힙이 자동으로 생길 것 같은 '부티 펌프Booty Pump'를 소개한다. 부티 펌프는 인플루언서가 자신의 이름을 내걸고 품질을 보장하는, 비건vegan(채식주의자)도 걱정 없이 섭취할 수 있는 복숭아-마라쿠자(열대과일로 피부에 좋은 성분이 포함되어 있다) 향을 품은 에너지 부스터다. 인플루언서들이 공개하지 않는 유일한 장면은 볼일보는 장면밖에 없다. 지상파 공영 방송에는 하루 종일 소화제나 변비약, 요실금 치료제 등이 흘러나오지만, 인플루언서들이 아직 그 분야까지는 진출하진 않은 듯하다. 노령화 사회로 접어든 만큼, 어쩌면 인플루언서들이 그 분야로도 눈길을 돌릴지

어떨지는 흥미진진하게 두고 볼 일이다.

인플루언서들이 물리적(혹은 물질적) 기본 욕구 이외의 것들을 팔로워에게 공개하는 경우는 거의 없다. 독일에는 정치계의 작태를 풍자하기 위해 출범한 정당이 하나 있다. 당명은 '디 파르타이Die Partei', 말 그대로 '정당'인데, 이 당이 내거는 구호들 중 하나가 "콘텐츠를 극복하라Inhalte überwinden"다. 어쩌다 보니 이 슬로건이 SNS계의 슬로건이 되어버렸다. 풍자적 의미가 아니라 말 그대로 '내용은 중요치 않다', '알맹이는 가라'는 트렌드가 형성되어 버린 것이다. 물론 유튜브나 인스타그램에도 알찬 '틈새시장'은 있다. 진지한 주제를 심각하게 다룬, 알맹이 있는 콘텐츠들이 존재한다. 이를테면 요리 과정이나 낚시 기술, 목공 기술 등을 소개하는 DIY 영상물들이 그 부류에 속한다. 유튜브를 보면 직장을 때려치우고 취미를 직업으로 삼은 이들을 심심찮게 볼 수 있다. 이른바 '콘텐츠 크리에이터'라 불리는 그들은 특정 회사 제품을 영상에서 소개하는 것으로 팬들을 확보하고, 이전 직장에서 받던 월급에 준하는 수입을 올린다. 하지만 이 틈새시장 인플루언서들은 자신의 관심 분야 콘텐츠에만 집중한다. 사생활 영역은 웬만해서는 공개하지 않는다.

그에 반해 수많은 팔로워를 호령하는 대부분의 인플루언서들은 사생활 영역에 집중한다. 사생활이 곧 사업수단이고,

집이 곧 사무실이다. 각종 명언이 적힌 메모지나 '다육이' 화분들로 장식한 방을 수백만 시청자들에게 공개하는 이들도 적지 않다. 영국의 사회학자 리처드 세넷Richard Sennett이 말한 '친밀감의 폭압tyranny of intimacy' 현상이 인터넷 비즈니스 분야에 깊숙이 파고든 것이다. 인플루언서들은 알맹이 있는 콘텐츠와는 분명한 선을 긋고, 자기 자신, 일상, 외모, 소비욕으로 콘텐츠의 폭을 제한한다. 그런데 그 (표면적) 리얼리티가 팔로워들의 욕구를 조장한다. 참인지 거짓인지 알 수는 없지만 '내돈내산(내 돈으로 내가 산 제품)'에 가깝게 보일수록 소비자들은 더 현혹된다. 인플루언서의 삶은 오직 자신들의 돈으로 직접 산 물건들 안으로 축소된다. 프랑스의 사회학자 피에르 부르디외Pierre Bourdieu가 말했듯 '미세한 구별'은 흐릿해지고 거시적 관점의 차이만이 남게 되는 것이다. 인플루언서의 라이프스타일이 섬세하고 미묘하다는 말은 결코 아니다. 인플루언서의 라이프스타일은 인기를 얻은 동시에 비난도 많이 받은 '카다시안 패밀리'와 닮은꼴이다. 리얼리티쇼에 가족의 모든 삶을 노출함으로써 인플루언서 업계에서 최상위를 점거한 카다시안 패밀리는 화장품, 옷, 구두, 네일 라커 등 우리가 머릿속에 떠올릴 수 있는 모든 것들을 홍보한다. 예전에 흔히 알던 광고 모델과는 차원이 다르다. 인플루언서들은 존재 자체가 광고고, 살아 있는 광고판이다.

인플루언서들이 어쩌면 타마고치에게서 무언가를 배운 건 아닐까? 타마고치는 달걀 모양의 조그만 플라스틱 전자 기기 안에 든 디지털 병아리인데, 늘 밥을 주고 돌봐줘야 하는 존재다. 무방비 상태로 방치했다가는 금방 죽어버리는 장난감인데, 1990년대 말부터 2000년대 초반까지 선풍적 인기를 끌었다. 어린 시절부터 디지털 환경에서 성장한, 이른바 '디지털 네이티브' 중에는 타마고치를 갖고 놀았던 이들이 꽤 많을 것이다. 다들 타마고치가 배가 고프다고 칭얼거리면 밥을 주고, 그 외에도 '삑삑' 소리가 들릴 때마다 문제를 해결해준 경험이 있다. 인플루언서도 마치 타마고치를 키우는 이들처럼 팔로워들의 '민원'에 적극적으로 반응한다. 오늘은 무슨 옷을 입을지, 내일은 뭘 먹을지, 어떤 화장품을 써볼지 등을 팔로워들에게 물어보고, 댓글에 올라온 의견들을 매우 적극적으로 현실에 반영한다. 인플루언서들의 질문은 끊임없이 이어진다. 하루에도 여러 번, 밥 먹듯이 팬들의 의견을 물어본다. 호응도가 낮을 때도 있고, 비현실적인 요구가 올라올 때도 있지만 그래도 상관없다. 팬들에게 스타의 일상을 함께하고 있다는 착각을 심어줄 수만 있다면, 나머지는 '나 몰라라'다. 이를 통해 팔로워들은 '효용감'을 느낀다. 내 의견이 스타의 일상에 영향을 줄 수 있다는 착각, "오, 내 말이 좀 먹히는 걸?"이라는 착각에 빠진다. 하지만 팔로워는 어디까지나 팔로워일 뿐, 팔로워가 파워가 될 수는 없다. 스타가 내 말을 들어주고 있다는 착각의 늪에 빠지는 것뿐이다. 그 결과, 존재 자체가 광고판인 인플루언서들의 위상은 높아진다. 플랫폼을 돌아가게 만드는 알고리즘 덕분에, 폭발적으로 늘어난 구독자와 조회수 덕분에 인플루언서라는 스피커의 데시벨이 더 높아지는 것이다.

실시간 스트리밍 분야를 보면 팬과 팔로워 사이의 애착관계가 얼마나 끈끈한지 알 수 있다. 인스타그램, 유튜브, 틱톡과 더불어 인플루언서 마케팅 업체들이 눈독을 들이고 있는 분야가 하나 있다. 바로 게이밍 콘텐츠들이다. 게임 장면을 라이브로 스트리밍하는 아마존 산하의 플랫폼 트위치Twitch에 가면 자신의 우상들이 게임 개발업체와 함께 등장해서 해당 게임을 소개하는 장면을 볼 수 있다. 콘솔이나 마이크, 게임용 의자 같은 제품들을 홍보하기도 한다. 스타 유튜버들과 마찬가지로 인기 있는 트위치 스트리머들도 그 분야 유명 기업들과 파트너 계약을 맺고 광고를 내보내면서 그 대가로 추가 수입을 올린다. 팬들이 마음에 드는 스트리머들에게 '비트bits'를 '쏘기도' 한다. 비트는 이를 테면 카지노에서 통용되는 칩과 비슷한 것으로, 실제 돈을 주고 산 비트를 인플루언서에게 선물하면, 인플루언서들이 나중에 비트를 다시 현금화 할 수 있다.

라이브 스트리밍 방식의 홈쇼핑 채널도 대거 등장했다. 특히 중국은 오래전부터 이 분야를 주도하고 있다. 중국 알리바

바 그룹 산하의 온라인 라이브 쇼핑 플랫폼 '타오바오 라이브'는 2019년 11월 11일(광군절) 하루에만 28억 5천만 달러의 매출을 기록했다. 광군절은 결혼하지 않은 '솔로'들을 위로하는 날로 시작했지만, 최근 몇 년 사이에 최대 규모의 할인 행사가 이뤄지고, 최대 규모의 매출액을 기록하는 쇼핑 이벤트로 바뀌었다. 2019년 광군제만 해도 무려 1만 7천 개의 브랜드가 라이브 스트리밍 행사에 참가했다.

> 타오바오에서 최상급 인기를 끌고 있는 슈퍼 인플루언서 '웨이야薇娅'는 여덟 시간 동안 라이브 방송을 하면서 총 4,315만 건의 구매 횟수를 기록했다. '립스틱 오빠' 리 자치李佳琦 역시 여섯 시간이 넘게 라이브 방송을 하면서 3,683만 소비자들을 불러들였다. 자동차 값 할인을 주제로 한 어느 라이브 방송에서는 단 1초 만에 55대가 팔리기도 했다.[5]

코로나19로 인해 비대면 거래, 온라인 쇼핑이 더 인기를 끌면서 라이브 스트리밍을 클릭하는 이들이 늘어났다. 중국의 후베이성이나 산시성도 지역 농산물을 인터넷으로 판매하기 시작했다. 그 과정에서 쿠이 슈시아崔淑侠라는 80세 할머니가 스타로 떠올랐다. 손자를 돕고 싶은 마음에 살구를 먹는 장면을 찍었는데, 그 영상의 조회수가 급등하면서 하루에 1,200유

로의 매출을 기록한 것이다.[6]

소규모 업체든 대기업이든 이제 모두가 라이브 스트리밍을 하는 인플루언서에 주목하고 있다. 그들은 6~8시간 동안 특정 제품을 테스트하면서 팬들의 요구들을 들어준다. 팬들이 레드 립스틱을 발라보라면 레드 립스틱을 바르고, 핑크 립스틱을 발라보라면 핑크 립스틱을 바른다. 여러 컬러의 아이섀도를 칠했다가 지우기도 한다. 광고주 입장에서는 '핵심 오피니언 리더KOL, Key Opinion Leader'라 불리는 인플루언서들이야말로 '노다지'로 가는 통로다. 많은 서구 기업들이 인플루언서 마케팅을 통해 중국에 발을 내디뎠고, 페이스북을 비롯한 미국 대기업들도 그와 비슷한 쇼핑 혜택들을 제공하면서 탄탄한 기반을 다졌다. 온라인 스타의 일상을 가까이에서 체험할 수 있다는 느낌을 심어주는 방식을 통해 팔로워들의 주머니를 턴 것이다.

이중적인 인플루언서의 사회적 지위

인플루언서와 팔로워의 생활수준은 서로 격차가 아주 크다. 하지만 팔로워들은 흔히 둘 사이의 커뮤니케이션이 같은 눈높이에서 대등하게 이뤄진다는 착각에 빠지게 된다. 예전에는 이렇지 않았다. 스타와 팬은 서로 사는 세계가 아예 달랐다. 그런데 인플루언서들의 '행동지침 1호'는 '실물보다 크게bigger than life' 보여서는 안 된다는 것, 즉 팔로워들에게 위화감이나 거리감을 심어줘서는 안 된다는 것이다. 영화계나 음악계를 주름잡던 예전 스타들은 그야말로 '별star'이었다. 팬들은 연예지에 실린 스타의 사진을 오려서 벽에 붙인 뒤 우상이나 교주처럼 숭배했다. 하지만 인플루언서는 자신을 숭배의 대상으로 포장하거나 팔로워를 발밑의 신하로 여기지 않는다. 인플루언서에게 있어 팔로워는 '친구'다. 인플루언서는 그 친구들에게 질문을 던지고, 의견을 물어보고, 고마움의 대가로 미리 광고 계약을 맺은 제품들을 추천한다. 그런데 이렇게 같은 눈높이에서 진정한 정보를 주고 서로 의견을 주고받는 것 같은 착각을 심어주는 마케팅 전략은 인플루언서 이전, 그러니까 1970년대에도 있었다. 앞서 언급한 하우그는《상품 미학 비판》에서 '아줌마 배달원'들이 소비자에게 무료체험 샘플을 직접 전달하는 방문판매 형식의 마케팅 방식에 대해 다음과 같이 언급했다.

> '방문 마케팅'이란 쉽게 말해 상품 포장박스를 배달원으로 대체하는 광고 방식이다. 방문판매원(방판원)들은 소비자에게 물건을 건네면서 직접 써본 경험과 소감을 알려준다. 인

간적 친밀감이나 매력도 발산해야 한다. 자본가 입장에서 방판원의 '인간적 아우라'는 무료 샘플 증정 이벤트로 고객을 낚는 수단이다. 방판원은 자신의 육체와 영혼을 자본가에게 임대하는 대가로 보수를 받는다. 결과적으로 기업은 방판원들의 육체노동과 감정노동을 통해 기업 자신이 방판원이 되고, 좋은 사람, 똑똑한 사람, 매력적인 사람, 유연한 태도를 지닌 사람처럼 보이는 것이다.[7]

탁월한 지적 능력으로 대규모 팔로워를 확보한 인플루언서는 많지 않다. 하지만 인플루언서들은 이런 사소한 결점만 빼면 팔로워들에게 친밀하게 다가가기 위한 최적의 조건을 갖추었다. 인플루언서도 '내돈내산'을 외치는 동시에 조회수를 끌어올릴 매력을 발산하고 있다. 팔로워들에게 인플루언서 자신과 그들이 광고하는 제품에 대한 충성심을 불러일으키고 있는 것이다.

그럼에도 불구하고 인플루언서의 소속을 한마디로 정리하기는 어렵다. 앞서 예를 든 방문판매원들의 지위는 분명하다. 자본, 즉 업체에 예속된 존재인 것이다. 하지만 유튜버와 인스타그래머는 그들이 지닌 양면성 때문에 고전적 계급 구분 방식(생산수단의 소유 여부로 계급을 판단하는 방식)이 통하지 않는다. 몇몇 인플루언서들은 화장품이나 피트니스 용품 혹은 그

외의 '굿즈' 브랜드를 직접 론칭하고 생산하기도 하지만, 그 소수를 제외한 대부분 인플루언서들은 그저 '좀 잘 나가는' 프리랜서일 뿐이다.

인플루언서의 소속을 분명히 밝히려면 착취 구조를 검토해봐야 한다. 착취의 주체인 이도 있고, 객체인 이도 있으며, 둘 다인 사람도 있기 때문이다. 단, 여기에서 말하는 착취는 우리가 흔히 아는 착취, 즉 도덕적, 윤리적 개념에서의 착취가 아니다. 마르크스의 잉여가치론에 빗대어 말하자면, 여기에서 말하는 착취는 창출된 부가 생산자(노동자)가 아니라 다른 이들의 주머니로 빨려 들어가는 상황을 뜻한다.

인플루언서들 중에는 돈벌이를 위해 육체와 영혼을 자본에 파는 이들이 많다. 이를 통해 보통 사람들은 상상하기조차 힘들 만큼 높은 수입을 올리기도 한다. 하지만 잘 들여다보면 결국 인플루언서도 노동력을 제공하는 대가로 돈을 버는 사람이고, 그런 면에서 착취의 주체보다는 착취의 대상이라 할 수 있다. "어머, 이건 꼭 사야 해"를 연발하게 만드는 영상, 제품의 가성비를 약속하는 영상은 광고 가치를 높이고 광고주의 이미지를 개선한다. 잘하면 판매 상승으로 이어지기도 한다. 하지만 그로 인한 수익 대부분은 인플루언서가 아니라 광고주의 지갑으로 들어간다(광고주가 벌어들이는 수익은 인플루언서에게 지급해야 할 보수보다 훨씬 더 높다).

그렇다고 해서 모든 인플루언서가 자본의 발밑에 놓여 있는 것은 아니다. 어느 정도의 유명세와 인기도, 전문성을 인정받은 뒤부터는 자신이 직접 자본가가 될 수도 있다. 대형 코스메틱 업체와 손을 잡고 자신의 이름을 내건 샴푸나 화장품을 출시할 수 있다. 이 경우, 인플루언서는 비록 제품을 직접 유통하지는 않지만 업체와 거의 대등한 입장이다. 그런 의미에서 착취의 주체라 할 수 있다. 이렇게 한번 유명 브랜드를 등에 업으면 그다음부터는 모든 게 더 쉬워진다. 자기 계발을 주제로 한 책이든 캐릭터 상품이든, 쇼피파이Shopify 같은 전자상거래 플랫폼을 통해 자신의 이름을 내건 제품들을 널리 홍보할 수 있다.

증권시장 시가총액 최고위를 기록 중인 캐나다 기업 쇼피파이의 창업자는 코블렌츠 출신의 독일계 캐나다 사업가 토비아스 뤼트케Tobias Lütke다. 그 유명한 카다시안 패밀리도 자신들의 제품을 판매할 쇼핑몰로 쇼피파이를 선택했다. 뤼트케는 원래 친구와 손을 잡고 온라인에서 스노보드를 팔아볼 생각이었다. 하지만 "우리 같은 소시민이라 해서 온라인 쇼핑몰을 열면 안 된다는 법은 없잖아?"라는 생각이 들었고, 그래서 누구나 점주가 될 수 있는 전자상거래 솔루션을 개발했다. 2006년 신호탄을 쏘아 올린 쇼피파이는 2021년 사원 수가 약 5천 명에 달하는 인플루언서 마케팅 분야의 최고 수혜자로 떠오르고 있다.

스타 인플루언서들은 더 이상 거대 자본에 얽매일 필요가 없다. 본인의 이름을 내건 온라인 쇼핑몰을 만들고, 각종 티켓을 예매할 수 있는 자신만의 티켓몰 오픈하며, 1인 출판사를 직접 설립한 뒤 다양한 레시피가 담긴 요리책을 출판하기에 이르렀고, 직접 광고주를 섭외하는 등 인플루언서들은 다양한 방법들을 시도하고 있다. 이 새로운 비즈니스 모델을 이른바 '탈중개화disintermediation'라고 부른다. 중간 상인을 거치지 않고 사업을 진행한다는 뜻이지만, 그 속내를 들여다보면 완전히 탈중개화했다고 말할 수는 없다. 일단 SNS 플랫폼을 통해야 하고, 소프트웨어 없이는 온라인 스토어가 돌아가지 않고, 무엇보다 전자결제 서비스를 이용해야만 한다.

결론적으로 인플루언서는 착취의 주체인 동시에 객체라 할 수 있다. 한편으로는 자본가에게 예속되어 있지만, 그와 동시에 직원들을 부리기도 하기 때문이다. 인플루언서가 하나의 동영상을 제작하기까지 스케줄을 조정해줄 사람, 포토샵 작업을 해줄 사람, 동영상 편집을 해줄 사람 등 적지 않은 손길이 필요하다. 인플루언서 밑에 딸린 식구들 중에는 '불시트 잡bullshit job'을 수행하는 이들이 꽤 많다. 돈 때문에 어쩔 수 없이 하기는 하지만 보람과 의미를 느끼지 못하는 일을 뜻하는 불시트 잡은 3D 직업과는 다르다. 3D는 보수도 형편없고 아무도 하기 싫어하지만 우리 사회에 반드시 필요한 일들을 일컫는 말이다. 인류학자 데이비드 그레이버David Graeber는 불시트 잡을 다음과 같이 정의한다.

> 보수는 받기는 하지만 의미도 필요도 없는 일, 어쩌면 해악이 될 수도 있는 일들이 있다. 그 일을 하는 사람들조차도 그 일이 왜 필요한지 설명하지 못한다. 고용 수칙에 따라 그 일이 꼭 필요하다고 느끼는 척하면서 묵묵히 임무를 수행할 뿐이다.[8]

그레이버는 광고업체 소속 그래픽 아티스트를 그런 직종의 대표적 사례로 든다. 여성의 몸매를 더 날씬하게 보정하고 디지털 기술로 치아를 새하얗게 만드는 이들을 예로 들면서 그러한 그래픽 아티스트의 보수는 제아무리 두둑해도 불시트 잡에 불과하다고 말한다. 그들이 만들어낸 이미지로 인해 파생될 위험을 알면서도 그 일을 하기 때문이다. 이와 관련해 그레이버가 한 말을 다시 한번 들어보자.

> 유명인들의 모습을 보정하는 행위 속에는 그 이미지를 보는 이들의 무의식 영역을 왜곡하려는 의도가 잠재되어 있다. 그 안에는 우리 모두가 언제 어느 때나 보정을 거친 남녀 스타

의 외모처럼 보여야 한다는 당위적 메시지가 담겨 있다. 보는 이들로서는 왠지 모르게 심기가 거북해질 수밖에 없다. 있는 그대로의 살아 있는 현실이 광고가 말하는 '바람직한' 현실과 일치하지 않기 때문이다.[9]

요즘 인플루언서 밑에서 일하는 이들이 바로 그런 직종에 종사하고 있는 사람들이다. '일용할 양식'을 주는 고용주를 위해 포토샵과 인스타그램 필터를 이용해 진짜 현실이 아닌, 고용주가 원하는 '대체 현실'을 만들어내는 사람, 고용주의 뱃살을 없애고 비뚤어진 치열을 고르게 교정하는 사람, 그 만들어진 현실 속에서 어쩔 수 없이 살아가는 이들 말이다.

자본가와 인플루언서 그리고 인플루언서 밑에서 하청작업을 하는 이들의 착취 구조는 이렇듯 복잡하고 다양하다. 인플루언서들은 인기도나 판매, 유명세와 전문성에 따라 착취의 주체가 되기도 하고 객체가 되기도 한다. 사회학자 에릭 올린 라이트Erik Olin Wright는 신흥 중산층들을 '착취자인 동시에 피착취자인 계층'이라는 말로 설명한다. 라이트는 또 현대 자본주의 속 착취와 피착취의 불분명한 역학관계 때문에 모순적, 양면적 계층구조가 탄생한다고 주장한다.

양쪽 계층 모두에 속하는 이들의 간절한 목표는 지배계층, 착취계층에 합류하는 것이다. 착취를 하는 입장이 되어 열매를 따먹으면서 자본을 축적하고 이로써 자본가들에게 '한 방을 날리고' 싶은 것이다.[10]

인플루언서들에게 딱 들어맞는 말이다. 인플루언서들은 추락을 두려워한다. 높이 올라갈수록 한순간에 더 깊은 나락으로 곤두박질칠 것을 걱정한다. 자신이 이용하는 플랫폼을 비난할 때도 있다. 이상한 규정을 만들어서 수입이 확 줄어들었다며 불평을 늘어놓기도 한다. 하지만 결국엔 플랫폼이 정한 게임의 법칙을 비교적 얌전하게 따른다. 그래야 신분상승의 고리를 놓치지 않을 수 있다. 적어도 더 이상 추락은 하지 않을 수 있다. 과감하고 파격적인 시도를 끊임없이 보여주는 인플루언서가 생각보다 많지 않은 이유도 그 때문이다.

4

창의력인가,
흉내 내기인가

"우리 집표 맥도널드", "우리 집표 KFC", "내 마음대로 만드는 버거킹", "내 마음대로 만들어본 던킨도너츠", "내가 만든 스타벅스"… 20만 구독자를 거느린 독일의 어린 유튜버가 7주 사이에 이와 같은 제목의 동영상을 줄줄이 공개했다. 가정집 주방으로 보이는 곳에서 남자아이가 빵, 햄버거, 커피 같은 것들을 만들어서 판매하는 영상들이다. 배경에는 대형 프랜차이즈 업체들의 이름과 로고가 커다랗게 새겨져 있다.

"안녕하세요, 던킨도너츠에 오신 것을 환영합니다. 던킨도너츠는 지점이 꽤 많은데요. 거기 가면 둥그런 모양의 맛있는 피자를 살 수 있을까요? 그럴 리가 없죠. 거긴 도넛만 파는 곳이잖아요!" 열 살짜리 인플루언서가 시청자들에게 이렇게 인사를 건넨다. 시청자들 대부분도 아마 비슷한 또래의 아이들일 것으로 추정된다. 그 인플루언서가 "도넛"이라고 말하는 순간 헨델의 '할렐루야'가 울려 퍼진다. 스위트 앤드 크런치, 크런치 앤드 와플에 이어 초콜릿을 세 겹이나 발랐다는 트리플 초코 3.0 등 다양한 도넛 이름이 등장하고, 인플루언서는 그 도넛들을 왜, 반드시 사야만 하는지를 격앙된 목소리로 외친다. 그중 자신이 제일 좋아하는 것이 무엇인지도 알려준다. 솔직히 이미지를 봐도 뭐가 어떤 도넛인지 잘 모르겠지만, 어차피 그건 중요치 않다. 팔로워들은 그 영상을 보며 그저 "우와, 갑자기 너무 배가 고파요. 지금 당장 사달라고 해야지!", "한 입만", "진짜 갑자기 던킨이 확 당겨요!"를 외치기 바쁘다.

이 인플루언서의 콘셉트는 패스트푸드를 만들어내는 지점을 집 안에 차려보겠다는 것이었다. 1994년 개봉한 영화 〈리치 리치Richie Rich〉를 흉내 낸 것이다. 맥컬리 컬킨이 맡은 영화 속 개구쟁이 주인공 리치 2세도 자신만의 맥도널드 지점을 오픈했다.

인플루언서에게 콘텐츠를 제작하고 업로드하는 목적이 뭐냐고 물으면 돌아오는 대답은 매번 거의 똑같다. 그게 정답이라 가르쳐주는 학원이 있는 건지 의심스러울 정도로 모두가 입에 발린 빤한 말들을 늘어놓는다. 팔로워들에게 "영감을 주고, 개성과 창의성을 살리라"는 메시지를 던져주고 싶다는 것이다. 인플루언서들은 그게 가능하다고, 자신이 바로 그 가능성을 입증하는 살아 있는 최고의 증거라고 말한다. 세상에 똑같은 사람은 단 한 명도 없으니 개성을 만끽해도 된다고, 만끽해야만 한다고 강조한다. 하지만 인플루언서들이 입이 닳도록 강조하는 다양성은 서로 약간 다르지만 결국은 획일적인 것들을 모아놓은 조합에 지나지 않는다. 물론 실제로 발칙한 상상이나 기발한 영상으로 보는 이들을 압도하는 이들도 있다. 민주주의 원칙을 위반하지 않는 한도 내에서 SNS를 통해 상상의 날개를 마음껏 펼치면서 자유를 만끽하는 이들도 있다. 그러나 인플루언서가 업로드하는 콘텐츠들은 보통은 그렇지 않다. 인플루언서들은 사회적 갈등과 대립, 혹은 각종 예술 콘텐츠의 '복사본'을 보여줄 뿐이다.

인플루언서 동영상에는 두 가지 큰 특징이 있다. 연속성과 반복이다. 치킨 윙 먹방을 올린 유튜버는 '먹방 시리즈'를 고수한다. 다음번에는 케밥을 먹고, 그다음에는 도넛이나 버거를 먹는 모습을 보여주며 더 많은 조회수를 기록한다. '인기 급상승 동영상'을 노출하는 유튜브 기능은 그야말로 자본과 시선을 한 군데로 모으는 최적의 도구다. 몇몇 인기 장르에 새로 올라온 콘텐츠들을 끊임없이 소개하면서 이용자들로 하여금 거의 반사적으로 그 영상들을 클릭할 수밖에 없게 유도하기 때문이다. 원칙적으로 유튜브 플랫폼에 올릴 수 없는 콘텐츠는 없다. 멋진 시를 낭독하거나 어려운 수학 문제를 푸는 과정을 설명하는 영상도 올라온다. 하지만 그런 영상들은 '클릭 수의 뒤안길'로 사라지고 만다. 유튜브 알고리즘이 광고 수익 극대화에 맞춰 설계되어 있기 때문에 광고로 무장하지 않은 영상들은 추천순위에서 밀려나고, 조회수도 낮다.

그런데 유튜브 이용자들이 새로운 영상들만 선호하는 것은 아니다. 업로드 시점은 오래전이지만 꾸준히 인기를 끄는 유명 영상들도 있다. 할리우드도 그 현상을 포착하고 방향을 틀었다. 예전 블록버스터 트레일러(신작 영화의 예고편을 소개하는 사람)들이 호기심만 잔뜩 자극해 더 많은 이들을 영화관으로 유인하는 미끼였다면, 지금은 영화의 전체 줄거리를 거의 다 알려주는 식이다. 궁금증 유발은 포기하고, 대놓고 결말을 알려준다. "걱정 마, 스토리는 이렇게 흘러갈 거야. 우리의 영웅이 결국 승리할 거고, '지지고 볶으며' 싸우던 이 커플은 결국 결혼에 골인할 거고, 중병에 걸린 주인공은 마지막엔 병을 극복하고 다시 일어날 테니 그 과정을 확인하러 와봐"라는 식으로 전략을 바꾼 것이다.

이런 콘텐츠에는 그 어떤 긴장감도 없다. 잘 짠 스토리도 없다. 모든 것이 그냥 시간 순으로 죽 나열될 뿐이다. "그런 다음 이걸 하고요. 그다음엔 이걸, 그다음엔 이걸 했어요. 그러고 나서 이걸 샀고요, 그다음엔 이걸 먹었어요"가 끊임없이 이어진다. '무슨 일이 일어나는지 아무 생각 없이 지켜보기'가 콘텐츠 제작 원칙이다. '정말 우스꽝스러운 영상을 보며 10분 동안 안 웃고 버티는 모습 지켜보기', '우리 아이가 새 장난감을 찾아내는지 아닌지 지켜보기', '인테리어가 끝난 새 집에 입주하는 과정 지켜보기', '아마존닷컴에서 제품명이 'Y'로 시작하는 물건들을 죄다 장바구니에 쓸어 담고 주문하는 과정 지켜보기' 등 모든 것이 지켜보기의 연속이다. 하지만 계속 지켜봐도 특별한 일은 일어나지 않는다. 그냥 영상이 끊임없이 이어질 뿐이다. 반전은 없다. 천사들이 사랑의 위대함을 찬미하는 듯한 멜로드라마도 없고, 갑옷을 입은 스타가 일상에서 벗어나 대담한 모험 길에 오르는 스토리도 없다. 인플루언서들의 영상은 지금 막 일어나고 있는 현상을 과장하고 비틀 뿐이다. 지금의 상황을 제외한 대안은 없다는 메시지를 숨 막히는 속도로 팔로워들에게 쏟아붓는다. 슬픈 현실이 분명한데, 이 현실이 슬프다고 말하는 이는 아무도 없다.

익숙한 것은 당연히 친밀하게 느껴지고, 따라서 우리는 늘 사던 물건을 다시 사곤 한다. 인스타그램, 유튜브, 틱톡 등은 그런 인간의 본성을 이용한 알고리즘을 장착했다. 마치 아마존이 '이 상품을 구매한 고객이 구매한 다른 상품'을 친절히 알려주듯 SNS 플랫폼도 비슷한 도구들을 활용한다. 그러면 인플루언서들은 이러한 디지털 트릭을 거꾸로 속이기 위해, 나아가 자신의 영상이 추천 목록에 뜬 이유가 순전히 우연이나 시청자들의 취향 때문이라는 인상을 팔로워들에게 심어주기 위해 자신만의 아이덴티티와 퍼스낼리티를 조작한다. 마케팅 분야에서 말하는 '브랜드 퍼스낼리티'를 만들어내는 것이다. 인플루언서들은 필터 기능을 이용해 새로운 퍼스낼리티를 창출한다. 모든 사진과 영상에, 예를 들어 약간의 마젠타magenta 색감을 더해줌으로써 핑크빛이 도는 '여리여리한' 효과를 주고, 이로써 인지도를 상승시키는 동시에 경쟁 관계에 놓인 인플루언서들과의 차별성을 강조한다. 철학자 막스 호르크하이머Max Horkheimer와 아도르노는 문화산업의 가장 큰 특징이 '변함없는 동일성'이고, 그러므로 문화산업 자체를 '그 무엇보다 유연성이 떨어지는 장르'로 간주해야 마땅하다"라고 말했다.[1]

그런데 틱톡에서는 필터링 효과를 비롯한 각종 트릭이 통하지 않을 때가 많다. 틱톡에서는 '나만의 톡톡 튀는 개성'으로 승부할 수 없다. 틱톡 알고리즘의 입맛에 딱 맞는 스타일이 아니면 제아무리 기발한 스타일을 제시해도 노출 순위에서 밀려나고 사용자들의 눈 밖으로 벗어난다. SNS 플랫폼 업체들이 어떤 알고리즘을 쓰고 있는지는 '영업 기밀'이다. 그간 많은 이들이 여러 모로 노력했지만, 알고리즘을 가리고 있는 베일을 이제 겨우 살짝 들춰봤을 뿐이다. 그래도 한 가지는 확실한 건 창의성보다는 자신들이 정해놓은 규칙이 더 중요하다는 것이다. 틱톡 뒤에는 '바이트댄스ByteDance'라는 중국의 IT 대기업이 있다. 바이트댄스의 설립자 장이밍長一鳴은 2012년 '터우탸오頭條'라는 뉴스 애그리게이터news aggregator를 개발했다. 이 종합 뉴스앱의 신규 가입자들은 백 퍼센트 무작위로 선택된 뉴스들을 접한다. 그러다가 이 뉴스, 저 뉴스를 클릭할 때마다 '자주 보는 뉴스'가 등록되고, 사용자 데이터 분석에 따라 개인화된 맞춤형 뉴스 화면을 접하게 된다. 그러면서 이른바 '필터 버블filter bubble'에도 갇힌다. '×××님을 위한 맞춤뉴스'라는 이름 하에 앱에서 제시하는 뉴스만 들여다보면서 같은 주제의 뉴스만 계속 보게 되는 거품 안으로 갇히게 되는 것이다.

틱톡의 알고리즘도 이것과 크게 다르지 않다. 틱톡은 그사이 짧은 립싱크 영상을 올릴 수 있는 앱 '뮤지컬리Musical.ly'를 인수했다. 이제 틱톡에 가면 마치 TV에 나오는 가수들처럼 립싱크로 노래를 부르면서 춤을 추거나 기타 다양한 안무를 연출하는 짧은 동영상들을 볼 수 있다. 그중 어떤 영상이 조회수 백만을 기록할지는 알고리즘이 결정하는데, 그 알고리즘을 만드는 프로그래머들은 이용자 개개인의 합리적 이성보다 자신들이 만든 알고리즘이 더 나은 판단을 할 수 있다고 굳게 믿고 있다. 이용자가 자신이 좋아하는 틱톡커의 채널을 선택적으로 구독할 수는 있지만 조회수 순위가 이용자들이 설정한 뉴스피드나 알고리즘에 의해 백 퍼센트 결정되는지는 의문이다. 조회수 최상위를 차지하는 영상들 대부분이 '포유For You' 피드에 올라온 영상들이기 때문이다. 그러니 업로더 입장에서는 포유 순위표에 뜬 '핫'한 영상, '뜨는' 영상들을 교과서로 삼을 수밖에 없다. 그런데 틱톡에서는 이번 영상이 히트를 쳤다 해서 다음 영상도 엄청난 조회수를 기록할 것이라 장담할 수도 없다. 구독자 수가 많은 유튜브 스타들은 새로운 영상을 올릴 때마다 이전과 비슷한 조회수를 기대한다. 어떤 일을 계기로 순식간에 조회수가 늘어나는 영상이 있기는 하지만, 거꾸로 한순간에 조회수가 확 줄어드는 경우는 흔치 않다. 틱톡에서 그런 기대는 어불성설이다. 겨우 영상 세 개만 올렸을 뿐인데 세 번째 영상의 조회수가 10만을 넘어설 때도 있다. 알고리즘이 사람들이 잘 모르는 다양한 변수를 이용해서 분석하다가 그 영상을 수많은 사용자들의 포유 피드에 올릴 때 그런 일이 일어난다. 반대로 아주 잘 나가던 틱톡커도 갑자기 알 수 없는 알고리즘의 변덕으로 한순간에 나락으로 떨어질 수도 있다.

문화산업계에는 아주 오래전부터 아티스트들의 진정한 꿈과 시장 논리 사이에 갭이 존재했다. 시장은 늘 수익을 창출해낼 수 있는 수치(시청률이나 관객 수)에 도달하라고 요구해왔다. 디지털 플랫폼 역시 시청자의 요구에 부합하는 콘텐츠를 만들어 돈을 벌어오라고 요구하고 있다.

표준이라는 것은 본디 소비자들의 욕구를 종합해서 나온 결과라고 생각하기에 모두들 별 저항 없이 그 기준을 받아들였다. 하지만 사실 그 표준은 조작과 조작으로 인해 왜곡된 소비자들의 욕구 사이의 간격일 뿐이다. 소비자들의 욕구가 왜곡될수록 그 간격은 점점 더 촘촘해진다. 그런데 모두가 말하지 않는 진실이 있다. 기술이 우리 사회를 지배할 수 있는 힘을 지니게 된 기반을 마련한 게 사회를 좌지우지할 만큼 강한 경제적 힘을 지닌 이들이라는 것이다. 기술적 합리성이라는 말은 이제 지배력의 합리성과 동의어가 되었다. 경제를

> 지배하는 권력이 지니는 합리성은 스스로를 소외시킨 사회가 어쩔 수 없이 지니는 특성이다.[2]

틱톡은 아직까지 자신들의 영업 기밀을 세상에 공개하지 않은 채 자신들의 경제권력을 점점 강화해가고 있다. 그렇게 마련한 경제권력의 기반 위에서 기술 합리화를 외치며 엔터테인먼트 산업 전반에 커다란 영향력을 행사하고 있다. 상업성과 작가주의를 결합한 '뉴 할리우드 시네마' 분야의 전설적 감독 마틴 스콜세즈는 2019년 마블 시리즈를 콕 집으며 아무런 변화도 없는 영화계의 세태를 비평했다.

> 할리우드 스튜디오 시스템이 제대로 돌아가던 때에도 영화인들과 제작자들 사이에 팽팽한 긴장감은 늘 존재했다. 하지만 그건 생산적 긴장감이었고, 영화 역사상 가장 위대한 몇몇 작품들도 그 덕분에 탄생했다.[3]

스콜세지는 이제 그 생산적 긴장감은 사라졌고, 오직 비즈니스 관점에서 영화의 제작 방향이 결정되며, 감독은 그 안에서 상업적 욕망을 충족시키는 도구일 뿐이라 비판했다. 인플루언서들은 이러한 종류의 긴장감이 한때 존재했고, 지금도 달라진 형태로 존재하고 있다는 사실조차 모르는 채 알고리즘

체계의 톱니바퀴 역할만 수행하고 있다. 그 알고리즘들은 한편으로는 개인화, 차별화, 창의성을 자극한다고 하지만, 그 뒤에는 "'좋아요'를 못 받으면 클릭 수도 없어"라는 가혹한 '드라콘의 법♥'이 떡하니 똬리를 틀고 있다.

자기 삶을 빚는 아티스트

인플루언서는 플랫폼의 '주체화 전략'을 옹호한다. 플랫폼들은 생산자producer인 동시에 소비자consumer인 주체들, 즉 '프로슈머prosumer'라는 주체들만 인정해준다. 인플루언서는 팔로워의 감성을 자극하며 동기를 부여한다. "내 삶의 주인은 나 아닌가요?", "꿈이 현실이 될 수 있다니까요", "생각해보면 각자 어떤 분야에서는 천재랍니다", "여러분도 할 수 있어요" 같은 말들로 흥미를 불러일으키는 것이다. 인플루언서들은 말한다. "모두가 아티스트가 될 수 있다고", "자신의 창의력을 마음껏 내뿜으라고", 이런 문구들이 SNS 채널을 시도 때도 없이 도배하고 있다. 하나마나한 소리, 상업성만 짙은 말들을 내

♥ 드라콘의 법은 아테네의 입법자 드라콘이 공포했다고 전해지는 최초의 성문법이다. 사소한 일에도 사형을 가하는 경우가 많아 '피로 쓰인 법'이라 불리었다.

뱉는다. 예컨대 "난 나야" 같은 말로 이제 혁명적 변화를 꾀할 때가 왔다는 식의 저항적 메시지를 주는 것이다. 19세기 보헤미안 운동가들도 부르주아 계급이나 그 계급과 손을 잡은 중산층에 대한 반감과 저항의식을 표출한 적이 있다. 하지만 보헤미안 운동가들의 메시지가 단 한 줄의 가냘픈 선이었다면, 인플루언서들의 메시지는 두꺼운 붓터치다. 인플루언서들은 철저한 상업적 계산 하에 스마트폰 화면을 과감하게 문지르며 사진이나 인스타그램 스토리에 알맞은 필터를 선택한다. 몇 번의 붓터치가 지나가고 나면 프랑스의 화가 툴루즈 로트레크 Toulouse-Lautrec의 위대한 작품 하나가 인플루언서가 이용 중인 앱이 정한 사이즈에 맞게 변환되어 튀어나온다. 이 이미지를 이용하면 무엇이든 아름답게 포장할 수 있다. 정말 비싸기는 하지만, 그 값을 하고도 남을 만큼 효과가 끝내주는 바디로션으로 관리한 인플루언서가 마치 무중력 상태에서 요가를 하고 있는 것처럼 보이게 만들 수 있는 것이다.

손가락으로 하트 모양 만들기, 하늘 끝까지 닿을 만큼 양팔을 죽 뻗어 올리기, 앞으로 당당히 내민 가슴이나 뒤로 쑥 내민 엉덩이, 힘이 한껏 들어간 이두박근, '어쩌다 보니' 살짝 삐져나와 귀 옆으로 흘러내린 한 갈래의 애교머리 등은 광고업계가 지난 몇백 년 동안 끊임없이 활용해온 고정 레퍼토리다. 때로는 미술 작품에서 영감을 받은 듯한 이 콘셉트가 이제 디지털 플랫폼을 점령했고, 그 형태도 꾸준히 진화하고 있다. 흥미로운 건 그와 동시에 '바이럴 마케팅viral marketing'이란 새로운 트렌드가 생겨났다는 것이다. 바이럴 마케팅에서는 특정 동작이나 안무, 혹은 어떤 챌린지를 누가 제일 먼저 시작했는지는 중요치 않다. 누가 '일빠(첫 번째)'였는지, 저작권이 누구한테 있는지를 아예 따지지 않는 것이다. 어차피 사용자들은 그런 것에 관심이 없다. 그들은 문헌학자나 기록 보관원이 아니다. 내일이면 잊힐 지금 이 순간을 소비하는 고객일 뿐이다.

50년도 더 지난 과거에 철학자 롤랑 바르트Roland Barthes와 미셸 푸코Michel Foucault는 작가writer와 저자author가 서로 다른 개념이라고 주장했다. 루핑과 샘플링, 리믹싱이 난무하는 온라인 시대에 접어들면서 '저자'는 멸종되고 말았다.♥ 그 덕분에 '독자', 즉 사용자들에게 더 큰 자유가 주어지기는 했다. 온라인에 올라오는 콘텐츠를 마음대로 선택할 수 있는 재량권을 누릴 수 있게 된 것이다. 하지만 상황을 좀 더 자세히, 예리하게 들여다보면 저자의 권위가 사라진 건 아니라는 것을 알 수 있다. 해석자interpreter의 영역으로 권위의 바통이 넘어간 것뿐이다.

♥ 루핑(명령이나 처리를 반복 실행), 샘플링(기존 음원을 그대로 가져다 쓰는 음악 기법), 리믹싱(음악을 구성하는 개별 트랙들을 조작하거나 추가해서 새로운 음악을 만들어내는 것)은 주로 대중음악 분야에서 많이 사용하는 기법이다. 영상, 소프트웨어, 문학, 텍스트 등 다른 영역에서도 쓰이긴 하지만 대중음악과 달리 다른 영역에서는 이를 저작권 침해나 도용으로 간주한다.

여기에서 말하는 해석자는 대개 커다란 파급력을 지닌 이들, 즉 인플루언서를 뜻한다. 인플루언서는 이제 사람들을 트렌드에 올라타게 만드는 촉매, 스스로 새로운 트렌드에 편승하는 동시에 그 트렌드를 전파하는 촉매가 되었다. 인플루언서가 완전히 새로운 트렌드를 불러일으키는 경우는 거의 없다. 어쩌다 그런 일이 있을 수는 있지만, 어디까지나 우연일 뿐이지 의도적으로 새로운 트렌드를 주도하는 경우는 거의 없다.

온라인에서는 이런저런 현상들이 유행하곤 한다. 언제, 어떻게 시작되는지는 아무도 알 수 없다. '댑 댄스dab dance'도 그렇게 탄생했다. 댑 댄스 동작은 간단하다. 한쪽 팔을 옆으로 쫙 펴고, 나머지 팔도 같은 방향으로 쭉 뻗은 채 상체를 굽히고 머리를 팔 사이에 파묻으며 마치 재채기를 하는 듯한 포즈를 취하는 것이다. '힙합씬'에서 이 동작이 유래했다는 설이 있는데, 어쨌든 이 동작이 온라인에서 히트를 쳤고, 내로라하는 인플루언서들 중 이 포즈를 취한 영상을 올리지 않는 이가 더 드물 정도다. '강남스타일'이나 '할렘 셰이크harlem shake' 열풍도 이러한 현상의 일환이었다. 이러한 '엔터 댄스', 즉 오락적 요소가 다분히 담긴 댄스 퍼포먼스의 시작은 1970~80년대쯤이었다. 이제 엔터 댄스 열기는 뜨겁다 못해 폭발할 지경에 이르렀다. 하루가 멀다 하고 새로운 '떼춤(단체 댄스)' 안무가 등장한다. 세상에서 제일 낡고, 지루하고, 고루한 것은 업로드한 지

24시간 이상이 지난 영상들이다.

이 트렌드의 창시자가 누군지 아는 사람은 아무도 없다. 생명의 기원을 밝히는 것보다 더 어려운 수수께끼다. 그런데 그 '알 수 없음'과 '멈출 수 없음'이 바로 바이럴 마케팅의 본질이다. 1970년대, 진화생물학자 리처드 도킨스Richard Dawkins는 '문화적 유전자'와 관련해 '밈meme'이라는 개념을 소개했다. 노래의 반복되는 후렴구나 사람들의 입에 늘 오르내리는 유행어, 많은 이들이 모방하는 그림 속 모티브 같은 것들을 밈이라는 말로 정의한 것이었다. 도킨스는 그중 '두뇌에서 두뇌로 건너뛰는' 밈들, 다시 말해 적자생존 법칙의 희생자가 되지 않고 꾸준히 재생되는 밈들이 성공적인 밈이라 주장했다.

> 하나의 밈이 인간 두뇌를 활성화시키고 주목을 이끌려면 경쟁 구도에 놓여 있는 밈을 희생시켜야 한다. 그 밈과 경쟁하는 또 다른 재화는 라디오나 방송의 송출 시간, 광고판의 공간이나 신문 지면, 책꽂이 등이다.[4]

온라인 공간에서 밈의 의미는 조금 변질되고 범위도 넓어졌다. 누리꾼들이 말하는 밈은 재미난 글귀가 첨가된 상징적 이미지를 뜻한다. 그럼에도 불구하고 원래 도킨스가 주장했던 밈의 의미, 즉 진화적 관점에서 바라본 밈의 의미가 완전히 사라진 것은 아니다. 해시태그로 특정 단어나 문장을 널리 퍼뜨리는 행위, 인플루언서들이 '내돈내산' 키워드로 자신을 홍보하는 세태, 유튜브 영상을 통해 각종 챌린지가 '행운의 편지'처럼 급속도로 널리 전파되는 행태 역시 넓게 보면 밈과 비슷한 원리에 기반하고 있다. 독일의 시인 아르노 홀츠Arno Holz는 "'가슴'과 '아픔'이라는 운율을 처음 말한 사람은 천재 일지 몰라도 그걸 천 번째로 말하는 사람은 천치다"라고 노래했다. 그만큼 최초 창시자가 중요하다는 뜻이다. 물론 욕조가 넘칠 만큼 누텔라를 가득 부어 넣고 그 안에 몸을 담근 최초의 유튜버를 보고도 홀츠가 과연 천재라고 말할지는 심히 의심이 간다.

프랑크푸르트 학파의 대표적 학자라 할 수 있는 아도르노와 호르크하이머는 "오늘날의 문화는 모든 것을 획일화하고 있다"라며 비판했다.[5] 이 문화 비판적 분석이 요즘처럼 딱 들어맞는 때는 없었다. 두 학자가 신랄하게 비판했던 할리우드 영화들의 획일성과 비교해도 지금 우리가 접하는 영상들의 획일성이 더 '우월'하다. 요즘 시대의 영상들은 획일성 부분에 있어서는 그야말로 최고봉이다. 인스타그램 프로필과 유튜브 채널은 그야말로 동질성의 집합소다. 수많은 인플루언서들이 소비를 부추기는 챌린지들을 동시다발적으로 업로드하는데, 모든 영상들이 결국 '거기서 거기'다. 장르(라이프스타일, 피트니스, 트래블 등)를 불문하고 영상을 시작하는 방식에도 거의 차이가 없다. 모든 장르가 따로 떼어놓고 보든 전부 뭉쳐서 보든 같은 목소리를 낼 정도로 단조로울 뿐이다.[6] 이름 난 채널들은 하나같이 '소비를 통한 구원과 해방'을 외친다. 그러니 각각을 모아놓아도 결국 동질적인 단 한 개의 네트워크 세상만 나올 뿐이다. 모두가 주제나 구성을 약간만 바꿔가며 비슷한 영상을 올리면서 끊임없이 소비를 부추긴다. 그 모든 건 결국 "우와"라는 한마디 감탄사 안에 집어넣을 수 있다.

1970년대, 《자본주의의 문화적 모순The Cultural Contradictions of Capitalism》을 저술한 미국의 사회학자 대니얼 벨Daniel Bell은 반문화적 분위기와 점점 더 주류문화에 순응하는 분위기가 프로테스탄티즘에 기반을 둔 노동윤리를 약화시키다가 종국에는 개인의 쾌락만 강조하는 헤도니즘 시대를 불러올 것을 우려했다. 하지만 벨의 생각은 틀렸다. 성장세 둔화에 봉착한 자본주의는 자본주의의 당위성과 정당성을 입증할 만한 새로운 근거를 찾아내고 새로운 비즈니즈 영역을 개발해야만 했다. 물론 거기에 브레이크를 거는 이들도 있었다. 급진적 변혁이 있을 때마다 우려의 목소리를 표하는 보수파 정치가들은 늘 있기 마련이다. 그 정치가들 중에는 창의적 직업을 지금도 못마땅해하거나 제대로 이해하지 못하는 이들이 꽤 있겠지만, 그러거나 말거나 우리 사회는 이러한 변화를 양팔 벌려 환영하고 있고, 거기에서 많은 수익을 거두고 있다. 미국의 사회학자

리처드 플로리다Richard Florida는 《신창조 계급The Rise of The Creative Class》에서 "인간의 창의력이야말로 최후의 경제자원이다"[7]라고 단언하면서 창의력 계발을 유도하고, 창의력을 꽃피우며, 창의력이 충분한 열매를 거둘 수 있는 서식환경을 만들어주어야 한다는 점을 강조했다. 그런 환경이 어디인지를 정의하기 위해 플로리다는 해당 책에서 이른바 '게이 지수gay index'라는 개념을 소개한다. 성 소수자에 대해 열린 마인드를 지닌 곳, 다양성이 보장된 도시일수록 창조산업이 더 활짝 꽃을 피우면서 도시에 돈이 돌고 지역의 경기가 좋아진다고 주장했다.

독일의 문화사회학자 안드레아스 레크비츠Andreas Rechwitz는 '창의력 디스포지티브dispositive of creativity'라는 개념을 언급한다. 미셸 푸코의 이론을 바탕으로 레크비츠가 만들어낸 신조어인데, 여기에서 말하는 '디스포지티브'란 어떤 시대적 흐름이 이미 정착되어 있고, 그 위에 새로운 상황들이 '배치dispositive'되는 상황을 뜻한다. 즉 어느 시점 이후로 창의성을 발휘하지 않으면 안 된다는 쪽으로 방향이 이미 설정되었고, 그러한 흐름이 사회 구성원의 생활을 지배하게 된다는 뜻이다. 이와 관련해 레크비츠는 "지금의 시대적 분위기 속에서 모두가 납득하고 있는 한계를 넘어서고 싶다면 방법은 한 가지뿐이다. 그 방법은 바로 창의성을 전혀 발휘하지 않는 것이다"[8]라고 말한다. 레크비츠가 지적한 이 사회적 명령은 자아

실현 분야뿐 아니라 경제적 관점에서도 중대한 의미를 지닌다. 창의성을 발휘해 어떤 상황을 아름답게 포장하는 '정신승리' 행위, 힘든 상황을 즐기고 극복하는 것에서 오히려 힐링을 느끼자는 구호 같은 것들이 표준화, 합리화, 관료화의 그늘을 완전히 '삭제'할 수는 없다. '덮어쓰기' 조차도 힘들다. 하지만 '눈 가리고 아웅' 정도는 할 수 있다. 디지털 플랫폼 업체들은 그 사실을 이미 간파했고, 그러기 위한 방법도 파악했다. 시리즈 영상물이라 해서 단조로워서는 안 된다며 크리에이터들의 손에 늘 새로운 툴들을 쥐어주기 시작한 것이다. 인스타그램의 '정사각형 틀'과 비슷한 프레임을 계속 제시하면서 그 안에서 개인화와 차별화를 최대한 구현할 수 있는 도구들을 던져주는 것이다. 이를 통해 플랫폼 운영자들은 인플루언서와 팔로워, 모두에게 박차를 가한다. 두 마리 토끼를 동시에 잡는 것이다. 이와 관련한 레크비츠의 말을 조금만 더 들어보자.

> (마케팅) 주체들은 노동과 소비, 양측 모두를 아름답게 포장하는 과정에서 경제 행위에 참여하고 싶은 의욕을 느낀다. 그 포장 과정이 바로 경제 행위를 하고 싶은 마음을 부추기는 '연료(창의적 행위나 예쁜 체험을 하고 싶은 마음, 창의적 자주성을 발휘하고 싶은 욕구, 창의적 장소를 발견하고픈 마음)'로 작용하는 것이다. 수동적, 객체적 입장에만 놓여 있다면 그 연료에

는 아마 불이 잘 붙지 않을 것이다.[9]

인플루언서는 적어도 지금까지는 자본주의의 명령을 충실히 따르고 있는 이들이다. 자본주의는 수요를 진작시키기 위해 소비도 노동만큼이나 아름다운 행위라 광고하라고 명령한다. 일하는 모습조차도 포장의 대상으로 만들라는 것이다. 인플루언서는 수영장 한 켠에 누워서 태블릿 PC로 그날의 업무를 가볍게 처리하는 모습을 팬들에게 노출한다. 이름부터 '폼 나는' 코워킹 스페이스co-working space를 보여주고, 크리에이티브 업계에서 한 가락 하는 사람들과 영감을 나누는 장면을 공개한다. '따로 또 같이' 일하는 오피스에서 모두들 신자유주의가 허락한 독립성 덕분에 얼마나 안락하고 쾌적한 삶을 누리고 있는지를 보여준다. 그런 코워킹 스페이스에는 삶과 일의 경계도 거의 없다. 방금 도착한 이메일을 확인하고 답메일을 작성하는 행위, 다른 인플루언서의 프로필들을 스크롤하다가 전략적으로 '좋아요'를 누르는 행위 등 모든 행위가 마케팅 주체들에게는 직업인 동시에 취미다. 맛이 끝내주는 스무디를 만드는 과정이나 립스틱을 예쁘게 바르는 과정을 자아실현이라는 말로 포장할 수 있다면, 그와 동시에 그 행위를 통해 돈을 벌 수 있다면, 더 이상의 의문은 사치에 불과하다. 자신의 삶을 늘 그렇게 포장해야 하는 이유가 오히려 현재 자신의 삶이 너무 보잘것없다는 방증이 아닌지, 실제 삶이 팍팍해서 오히려 더 인스타그램의 '정사각형' 안에 갇혀 살고 있는 게 아닌지 하는 의구심이 들어설 자리 따위는 없다.

창작 vs 베끼기

인스타그램의 목표는 처음부터 '과시하기' 혹은 '허세 떨기'였다. 들려오는 말에 따르면 인스타그램의 개발자이자 CEO인 케빈 시스트롬Kevin Systrom은 초기 시절, 해당 플랫폼에 올라올 기업 광고 이미지를 제작할 때 필요하다면 화이트 밸런스 기능(빛에 따라 달라지는 색의 균형을 조절하는 기능)도 동원하라는 지시를 내렸다고 한다.[10] 인스타그램 광고는 광고처럼 보여서는 안 된다. 인스타그램의 이용약관에도 "의미 있고 진심이 담긴 교류에 동참해주세요"[11]라는 문구가 포함되어 있다. 시스트롬은 그게 아주 중요하다고 생각했고, 광고란 모름지기 진실성과 진정성을 담고 있어야 한다는 내용을 인플루언서나 광고주들에게 강조했다.[12] 바로 이런 마인드에서 인스타그램이라는 정사각형 사진 기반의 SNS 플랫폼이 탄생했다. 시스트롬은 어느 날 한 교수님으로부터 정사각형 포맷의 흑백 사진을 찍을 수 있는 옛날식 카메라로 작업을 해보라는 조언을 들었고,

이후 그 포맷에 집중했다. 제한된 틀이 오히려 더 큰 창의성을 유도해낼 수도 있다는 그 아이디어는 훗날 인스타그램의 비즈니스 표준이 되었다. 시스트롬은 '아마추어리즘'[13]에 대한 굳은 믿음을 지니고 있었다. 하지만 자신이 만든 디지털 자본주의 플랫폼이 어설픈 아름다움에서 곧 벗어나 완벽주의를 추구하게 될 것은 예감하지 못했던 듯하다.

아마추어들이 찍은 즉석 셀카와는 거리가 먼, 누가 봐도 '프로'의 손길이 닿은 듯한 '작품'들이 오래전부터 인스타그램을 장식하기 시작했다. 일반인들의 평범한 셀카나 친구가 찍어준 사진들이 스토리 코너에 지금도 꾸준히 올라오고 있기는 하지만 대부분 인플루언서들은 인스타그램에 올릴 사진의 완성도를 높여줄 전문 사진작가들을 고용한다. 완벽한 사진 몇 장을 건지기 위해 전문 사진작가를 대동한 채 어딘가로 가서 몇 시간이고 포즈를 취한다. 유명 패션잡지에 실어도 손색이 없을 만큼 완성도 높은 사진들이 그렇게 탄생하는 것이다.

유튜브에서도 이와 비슷한 트렌드를 볼 수 있다. 유튜브가 처음 나왔던 시절만 해도 중간에 영상이 뚝뚝 끊어지는 점프컷jump cut 방식의 편집을 곳곳에서 볼 수 있었다. 카메라 한 대만 가지고 영상을 찍은 뒤 말실수나 올리기 곤란한 장면들을 잘라내다 보니 '끊기고 튀는' 편집을 피할 수 없었던 것이다. 수년간 사람들은 유튜브 영상이다 보니 어쩔 수 없이 참아야 하는 부분쯤으로 여겼다. 지금도 어색하게 장면을 연결한 듯한 영상들이 여전히 올라오고 있기는 하지만 지금의 점프컷 편집은 다분히 의도적이다. 시청자들의 시선을 사로잡기 위해 일부러 장면을 급전환하며 영상이 튄다는 느낌을 준 것들이 대부분이다. 프랑스의 영화감독 장 뤽 고다르의 〈네 멋대로 해라〉 속 점프컷 장면들은 신선한 충격을 주었고, 등장인물들의 대화를 끊는 편집 기법으로 그 시절 현대인들의 모습을 잘 묘사했다는 평가를 받고 있다. 하지만 이제 그런 시절은 지났다.

'역사의 종말'을 맞은 예술은 리믹스와 루핑, 샘플링 기술의 시대를 맞이했다. 앞서 미국의 미래 정치학자 프랜시스 후쿠야마가 역사의 종말이 아주 슬프고, 그 이후는 지루한 세기만이 남을 것이라 경고했다고 소개한 바 있다. 프랜시스는 예술이 더 이상 비극이나 생사고락, 저항의 역사를 다루는 대신 기껏해야 노스탤지어만 자극하는 장르로 전락할 것이라 예언했다. 마르셀 뒤샹Marcel Duchamp이 남성용 소변기를 미술관에 전시할 수 있는 예술작품의 경지로 끌어올렸을 때 모두들 유일무이하고 독특한 아이디어, 아방가르드 예술이라며 극찬했다. 이제 그 시절이 지나간 건 사실이고, 그런 의미에서 프랜시스의 주장이 완전히 엉터리는 아니었다. 그렇다고 이제 더 이상 예술가가 최고 경지의 창의성을 발휘할 수 없게 되었다는 뜻은 아니다. '신성모독'과 '신격화' 사이에서 아슬아슬한 줄타기를 한 뒤샹의 작품만큼 탁월한 창의력을 발휘하는 아티스트들이 지금도 존재한다. 쿠엔틴 타란티노 감독을 예로 들어보자. 타란티노는 누구나 다 알 만큼 유명한 영화를 만들었지만, 이제는 기억의 뒤안길로 사라진 작품들도 리믹스하고, 루핑하고, 샘플링했다. 그렇다고 해서 타란티노를 노래방에서 남의 노래나 따라 부르는 것 같은 B급 감독이라 말하는 사람은 아무도 없다. 오히려 자신만의 독특한 기법을 만들어냈다고 칭송한다. 타란티노는 모든 장르의 영화를 종합해서 누구도 상상하지 못했던 새로운 장르를 만들어냈다. 그런데 인플루언서들의 샘플링 작업에서는 예술의 향기가 느껴지지 않는다.

창작 행위에 대한 비평은 늘 있어왔다. '뭐든 다 해도 돼'라는 철학을 잘못 이해하고 남발하던 지난 50년 내내 예술의 정의를 둘러싼 논쟁이 활활 불타오르기도 했다. 그러다가 '상대주의'라는 안전지대로 도피하는 풍조가 사회 전반에 널리 퍼졌다. 엘리트 의식에 사로잡힌 사람이라는 비난을 들을까 두려워 모든 게 멋지고, 뭘 보든 감탄사부터 내뱉는 문화가 널리 퍼진 것이다. 자녀가 처음으로 도화지에 아무렇게나 끼적인 낙서가 무슨 대단한 예술품이기라도 한 듯 감탄사를 내지르는 부모들처럼 모두가 뭘 보든 꽥꽥 소리를 질러댔다. 그런데 알고 보면 이런 탈권위주의와 반엘리트주의적 제스처들이야말로 매우 가부장적이고, 논리적 근거도 희박하다. 물론 고급문화와 싸구려 대중문화 사이에 경계가 뚜렷할 때도 있었다. 하지만 격조 높은 문화와 대중문화 사이의 경계를 무너뜨리는 작품인지, 혹은 그 경계를 꿋꿋이 고집하는 작품인지는 중요치 않다. 어떤 작품이든 그 자체로 평가하면 그만이다. 유튜브나 틱톡, 인스타그램도 말하자면 예술작품을 전달하는 중개자, 즉 미디어에 속하므로 거기에 올라오는 영상들 역시 예술적 평가의 대상이다. 방금 언급한 세 개의 플랫폼 외에도 몇몇 군소 SNS 플랫폼들이 존재한다. 문제는 그런 플랫폼들에서 활동하는 인플루언서와 인플루언서를 흉내 내는 '아류'들이 올리는 영상들 중 꽤 많은 것들이 싸구려, 저질, 키치kitsch, 그야말로 '아무거나 되는 대로 마구 올린 것들'이라는 점이다. 어떤 작품을 평가할 때 예술성 항목은 반드시 포함되기 마련인데, 그 영상들에서는 예술성을 거의 찾아보기 힘들다.

색칠공부책으로 그림 그리기, 숫자별로 같은 색연필을 사용해서 그림 완성하기, DIY 스티커로 창문 꾸미기, 별 모양의 컵 받침 만들기, 종이를 오려 붙인 뒤 바니시varnish(도료)를 칠하는 데쿠파주decoupage 기법(나무, 금속, 유리 등에 종이를 오려 붙이는 장식법)으로 크리스마스트리에 매달 방울 장식 만들기 같은 행위들을 예술이라 말하는 사람은 아무도 없다. 정신없이 돌아가는 영상물을 편집하는 행위나 그날그날 자신이 먹은 음식을 찍은 사진을 예술이라 부르지도 않는다. 예술이라 부를 만큼의 창의력이 담겨 있지 않기 때문이다. 인플루언서들이 업로드하는 콘텐츠들은 어딘가에서 베껴온 것들을 '프로'다운 기술로 정교하게 자르고 짜깁기해서 만든 게 대부분이다.

엄청난 클릭 수를 기록하는 틱톡 영상들은 아마도 만드는 데에 꽤 많은 시간과 돈이 들었을 것이다. 각종 시각 효과나 화면 분할, 다양한 커팅과 디졸브 효과 등을 동원하려면 아무래도 품을 좀 팔아야 한다. 하지만 그래 봤자 편집 툴과 기술을 잘 다룰 수 있다는 능력의 증거일 뿐, 그 안에 '영혼'은 없다. 본인들은 자신의 콘텐츠가 얼마나 창의적이라 믿는지 모르겠지만, 거기에는 신념이 빠져 있다. 기술적, 감정적 효과만이 난무하는 짧은 영상물에 지나지 않는다. 짧은 음표들을 정신없이 연속적으로 연주하는 '상동곡'처럼 보는 이들의 혼을 쏙 빼어놓을 뿐이다. 분명 볼 때는 집중한 것 같은데, 보고 나면 머릿속에 남는 것은 하나도 없다. 기술 효과는 시청자들의 지갑을 여는 효과로 이어지고, 감정적 효과는 시청자들의 마음을 뒤죽박죽 흔들어놓을 뿐이다.

모두가 입을 모아 '개성, 창의성, 진정성' 같은 구호들을 끊임없이 외치는 행위는 집단적 강박관념만 양산한다. 미디어 소비자 입장에서는 남들이 다 보는 걸 나만 안 보면 안 될 것 같아진다. 그래서 AI 알고리즘의 명령에 나 자신을 맞춘다. 오프라인 세계도 예외가 아니다. 이름 없는 장소로 갑자기 수

많은 인파가 몰려들 수 있다. 자아를 실현하기 위해서가 아니라 알고리즘을 실현하기 위해 다들 달려가는 것이다. 바야흐로 21세기에 접어든 지금, 놀이공원이나 기타 가족 단위로 찾기 좋은 시설의 운영자라면 인스타그램부터 생각해야 한다. 그곳을 찾은 이들이 직접 찍은 '자아실현 사진'이 '인스타그램에 올릴 만한instagrammable' 사진이어야만 한다. 그게 아니면 방문객이 붐비는 상황을 포기해야 한다. '#gertrudenhof(게이트루덴호프, 독일에 있는 농장)'라는 해시태그로 검색하면 1만 2천 명(2022년 1월 기준, 이하 동일) 이상의 인플루언서(혹은 인플루언서 지망생)들이 올린 콘텐츠를 볼 수 있다. 늙은 호박을 키우는 농장에 가서 사진을 찍은 뒤 인스타그램에 올린 것이다. 인플루언서 수백 명이 자신의 인스타그램 프로필을 그곳에서 찍은 사진으로 꾸몄고, 수십만의 팔로워들이 인스타그램의 '성지'인 그 마을, 특히 해당 농장 운영자들이 만든 호박 피라미드나 거대한 호박 더미 앞에서 찍은 사진을 포스팅했다. '@infoluencer'라는 계정으로 아직은 잘 알려지지 않은 소식을 전하는 독일의 어느 트위터리안은 게르트루덴호프 호박농장과 관련해 다음과 같은 멘션을 남기며 이해할 수 없는 '호박 열풍'을 비꼬았다. "위대한 노란색 커다란 호박님이시여, 우리를 긍휼히 여기사 하사해주신 선물에 감사합니다. 저희에게 건강과 개성이라는 축복도 내려주시옵소서. 아멘!"

5

시들지 않는 외모 비즈니스

아무리 봐도 뭔가 어색하다. 약간 웨이브 진 머리는 헤어왁스 한 줌을 발라서 하나로 묶어 올렸는데, 절대 '그저 질끈 묶은' 머리가 아니다. 꽤 많은 공을 들인 느낌, '힘을 준' 느낌이다. 약간 위쪽을 향한 시선은 보기만 해도 깨물어주고 싶을 만큼 귀여운 강아지의 눈빛을 연상시키고, 살짝 앞으로 내밀어 모아진 주름진 입술은 "뿌잉뿌잉"을 외치고 있다. 윤곽은 비교적 뚜렷한데, 그래도 성인보다는 소년에 가까운 얼굴이다. 그래서 입술 모양과 얼굴이 왠지 매치가 되지 않는다. 게다가 굵은 목 아래로 이어지는 몸매도 순진무구함이나 미성숙함과는 거리가 멀다.

아무리 봐도 일부러 어색한 느낌을 연출했다는 느낌이 든다. 유치한 장난을 치고 있다는 느낌도 든다.

사진 속 몸은 분명 피트니스 트레이닝으로 단련한 몸이다. 가슴근육은 불룩하고 어깨는 강인하다. 다부진 근육질 몸매 때문에 소년 같은 얼굴이 더욱더 작게 느껴진다. 상박(어깨에서 팔꿈치)도 두툼하다. 이두박근도 이두박근이지만, 뭐라 설명할 수 없는 모양의 삼두박근과 이두박근의 조합은 무거운 볼링 핀을 연상시킬 정도로 '벌크업bulk up'된 상태다. 그 강인한 팔뚝 위로 선명하게 불거진 핏줄은 매우 인상적이다. 복근은 식스팩을 넘어 에이트팩이다. 벨트라인 아래로 숨겨진 근육까지 합하면 모르긴 해도 텐팩이 아닐까? 아쉽게도 새하얀 사각팬티의 허리 밴드에 새겨진 커다란 '캘빈클라인' 로고 때문에 하반신을 확인할 길이 없다. 복근에서 흘러내린 땀방울이 아래로 미끄러지고 있다는 것만 확인할 수 있을 뿐이다.

피부는 잘 가공한 인조가죽처럼 매끄럽다. 필터를 사용해 부드러운 '안트라사이트anthracite' 색감을 더하니 소년으로 돌아간 듯 보이는 스무 살 남성 모델의 모습은 뭐랄까, '안드로이드'스러워졌다. 군살이라고는 찾아볼 수 없는 복근 중심에 놓인 작은 타원형 배꼽을 보면서 출생의 흔적, 그러니까 탯줄을 상상하는 사람은 아무도 없을 듯하다. 아무리 봐도 스마트폰 충전 단자쯤으로밖에 보이지 않는다.

디지털 시대로 급전환하면서 인간의 몸은 새로운 조명대 위에 서게 되었다. 사람들은 스마트폰 카메라로 자신의 사진이나 동영상을 찍고, 그 과정에서 연출도 하면서 각종 필터나 효과, 기타 툴들을 적용해 '뽀샤시'한 결과물을 만들어낸다. 게다가 스마트폰 화소가 매우 높아져서 이제 육안으로 보는 것보다 사진으로 훨씬 더 많은 미세한 지점들을 포착할 수 있게 되었다. 과거에도 사진과 실물이 일치한 적은 없었지만 '사용자 친화적'으로 발달한 후반 작업 기술과 점점 더 높아지는 화소로 인해 사진과 실물의 차이는 점점 더 벌어지고 있다. 그 때문에 너나없이 모두가 자신의 몸을 디지털 세계의 이상형에 맞추려고 치열한 경쟁을 벌인다. 클로즈업을 했을 때 들킬 수 있는 결점들을 감추거나 없애려고 발버둥친다. 현재 독일 인구 중 1천만 명 이상이 피트니스 센터에 등록된 회원이라는 사실을 무슨 말로 설명할 수 있을까? 그 현상을 납득하려면 푸코가 말한 생명 정치학적 관점에서 피트니스 강좌나 건강관리 프로그램에 대한 열풍을 이해하는 동시에 디지털 기술의 눈부신 발달도 고려해야 한다. 푸코는 거대 권력이 사람의 목숨과 신체를 지배하는 현상을 두고 '생명 정치'라 불렀다. 오스트리아의 문화철학자 토마스 마호Thomas Macho도 팟캐스트 열풍으로 '육신 없는 목소리voices without bodies'들이 난무하고 있다고 비판했다. 그런데 이제 인스타그램이, 틱톡, 유튜브 등 각종 SNS 플랫폼에서는 수많은 인플루언서들이 '광고용 육신' 노출에 각고의 노력을 기울이며 팬들을 구름 떼처럼 끌어모으고 있다.

자신의 모습을 노출하지 않는 인플루언서는 상상할 수도 없다. 얼굴과 몸이 곧 라이브 중계 현장이고, 광고와 판매가 이뤄지는 스토어기 때문이다. 그런데 인플루언서에게는 육신이 필수품이지만, 인스타그램이나 틱톡 같은 플랫폼에게 영혼은 필수품이 아니다. 그야말로 플랫폼일 뿐이다. SNS 플랫폼들은 '사상검열'은 하지 않지만 분량 제한은 있다. 그런데 이는 별로 중요하지 않다. 몇백 쪽에 달하는 장편소설보다 한 개의 일화가 더 많은 것을 얘기해줄 때도 많기 때문이다. 독일 작가 하인리히 폰 클라이스트Heinrich von Kleist도 어느 신문에 기고한 〈프로이센 최후의 전쟁에 관한 일화Anekdote aus dem letzten preußischen Kriege〉라는 글로 짧은 글이 지니는 위력을 입증한 바 있다.

인플루언서들도 짧은 동영상의 힘을 충분히 보여주고 있

다. 2020년 푹푹 찌듯 더운 어느 여름날, 독일의 어느 여성 인플루언서가 길에서 갑자기 쓰러져 기절해버렸다. 곁에 있던 이들이 부리나케 달려와 그 여성을 도왔고, 무사히 병원에 도착했다. 그리고 그 인플루언서는 병원에 입원해 있는 동안 찍은 사진들을 인스타그램 스토리에 올렸다. 나름 특별한 '사건'이었던 만큼, 그 기회를 놓치고 싶지 않았던 것이다. 팬과 구독자로부터 "어서 나으세요"라는 응원과 "정말 대단하세요"라는 칭찬 댓글이 수없이 쏟아졌다. 너무 바쁘게 사는 게 아니냐고, '워라벨'도 생각하며 살라고, 위기를 기회로 전환하라는 등의 댓글이 이어졌다. SNS 세계에는 누군가가 업로드하는 모든 사건에 대해 어떻게 반응하고 공감해야 할지와 관련된 무언의 법칙이 있다. 어떤 이모티콘이 적절한지에 대한 암묵적 합의도 존재한다. 그래야 말이 아닌 글로 소통할 때 발생할 수 있는 오해의 소지를 미연에 방지하고, 불필요한 '어리둥절함'을 최소화하며, 원활한 의사소통이 이뤄질 수 있기 때문이다. 퇴원 후 집에 돌아온 인플루언서는 며칠 사이에 일어난 일을 시간 순으로 정리한 내용을 업로드했고, "바닥에 머리'만' 부딪치며 쓰러진 '덕분에' 별 탈 없이 위기를 극복해내서 정말 다행이다"라고 팬들에게 보고했다. 유머나 풍자의 느낌이 전혀 없는, 솔직한 감정을 그대로 표현한 것이었다.

미국의 언론인 겸 풍자작가 앰브로스 비어스Ambrose Bierce

는 광고를 "누군가가 돈을 충분히 지출할 때까지 그 사람의 사유 능력을 마비시키려는 시도다"라고 정의했다. 개인적으로 촌철살인에 가까운 정의라 생각한다. 그 시도가 가장 잘 먹힐 때가 바로 몸을 도구로 사용할 때다. 인플루언서들은 얼리어댑터가 되어 특정 제품의 효능을 온몸으로 입증한다. 실제로 옷을 직접 착용하면서 통기성 셔츠가 왜 '머스트 해브 아이템'인지를 설명하고, 비건 화장품을 써도 가뭄 때 논바닥처럼 피부가 쩍쩍 갈라지지 않는다는 사실, 오히려 더 산뜻하고 완벽한 커버력을 연출할 수 있다는 사실을 얼굴로 증명한다. 그런데 패션 분야는 조금 다르다. 요즘은 누구나 브랜드 로고를 새긴 옷을 입고 다니며 걸어 다니는 광고판 역할을 하고 있다. 인플루언서가 그보다 좀 더 큰 스피커로 특정 패션 브랜드를 광고한다는 차이밖에 없다. 예외가 있다면 아마도 남녀 정장 분야가 아닐까? 예나 지금이나 남녀 정장의 브랜드 로고는 웬만해서는 잘 안 보이는 곳에 '살짝' 감춰두는 게 미덕으로 여겨지고 있다.

필터가 필요해

인플루언서의 몸이 단지 광고판에 지나지 않는다는 뜻은

아니다. 인플루언서는 '휴먼 윈도 마네킹'이 아니다. 인플루언서는 그 자체로 브랜드가 될 수 있다. 그 이유는 매체의 변화사에서 찾을 수 있다. 헝가리 출신의 작가이자 미학가, 영화평론가인 벨라 발라즈Béla Balázs는 《시각적 인간과 영화문화Visible Man and The Spirit of Film》라는 책에서 획기적 영화이론 하나를 제시한다.[1] 발라즈는 연극이라는 올드미디어와 영화라는 뉴미디어의 차이점을 정확히 짚어냈다. 연극의 경우, 맨 첫 줄에 앉아서 관람하는 행운만 따라준다면 최대치의 현장감을 느낄 수 있다. 연극은 언제나 라이브이기 때문이다. 하지만 그런 장점에도 불구하고 연극은 배우와 관객 사이의 거리감을 여전히 내포하는 미디어다. 영화는 확대가 가능한 미디어다. 관객들은 사진이나 스크린을 통해 실물보다 확대된 모습을 보면서 새로운 관점에서 등장인물들을 바라본다. 이때 배우의 표정이나 호소력 있는 표정을 통해 드러나는 캐릭터는 메시지를 전달하는 매개체다. 감독이나 제작진이 캐스팅한 배우의 얼굴만 봐도 많은 걸 짐작할 수 있다. 이른바 '타입 캐스팅typecasting'이라는 방식 때문인데, 타입 캐스팅이란 특정 역할만 전문적으로 맡는 배우를 다시 그 배역에 캐스팅하는 영화계의 습성을 가리키는 말이다. 배우들의 몸 역시 재평가의 대상이다. 근접 촬영한 장면들로 몇몇 신체 부위가 특히 강조될 때가 있고, 그런 장면들은 대개 페미니즘적 영화평론의 도마에 오르게 마련이다. 마를레네 디트리히의 각선미가 그랬고, 브래드 피트의 '빨래판 복근'이 그랬고, 아니타 에크베리의 가슴골이 그랬다.

현재 우리 사회를 지배하고 있는 신체관이나 외모관과 그걸 둘러싼 트렌드가 우리 삶에 미치는 영향을 이해하려면 인스타그램의 태동 배경을 알아야 한다. 케빈 시스트롬은 마크 저커버그의 동업 제의를 거절한 뒤, 자신이 창립한 회사를 페이스북에 팔아 억만장자 대열에 올랐다. 하지만 그 시절 실리콘밸리에 사진 기반 플랫폼 개발자가 시스트롬 한 사람밖에 없었던 건 아니다. 사진을 업로드하고 자신이 원하는 대로 배치할 수 있는 사이트들은 그 시절에도 이미 있었다. 사진 편집이 가능한 앱도 몇몇 존재했다. 하지만 2010년에 출범한 인스타그램은 그저 그런 포토 아카이브가 되기를 거부했다. 휴가지에서 찍은 사진이나 자녀 사진 수백 장을 한 번 저장한 뒤 다시는 들여다보지 않는 앨범과 차별화하고 싶었던 것이다.

시스트롬은 결정적 순간을 포착한 뒤 보여주고 자랑할 수 있는 플랫폼을 원했다. 인스타그램은 플랫폼 이름이 이미 말하듯 '인스턴트instant'에 방점을 두고 있다. 시스트롬은 그 부분을 부각하기 위해 정사각형 포맷의 사진과 더불어 시간적 제한을 걸기로 결정했다. 그 두 가지 제한된 규칙 안에서 창의력을 실컷 발휘할 수 있는 놀이터를 마련해준 것이다. 그런데 인스타그램 창업과 관련해 들려오는 뒷이야기에 따르면 시스트롬의 여자 친구가 시스트롬에게 자신은 인스타그램에 사진을 올리기 싫다고 말했다고 한다. 스마트폰으로 찍은 사진들이 대체로 실물보다 더 못 나오고, 특히 신체 비율이나 피부 상태가 너무 흉하게 나온다는 이유였다. 시스트롬은 여자 친구의 불평이 충분히 설득력이 있다고 생각했고, 스마트폰으로 찍은 사진을 온라인에 올리기 전에 좀 더 예뻐 보이게 만들 수 있는 특수 필터 기능 개발을 의뢰했다. 그게 바로 신의 한 수였다. 까탈스럽기로 악명이 높은 유명 스타들을 인스타그램이라는 열차에 급히 올라타게 만든 비법이 바로 거기에 있었던 것이다. 요즘 스타 인플루언서들 중 자신만의 필터를 사용하지 않는 이는 거의 없다. 필터 기능은 이제 인스타그램에 없어서는 안 될, 너무나도 당연한 일부가 되었다. 필터 기능 없이 찍은 뒤 사후에 보정한 사진에 '#노필터nofilter'라는 해시태그를 다는 게 오히려 당연해졌다. 로맨틱 코미디 영화 〈크레이지, 스투피드, 러브Crazy, Stupid, Love〉에서 엠마 스톤은 자신의 눈앞에서 티셔츠를 벗은 라이언 고슬링의 갈색으로 태닝된 탄탄한 복근을 보며 "말이 돼? 포토샵한 거 같잖아"라고 외치기도 했다.

인스타그램에서는 대자연의 법칙을 거스르는 그림 같은 외모, '칼'을 대야만 도달할 수 있는 외모를 만들어내는 것은 어린애 장난에 불과하다. 성형수술 열풍은 당연한 수순이다.

1990년대 말과 2000년대 초반, 황색 언론(자극적이고 선정적인 기사를 주로 작성하는 언론)에도 이미 거대한 실리콘 가슴을 지닌 여성들의 사진이나 스토리가 실리곤 했다. 지나친 수술 후 비극적 삶을 살다 요절한 포르노 배우 롤로 페라리의 사례와 같은 슬픈 소식도 더러 있었다. 알맹이 없는 저질 프로그램들이 터무니없는 장면들을 내보내기도 했다. 한때 유로팝을 선도하던 '모던 토킹Modern Talking'이라는 밴드가 있었다. 그 그룹의 멤버 디터 볼렌의 전 여자 친구 나드야 압델 파락(일명 나델)은 2001년 Sat1 채널의 어느 예능 프로그램에 출연해 성형한 가슴의 무게를 세상에 공개하는 수모를 겪기도 했다. 그에 앞선 1970년대에도 성형수술을 고백한 스타가 더러 있었다. 독일 출신 가수 겸 배우 힐데가르트 크네프는 리프팅 수술 붐을 일으켰고, 컨트리 팝계의 아이콘 돌리 파튼은 그간 촌스럽게 보이느라 많은 돈을 써야 했다며 한때 겪은 '고충'을 얄밉게 고백했다. 그런가 하면 수많은 시술과 수술을 거친 코미디계의 전설적 스타 조안 리버스는 쌍둥이 자매가 있다면 자신이 자연스럽게 늙었을 때 어떤 모습일지 알 수 있었을 거라며 아쉬움을 토로했다.

하지만 몇몇 스타들의 이러한 고백은 이제 예외가 되었다. 그 시절 스타들의 체험담이 우리 대부분이 감히 따라 할 수도 없는 인생역정이었다면, 바야흐로 인스타그램 시대를 맞이하여 상황이 뿌리부터 뒤집어졌다. 이제 누구나 스타가 될 수 있다. 많은 이들의 생김새가 닮은꼴로 변해가고 있다. 리프팅 시술로 주름 없애기, 지방 흡입, 가슴 확대, 힙업 수술, 보톡스나 하이알루론산 필러 시술 등 각종 시술과 수술이 난무하는 가운데 그와 비슷한 효과를 낼 수 있는 획기적인 비법, 즉 필터 기능이 등장했다. 필터 기능은 시술이나 수술 없이 성형 효과를 볼 수 있는 것으로 모두들 이용하고 있어서 모두가 너그러이 눈감아준다는 장점이 있다. 그러나 가상은 어디까지나 가상일 뿐, 실제 외모가 온라인상의 외모를 따라잡지는 못한다. 성형외과 전문의 케빈 브레너는 자신을 찾은 몇몇 까다로운 고객들을 떠올리며 다음과 같이 말했다. "외모를 고친 누군가의 사진을 제게 보여주더군요. 그런데 그 고객들은 그 사진이 인스타그램 필터를 거친 건지 아닌지도 제대로 알지 못하더라고요."[2]

2019년 독일 미용성형외과학회DGÄPC가 발표한 조사 결과에 따르면 전체 미용성형 중 39.4퍼센트가 주름제거 분야에 집중되어 있고, 가슴확대 수술이 8.3퍼센트로 그 뒤를 이었으며, 3위는 지방흡입(5.5퍼센트)이었다고 한다. "성형수술을 받은 피조사자 전체 중 소셜미디어에 영향을 받았다는 답변은 2.3퍼센트에 그쳤다"는 소식에 그래도 아직은 안심해도 되겠다는 마음이 들겠지만, "외모에 대한 부담으로 수술을 결심했다는 이들이 전체 응답자의 61.7퍼센트에 달했다"[3]는 사실은 우려를 자아낸다. 이런 압박감은 대체 어디에서 오는 것일까? SNS 스타 때문에 그런 결심을 했다고 고백하는 사람은 거의 없지 않을까? 솔직히 말해서 어떤 결심을 행동으로 옮길 때 왜 그런 결심을 하게 되었는지, 왜 그 결심을 실천에 옮기게 되었는지 콕 집어서 말할 수 있는 이가 몇이나 될까? 슬로베니아 출신의 정신분석학자이자 문화이론가 슬라보예 지젝Slavoj Žižek은 〈기묘한 영화 강의The Pervert's Guide to Cinema〉라는 다큐멘터리 영화에서 "영화는 우리가 원하는 것을 주지 않는다. 영화는 우리가 무엇을 원해야 할지부터 알려준다"라는 명쾌한 분석을 제시했다. 지젝의 말은 인스타그램을 비롯한 유사 플랫폼들에도 적용할 수 있다. 독일 미용성형외과학회가 발표한 어느 다른 조사 결과도 이와 일치한다.

> 필터 기능을 적용할 수 있는 사진 기반 앱들 덕분에 폼 나는 셀카와 디지털 메이크업이 가능해졌다. 그런데 그렇게 이상적으로 꾸민 셀카 사진들 때문에 실제 모습도 그 사진 속 모습과 똑같아지고 싶다고 말하는 이들이 점점 더 늘어나고 있다. 독일 미용성형외과학회가 성형외과 의사인 회원들을 대상으로 설문조사를 실시한 적이 있는데, 응답자 중 59.1퍼센트가 보정술을 적용한 자신의 사진을 들고 와서 그 모습으로

수술해달라는 환자가 "더러 있었다"라고 답했다. 이런 상황과 "매우 자주 맞닥뜨렸다"라고 답한 회원도 무려 9.1퍼센트에 달했다.[4]

이제 셀카로 둔갑술을 부릴 수 있을 만큼 기술이 발달했다. 셀카는 내 얼굴이나 몸매를 있는 그대로 비춰주는 거울이 아니다. 셀카는 나를 내가 아닌 다른 사람, 내가 아닌 타인으로 만들라고 내게 손짓하고 있다.

바디 포지티비티 운동과 그 이면

'디지털 외모 업그레이드'는 자존감을 강화하기 위한 트렌드 중 하나로 이해할 수도 있다. 자신의 모습을 요리조리 바꾸며 노는 과정, 재미있게 놀면서 자신의 정체성을 확립해가는 과정으로 생각할 수 있다. 거기에 대한 비판이 쏟아져도 "남이야 뭘 하든 말든 무슨 상관이야", "요즘은 이게 '대세'야"라며 반박하는 이들도 많다. 문제는 '알고 보니 결국 다 돈 문제'라는 것이다. 그 상업성 안에 얼마나 많은 자존감이 들어 있을까? 2015년, 모델 겸 사업가인 카일리 제너를 따르는 팔로워 중 많은 이들이 카일리처럼 도톰한 입술을 갖고 싶어 했다. 십 대 청소년들은 카일리와 비슷한 입술을 만들기 위해 유리병에 입술을 끼워 넣고 진공 상태에서 부어오르게 만든 뒤 셀카를 찍어 인스타그램에 올렸다. 하지만 그런 어설픈 시도로는 카일리처럼 완벽하게 도톰한 입술을 만들어낼 수 없었다. 그걸로 해결할 수 있는 문제는 분명 아니었다. 카일리는 결국 열일곱 살 때부터 입술에 필러 시술을 했다고 고백했고, 팬들은 적잖은 충격에 휩싸였다. SNS 플랫폼이 청소년들에게 미치는 악영향을 다시금 입증하는 순간이었다. 그럼에도 불구하고 인스타그램은 성장을 거듭하고 싶었고, 그래서 어떻게든 악성 댓글을 막고자 했다. 인스타그램의 탄생 배경부터 그 이후의 모든 과정을 낱낱이 파헤친 사라 프라이어는 인스타그램이 해당 위기를 어떻게 극복했는지에 대해 다음과 같이 말한다.

> 십 대 인스타그램 회원 총괄 사무장 리즈 펄은 논란을 긍정적 메시지로 전환시킬 꾀를 냈다. 펄은 카일리의 몸매에 대해 심한 비난글을 단 열 명의 리스트를 논란의 주인공에게 건네며 ‘#IAmMoreThan♥’이라는 해시태그를 달고

♥ #IAmMoreThan 캠페인은 왕따 및 괴롭힘을 방지하기 위한 프로젝트다. 카일리 제너가 SNS상에서 다양한 공격과 비판을 받았던 경험을 바탕으로 피해자들이 자신감을 가지고 피해 사실에 대한 목소리를 높이고, 이들에게 도움을 주기 위해 시작했다.

악플러들과의 갈등을 정면 돌파하라고 충고했다. 예컨대 'IAmMoreThan my lips'처럼 'I am more than' 다음에 올 글들을 채워보라는 식이었다.[5]

이후 인스타그램과 그 플랫폼에서 활동하는 인플루언서들은 갈등 상황이 생길 때마다 '참새한테 방앗간 맡기기' 전략을 취하고 있다. 예컨대 어느 인플루언서가 무심코 인종차별적 발언을 했다고 하자. 그러면 '광분'한 댓글러들이 우글우글 달려들 게 빤하다. 그럴 때 그 사람들을 내치는 대신, 끌어안아서 목을 조르는 전략을 취하는 것이다. 현대경영이론들도 이러한 문제 해결 방식이 나쁘지 않다고 말한다. 문제가 발생했을 경우, 해당 사안을 회사 밖으로 나가지 못하게 가둔 상태에서 해결책을 모색하는 동시에 위기를 기회로 전환하는 방법, 다시 말해 낭패 상황을 생산적으로 활용하는 방법을 모색하는 것이다.[6] 다들 알다시피 인플루언서들의 외모에는 '의심의 여지'가 매우 많다. 하지만 모두들 그게 자신의 평소 모습이라 주장한다. 그러면서 전쟁이 시작된다. 수많은 악플들이 달린다. 거짓말하지 말라는, 포장하지 말라는, 있는 그대로의 자신의 외모를 받아들이라는 요구가 빗발친다. 패션계, 화장품 업계, 진보를 표방하는 신자유주의 시민단체들도 기꺼이 참전한다. 완벽한 몸매를 지니지 못한 보통 사람들, 포장과 과장에 신물이 난 반체제 인사들도 합세한다. 사태가 거기까지 치달으면 인플루언서들은 화들짝 놀라며 몸매가 조금 덜 예쁘게 보이는 포즈로 찍은 사진이나 '쌩얼' 사진을 황급히 올린다. 그러면 그 솔직 담백함에 인기도가 다시금 상승곡선을 그린다. 유명 할리우드 스타들 사이에서도 있는 그대로의 민낯과 몸매를 드러낼 용기는 중요했다. 그 용기 덕분에 무려 오스카 트로피를 거머쥐었거나 거머쥘 뻔했던 이들도 많다.

과체중이거나 객관적으로 봐서 외모가 그다지 뛰어나지 않은 이들도 '#bodypositivity(자기 몸 긍정주의)'라는 해시태그를 달고 활발한 온라인 활동을 펼치고 있다. 업체 협찬이나 광고와 전혀 무관하게 독자적으로 활동하는 이들도 있다. 그 사람들의 목적은 두 가지다. 첫째, 세상에 이름을 알려서 자신의 상품 가치를 높이는 것이고, 둘째, 콘텐츠를 통해 사회가 암묵적으로 정한 표준 사이즈에 대한 의구심을 제기하는 것이다. 결점이라 생각되는 부분을 오히려 더 공격적으로 노출하는 이 전략이 더러 '고유의 강점UPS, Unique Selling Point'이 되는 경우도 없지는 않다. 하지만 이 방법으로 과연 전체 트렌드를 뒤집을 수 있을까? 전망은 밝지 않다. 자기 몸 긍정주의를 표방하는 SNS에 올린 글들 역시 소비자본주의 논리나 사회 구성원들 사이에 보편적으로 통용되는 논리 안에 갇혀 있다. 다시 말해, 보편적 표준을 확고하게 거부하는 목소리가 커질수록 역설적으로 그 표준이야말로 진짜 표준이라는 증거가 될 수 있다는 것이다. 어떤 면에서는 자기 몸 긍정주의를 표방하는 이들이야말로 그 누구보다 '루키즘lookism', 즉 외모지상주의에 사로잡혀 있다고 볼 수 있다. 모두가 수긍하는 '예쁘고 잘생기고 멋진' 외모 기준을 충족하는 이들보다 외모에 더 집착할 수도 있다.

자기 몸 긍정주의 운동이 나쁘다는 말이 아니다. 그 안에는 분명 좋은 의도들이 다분히 담겨 있다. 하지만 SNS 플랫폼의 본색이나 인플루언서들이 얻는 이익을 망각해서는 안 된다. 인플루언서들은 SNS에 많은 이들이 관심을 보일 만한 몸을 공개하고, 이로써 소비를 부추긴다. "섹스가 장사가 된다"라는 말도 있지 않은가. 모로코 출신의 사회학자 에바 일루즈Eva Illouz는 "경제학적-성적 주체야말로 현대적 주체를 규명하는 본질이다"[7]이라고 말한다. 최근 들어 여성지나 광고가 플러스 사이즈 모델이나 평범한 여성의 사진을 대대적으로 싣고 있지만, 그 효과가 과연 얼마나 클까? 물론 그런 '반짝' 캠페인을 통해 예쁘고 멋진 외모에 대한 고정관념을 조금은 깰 수 있겠지만, 장기적 의식 변화를 기대하기는 어렵다. 요즘 스타들 사이에서는 위선적 윤리의식이나 가짜 진정성이 유행이다. 많은 이들이 그 뒤로 몸을 감추고 있다. 그런데 시간을 조금만 거슬러 올라가면 자신의 몸이 돈벌이 수단이라는 말을 거리낌 없이 고백한 스타가 몇몇 있었다. 미국의 유명 성인 잡지 《플레이보이》 모델 출신이자 기타 다양한 활동과 스캔들로 전 세계에 이름을 널리 알린 캐나다 배우 파멜라 앤더슨은 한때 이렇게 말했다. "환상적인 커리어는 내 가슴이 쌓은 거죠. 저는 그걸 달고 다녔을 뿐이에요."

아름다움에 대한 욕구를 자극하다

예전 스타들은 무대에 올랐다가 커튼이 닫히면 사라졌다. 하지만 인플루언서의 몸은 언제든지 볼 수 있다. 어떤 피트니스 앱을 사용하는지, 어떤 운동 장비를 쓰고 어떤 건강 보조제들을 복용하는지 등을 모두가 확인할 수 있다. 패리스 힐튼은 짧은 원피스 차림으로 레드 카펫에서 포즈를 취하다가 노 브라, 노 팬티라는 사실을 '실수로 그만' 들켜버리기도 했다. 파파라치들이 그 장면을 놓칠 리 없었고, 다음날 각종 신문을 장식했다. 스타들이 이름값을 높이기 위해 흔히 쓰는 빤한 수법이었다. 힐튼의 친구인 킴 카다시안과 킴의 자매와 엄마는 온라인 세상에서의 이름값이 장차 노다지가 될 거라는 사실을 일찌감치 간파했다. 그러나 2013년, 킴의 엄마이자 카다시안 제국의 수장인 크리스 제너는 인스타그램에 지나치게 많은 정보를 노출하는 행태를 못마땅해하는 동료들로부터 빗발치는 항의 전화를 받았다.

> 대스타들 중 많은 이들이 사생활 영역을 감추려는 노력이나 약간의 비밀조차 없다면 누가 자신들에게 관심을 갖겠냐고 불평했다. 정식 인터뷰나 TV 출연이 아니라면 아무 말도 하고 싶지 않다는 연예인도 실제로 꽤 많다.[8]

그 당시 딸 카일리가 200만 팔로워를 거느리는 인스타그램 인플루언서였지만, 엄마인 크리스 제너는 쏟아지는 항의에 일체의 대응도 하지 않았다. 미디어 지형이 급속도로 달라지고 있고, 딸들이 트렌드를 주도하는 인물이 될 것이라는 사실을 본능적으로 직감했던 것이다. 크리스 제너의 딸들은 2012년 인스타그램에 가입한 뒤 셀 수 없이 많은 사진을 업로드했다. 사생활을 엿볼 수 있는 사진도 많았다. 리얼리티쇼 TV 출연 경력이 있는 카다시안 자매들이 스마트폰을 이용해 자신들만의 프로덕션을 만든 것이다. 카다시안 자매들은 인플루언서계의 아방가르드가 되었고, 그들의 몸매는 뉴미디어 세계에서 가장 유명한 실루엣으로 떠올랐다.

인스타그램 스토리에도 무대 뒤에서 일어나는 일들, 인플루언서가 자신을 꾸미는 과정과 뒷이야기를 들려주는 '메이킹 오브Making Of' 사진이나 영상들이 넘쳐난다. 하이디 클룸 같은 슈퍼모델들도 메이크업 아티스트와 헤어스타일리스트의 마법 같은 손길을 거쳐 평소 모습과는 거리가 먼 모습으로 둔갑하는 과정을 공개하곤 한다. 19세기, 리하르트 바그너Richard Wagner는 오케스트라와 음향 담당자 등 오페라 제작 과정 일체를 관객들의 눈에 보이지 않는 곳에 배치하면서 청중의 지나친 몰입을 방해하는 '환상 연극theather of illusion'을 시도한 바 있다. 인플루언서는 촬영을 시시때때로 중단하는 방식으로 환상극을 연출한다. 이로써 자신의 영상이 가상이 아닌 현실임을 강조한다. 자그마한 피부 트러블이나 면도로 인해 생긴 빨간 뾰루지, 셀룰라이트로 인한 고민을 토로하면서 자신이 누구와도 다를 바 없는 고민을 지닌 실제 사람임을 강조하고, 이로써 광고 계약서에 못 박아놓은 목표를 달성한다. 인플루언서들은 늘 자신의 몸을 업그레이드 대상으로 설명한다. 한 편의 동영상이 끝난다 해서 업그레이드가 끝나는 일은 결코 없다. 영상의 마무리 단계에서 어제보다 약간 나아진 결과만 보여줄 뿐이다. 내일도 나를 가꾸기 위한 노력은 계속된다. 새로운 협찬사가 나타나면 또 다른 결점들이 새록새록 등장한다.

여성 인플루언서들은 매일 인스타그램 스토리에 각종 '생활의 지혜'를 올린다. 어떻게 하면 가슴이나 눈매를 더 강조할 수 있는지, 어떤 상황에 어떤 옷이 더 어울리는지, 어떻게 하면 섹시미를 더 부각할 수 있는지 등을 알려준다. 그러면서 원래 자신이 갖고 있던 패션 아이템이나 광고주들에게서 받은 제품들을 소개한다. 인스타그램에 가면 일 년 365일이 패션위크다. 오프라인에서 개최하는 패션쇼의 의미가 쪼그라들고 있다. 패션쇼는 인플루언서와 손을 잡은 거대 브랜드들이 신상품을 소개하는 무대일 뿐이다. 그러면서 패션쇼가 지니고 있던 미묘한 감성적 기능은 퇴색했고, 이제 많은 브랜드들이 '인스타그램에서 통하는' 옷들로 컬렉션을 채우고 있다. 인스타그램에 올릴 수 있는 옷, '척하면' 바로 알아볼 수 있는 옷들에만 집중하고 있다. 인플루언서에게도 인지도는 목숨만큼 중요하다. 어떻게든 '튀어야' 살아남는다. 그러기 위해 비현실적인 몸매, 한눈에 봐도 튀는 패션, 특이한 액세서리 등 모든 수단을 동원한다. 알록달록, 휘황찬란한 커다란 귀걸이를 착용하기도 하고, 블링블링한 가방을 들기도 하며, 번쩍번쩍 빛나는 버클이 달린 벨트를 두르기도 한다. 그 모든 게 다 플랫폼 자본주의를 홍보하는 네온사인 광고판이다. 스니커즈 굽은 점점 더 두꺼워지고, 비즈나 태슬, 리본이나 스터드 등 신발을 장식하는 아이템의 개수나 크기도 커진다. 왜일까? 스마트폰 때문이다. 인플루언서가 업로드한 포스팅은 모두들 스마트폰으로 감상한다. 스마트폰으로 보는 사진의 사이즈는 TV나 패션잡지로 접하는 사진과는 비교할 수 없을 정도로 작다. 오트쿠튀르 패션쇼가 한때 표방했던 '디테일에 대한 애정'이 점점 사라지고 있는 것이다.

인플루언서는 늘 볼거리를 던져줘야 한다. 유튜브, 틱톡, 인스타그램에 과장된 몸짓이나 기괴한 표정, 우스꽝스럽게 눈동자를 굴리거나 입술을 비트는 영상이 넘쳐나는 이유도 그 때문이다. 극단적으로 몸을 꺾어서 몸매 굴곡이나 근육을 부각한 콘텐츠도 많다. 그걸로 부족하면 보정 속옷까지 동원한다. 보정 속옷으로 군살과 지방은 가리고, 가슴과 엉덩이는 부풀린 뒤 만족스러운 몸매 사진을 찍는다. 2019년, 킴 카다시안이 보정 속옷 브랜드를 론칭하자 팔로워들은 카다시안이 21세기에도 코르셋을 착용해서는 안 될 게 뭐가 있냐는 개인적 의견을 용기 있게 고백한 것이라며 열광했다. 온라인에서 탈코르셋을 외치던 작가들조차도 이토록 용감하게 상황을 정면 돌파한 인물은 없었다며 카다시안을 칭송할 정도였다. 하지만 그 페미니스트들이 놓친 부분이 있다. 고대 이집트, 로마, 그리스 등에서 숭배된 최고의 여신 이시스Isis 여신상을 덮고 있던 베일, 즉 꽁꽁 숨겨두었던 비밀은 사실 오래전에 바닥으로 미끄러졌다. 자기 관리, 몸매 관리가 자본축적의 중요한 수단이라는 사실은 누구나 쉬쉬하지만 누구나 다 알고 있는 비밀이다. 실리콘밸리에서 일론 머스크가 설립한 뉴럴링크Neurallink 등의 회사들이 인간의 뇌를 정복하는 브레인 해킹 프로젝트들을 진행 중이라면, 미용 분야에서는 인간의 몸을 정복하려는 일련의 시도들이 이뤄지고 있다.

외모를 조금 더 아름답게 가꾸려는 인간의 욕구에는 끝이 없다. 시시각각 살은 처지고 주름은 늘어난다. 요가나 줌바댄스를 아무리 열심히 한들 그 효과가 영구히 지속되지는 않는다. 아침에 일어나 거울을 들여다볼 때마다 '손을 좀 봐야 할' 곳들이 새록새록 눈에 띈다. 그간 꽤 많은 산업이 사양길에 접어들었지만 인간의 몸과 외모를 담보로 한 비즈니스는 결코 시들지 않았다. 그 시장에는 '포화 상태'라는 말이 없다. 걸어 다니는 광고판들의 자본축적과 소비 부추기기에도 끝이 없다.

외모 가꾸기로 돈 벌기

피트니스 관련 콘텐츠를 집중적으로 업로드하는 남성 인플루언서들 중 '비포'와 '애프터' 사진을 비교하며 목표 도달 과정을 기록하는 이들이 많다. 그 사진들 밑에는 대개 '멸치 탈출', '벌크업 프로젝트' 같은 설명들이 달린다. 한마디로 환골탈태 과정을 보여주겠다는 것이다. 하루빨리 불거진 힘줄과 군더더기 없는 몸매를 자랑하고 싶은 어느 인플루언서는 거기에 "아침에 일어나 몸무게를 재니 갑자기 3킬로그램이 불어남!

다이어트 중이라 기분 좋은 소식은 아니지만, 괜찮아요. 물을 많이 마셔서 몸이 부은 것뿐이랍니다"라는 댓글을 달아놓았다. 비슷한 목표를 지닌 다른 어느 인플루언서는 자신의 '무용담'을 자랑스럽게 공개한다. 그 인플루언서의 영상에는 "아, 정말 힘든 한 주였어요. 이번 주엔 무려 여섯 번이나 트레이닝을 했어요. PT도 한 번 받았고요. 님들은 이번 주에 몇 번이나 운동하셨나요?"라는 자막이 흐른다. 이두박근을 뽐내는 사진을 올린 다른 인플루언서의 사진 옆 댓글창에는 "포기하지 말기, 버티기, 힘내기" 같은 응원 댓글이 줄줄이 올라온다. 이 분야 인플루언서의 팔로워들은 남성이 대부분인데, 그 팔로워들은 "오, '갑빠' 보소", "짐승남", "인간인가, 기계인가", "워리어가 나타났다", "전생에 나라를 구하셨나요?" 같은 찬양 댓글들을 앞다투어 올리면서 서로 용기를 북돋운다. 댓글을 올리는 이들 중에는 '#nohomo' 같은 해시태그를 달아서 자신이 '하자 없는' 헤테로♥임을 인증하는 이들도 있고, 동성의 몸매에 감탄하는 것에 대해 아무런 편견이 없는 이들도 있다.

남성 동성애자 전용 '탈의실'도 이제 SNS 영역으로 진출하고 있다. 하지만 커밍아웃에 대한 반응이 폭발적이라고는

♥ 헤테로hetero는 그리스어로 '다르다'는 뜻으로 '호모homo'의 반대말이다. 이성을 사랑하는 사람들을 헤테로, 동성을 사랑하는 이들을 호모라고 지칭한다.

말할 수 없다. 아직은 '게이 커뮤니티', 즉 남성 동성애자들로부터만 인정받는 추세다. 그런가 하면 이성애자인 인플루언서들 중 자신이 헤테로라는 사실을 일부러 감추는 이들이 있다. 성소수자LGBT 그룹의 구매력도 끌어들이기 위해서다. 그런데 성소수자들 중에는 무지개 깃발을 프로필 사진에 내걸지 않는 사람, "넌 미켈란젤로가 빚은 다비드 상이야"라는 달랑 한 줄짜리 상태 메시지만 보고 자신의 성적 지향을 각자 알아서 판단하라는 사람도 많다. 그런 '상태 메시지'를 보면 '고귀한 단순함과 고요한 위대함edle Einfalt und stille Größe'이라는 미학적 원칙으로 자신을 어필하고 마케팅해야 한다고 주장했던 독일의 예술사학자 요한 요아힘 빙켈만Johann Joachim Winckelmann의 향기가 나기는 한다. 하지만 자신을 상품화하기에 급급한 요즘 시장에는 고귀한 단순함과 고요한 위대함이란 눈곱만큼도 남아 있지 않다. 성공한 이미지를 강조하는 영상들뿐이다. 비키니 차림의 여인도, 웃통을 벗어던진 사내도 모두가 노트북을 만지작거리고 있다. 엑셀 시트의 각 칸에 무언가를 열심히 입력하면서 성공의 눈금을 끊임없이 조절한다. 주인공의 피부는 노트북의 터치스크린만큼이나 티 한 점 없이 매끄럽다.

그 어떤 것도 눈에 거슬려서는 안 된다. 모든 게 매끄러워야 한다. 거칠거나 울퉁불퉁해서는 안 된다. 거기에는 그 어떤 푼크툼punctum도 끼어들 틈이 없다. 바르트는 사진을 바라보는 관점을 '푼크툼'과 '스투디움studium' 두 가지로 구분했다. 스투디움은 사진 속 이미지에 대한 일반적 기호나 관심을 뜻한다. 바르트는 "스투디움은 무의식적 욕망, 그저 그런 관심, 소소한 취향을 모아놓은 아주 넓은 광야다. 거기에는 '좋아한다'와 '싫어한다'밖에 존재하지 않는다"[9]라고 말했다. '싫어요'를 싫어하는 인스타그램 미학의 기본 원칙을 예측한 말이라고 볼 수도 있다. 그런데 바르트는 부정적 감정을 통해 비로소 푼크툼, 즉 바늘에 찔리는 듯한 짜릿한 체험을 할 수 있다고 강조했다. 무언가가 들어맞지 않는 것 같은 어색한 느낌이 사진 밖으로 튀어나와 뾰족한 바늘처럼 관찰자를 콕 찔러서 강렬한 인상을 줄 수 있다는 것이다. 푼크툼은 관찰자의 주관적 경험이나 감정에 좌우되므로 사진작가가 의도적으로 빚어낼 수는 없다. 인플루언서가 생산해내는 현란한 이미지들이 순간적으로 대단한 주목을 끌 수는 있겠지만, 그 이미지들은 결국 '좋아요'를 더 얻기 위한 미끼, 인지도를 높여서 돈벌이를 하고자 하는 욕망, 탁월한 포인트는 보여주지 못한 채 한때의 센세이션에 지나지 않는다. 바르트라면 아마도 그 이미지들을 보며 '단조로운 포토그래피'[10]라는 말로 일축하지 않았을까? 누구도 꼼꼼히 들여다보지 않고 그저 손가락으로 휙휙 훑으며 지나가는 스마트폰 화면이야말로 단조로움의 표상이 아닐까? 인플루언서가 업로드하는 사진들은 인플루언서의 몸만큼이나 그야말로 '핏fit'하다. 주어진 상황에 '딱 들어맞는' 것이어야만 한다.

인플루언서의 하루는 '코렉트 핏correct fit' 그 자체다. 아침에 눈을 뜨면 세수나 양치를 비롯한 모닝 루틴이 시작된다. 그런 다음 아침을 먹는다. 아침 식단은 '#healthy'라는 해시태그를 붙여도 좋을 만한 '비주얼'이다. 그 해시태그를 보면 '건강', '다이어트', '핏한 바디와 멘탈' 같은 키워드들이 떠오른다. 하지만 속을 들여다보면 제대로 먹는 것과는 거리다 멀다. 2020년, 독일 연방 경제부는 독일인의 영양섭취와 관련한 설문조사를 실시하고 보고서를 발표했다. 응답자 중 98퍼센트가 맛있는 음식을 먹는 게 즐겁다고 대답했다. 여기에서 주목할 점은 맛있는 음식을 즐기지 않는 2퍼센트다. 그 2퍼센트는 대체 어떤 사람들일까? 그 답은 인스타그램에 있다. 인스타그램 속 인플루언서들은 매일 알록달록한 재료들을 뒤섞어 만든 음식을 깨작거리며 떠먹는다. 몸에 엄청 좋다는 슈퍼푸드도 인스타그래머들 사이에서 선풍적 인기를 끌고 있다. 인플루언서들은 치즈나 소시지를 끼운 빵, 감자 퓌레를 곁들인 피시 스틱, 미트볼, 감자튀김을 곁들인 카레 소시지, 렌틸콩 스튜, 완두콩 수프 등 우리 같은 보통 사람이 평소에 먹는 평범한 메뉴는 쳐다보지도 않는 것 같다. 모두가 푸드디자이너 같다. 인스타그램에 올려도 될 음식 사진을 찍을 때엔 세 가지 원칙에 유의해야 한다. 완벽한 플레이팅, 체력 보충에 도움이 될 거라는 기대감을 자극할 것, 여러 모로 몸에 좋은 음식이라는 인상을 줄 것. 인플루언서들이 업로드하는 이미지와 영상을 보고 있으면 이 세 가지 요소, 즉 미학적 관점, 노동 윤리학적 관점, 생명 정치학적 관점이 철저하게 조합되어 완벽한 그림을 빚고 있다는 생각이 든다.

인스타그램 스토리를 몇 시간 동안 보고 있자면 '내 눈에 빤히 보이는 광고 목적 외에 또 다른 동기가 존재하기는 할까?'하는 의문이 든다. 인플루언서들은 아침에 눈을 뜨고, 식사를 하고, 화장을 하고, 면도를 하고, 운동을 하고, 요리를 하고, 몸에 로션을 바르고, 햇볕을 쬐며 선탠을 하고, 머리 모양을 다듬고, 중간중간에 휴식을 취하고, 다시 요리를 하고, 먹고, 화장을 지우고, 침대로 가서 잠든다. 그리고 그 모습을 전부 공개한다. 자신의 몸과 그 몸이 수행하는 기능들을 소개하는 게 전부다. 이를 통해 타깃그룹, 즉 대중의 시간을 사로잡고 마음을 움직인다. 그러면 생명 정치학적 기준을 충족하지 못하는 우리 같은 사람들은 위기의식을 느낀다. '다들 저렇게 노력하는데 나는 왜 이 모양 이 꼴이지?', '나만 뒤처지고 있는 건가?', '이러다 나 같은 사람들은 멸종되는 게 아닐까?' 이탈리아의 철학자 조르조 아감벤Giorgio Agamben이라면 아마 이 대목에서 유튜브의 '싫어요' 버튼과 인스타그램 속 악성 댓글들, 무엇보다 인플루언서들이 체득한 추천 순위 알고리즘이야말로 쇼윈도에 진열해놓은 "벌거벗은 생명들의 적자생존을 결정하는 원칙이다"라고 말했을 것이다.

다이어트 인플루언서 중에는 가끔 '선을 넘는' 이들이 있다. 때로 크루아상 한 개나 달콤한 바클라바baklava(터키식 디저트) 한 조각쯤은 스스로에게 허락하는 것이다. 그럴 때면 '#nothealthyatall'이라는 해시태그가 약속이라도 한 듯 등장한다. 피트니스 인플루언서들은 그런 날을 '치팅 데이cheating day'라 부른다. 저탄수화물 다이어트 중이지만 일주일에 한 번쯤은 평소에 엄두도 내지 못하던 음식을 먹으며 그간 채우지 못한 욕구를 그 한 끼로 보충하는 것이다. 한 가지 눈에 띄는 현상은 초콜릿을 먹는 행위가 여성성을 암시한다는 점이다. 페미니즘 이론가 니나 파워Nina Power는 "핑크색이나 특이한 형태의 '청결한' 누드가 자유분방함과 성관계에 대한 열린 마인드의 상징이 된 것처럼, 초콜릿을 즐기고 있는 여성의 모습 역시 '발칙한 소녀'의 상징이 되었다"[11]라고 주장한다. 소녀 취향을 드러내는 성인 여성도 적지 않다. 니나 파워는 그런 여성들의 경우, 어떤 음식을 좋아하냐고 물어볼 때마다 여러 가지를 나열하다가 마지막에는 꼭 "음, 그리고 또 뭐가 있을까요. 아마도 초콜릿?"이라고 덧붙인다는 점을 지적했다.

인스타그램에서도 핑크가 대세다. 비키니와 립스틱, 침구도 핑크 일색이고, 심지어 어쩌다 저지르는 사소한 '죄', 즉 달콤한 간식마저 분홍색일 때가 많다. 낮빛과 피부마저도 '핑크핑크'하다. 최근 들어 갑자기 나타난 현상은 아니다. 핑크의 전통은 에디트 피아프의 〈장밋빛 인생〉 때부터 이어져왔다. 더 거슬러 올라가면 바이마르공화국 시절 회사원들 사이에 감돌던 분위기 속에서도 핑크의 흔적을 찾을 수 있다. 영화평론가 크라카우어는 바이마르 시절 베를린 소재 어느 백화점 인사과 소속 남자 직원에게서 취업과 회사 생활에 가장 필요한 것이 '도덕적으로 분홍빛인 피부색'이라는 말을 들은 적이 있다고 했다. 그 회사 인사 부서에서 '핑크빛으로 물든 윤리의식과 윤리의식으로 염색한 핑크빛'을 원했다는 것이다. 그래야 현실이 분홍색이 아니라는(암울한 현실이라는) 사실을 감출 수 있었기 때문이다. 크라카우어는 그 시절 이미 회사원들을 획일화하려는 시도가 있었다고 지적한다. "언어, 복장, 몸짓, 심지어 관상에 이르기까지 모든 것을 획일화하는 작업이 진행되었고, 그 결과 누가 봐도 편안한 느낌이 드는 외모가 탄생했다. 그 외모는 사진이라는 매체를 통해 널리 퍼져나갔다."[12]

인플루언서라는 '신흥 귀족'들에게 있어 미디어를 통한 외모 재생산은 필수불가결한 요소다. 수많은 인플루언서들이 청결함을 극도로 사랑하는 이유도 그 때문이다. 인플루언서들은 자신의 몸을, 내적으로나 외적으로나 극도로 청결하게 가꾼다. '클린 바디 프로젝트'를 통해 외면을 가꾸는 동시에 심리적 청결에도 늘 주의를 기울인다. 인플루언서라는 이름의 심리상담가들은 으레 긍정적 생각만 하고, 매사를 낙관적으로 바라보는 이들만 곁에 두라고, 힘든 일을 겪었을 때에도 낙천적 방향으로 마인드를 컨트롤하고 그 어떤 난관도 꿋꿋이 극복하는 사람들하고만 친하게 지내라고 충고한다. 그 말이 떨어지기가 무섭게 인스타그램 스토리는 고해성사의 장이 된다. 유혹을 도저히 참지 못하고 이 예쁜 립스틱을 그만 '업어와 버렸다고', "마음은 원이로대 육신이 약했다♥"며 '죄'를 털어놓는 것이다.

그런 '죄악'을 미연에 방지하는 치료약이 하나 있긴 하다. 더 엄격한 자기 감시와 자기 징벌 전략을 써야 한다. 예컨대 운동 과정을 모니터링하는 피트니스 트래커 앱을 '디지털 채찍'[13]으로 활용하는 것도 한 가지 방법이다. 피트니스 관련 디바이스나 앱은 우리 몸에 상처 자국을 남기지 않는 채찍이다. 그 채찍은 우리를 '다만 악에서 구할 뿐'이다. '넛징nudging 전략(은근히 찌르기 전략, 슬쩍 떠밀기 전략)'도 효과가 꽤 좋다고 한다. '좋아요' 옆 하트에 빨간불이 들어오는 걸 싫어하는 사람이 있을까? 인스타그램 프로필을 클릭해서 새로 올라온 스토리가

♥ 깨어 기도하라 했으나 자고 있는 베드로를 보며 예수가 한 말로, 인간의 의지가 얼마나 나약한지 단적으로 보여주는 문장이다.

있는지 없는지를 확인하고 싶지 않은 사람이 과연 있을까? 프로필을 둘러싼 동그라미가 보라색에서 주황색으로 바뀌며 새로운 인스타그램 스토리의 내용이 궁금하지 않은 사람이 설마 있을까? SNS는 바로 그런 심리를 넛징 기법으로 자극한다.

'그곳'에 가면 늘 새로운 볼거리가 있다. 인스타그램에는 자신의 식단과 운동 계획표를 올리는 남성이 있고, 헬스 식단과 스케줄을 유료로 짜주는 사람도 있다. 영양 보충제나 땀복을 파는 사람도 있다. 모두들 '정말 큰 도움이 되는 꿀팁'을 주는 게 목적이라고들 말한다. 어디서 주워들은 철학자의 명언들을 인용하며 "아직은 목적지에 도착한 건 아니라고, 지금은 그저 골인 지점을 향해가고 있을 뿐이다"라는 점도 강조하고 또 강조한다. 노동과 운동을 교묘하게 포장한 콘텐츠, 근육량이 사회적 성공의 인증서라 말하는 콘텐츠도 많다. '#work', '#hardwork', '#workout' 등의 해시태그를 단 사람들 중에 실제 산업 현장에서 발로 뛰며 근육을 단련한 이들이 과연 얼마나 될까? 대부분은 돈을 내고 등록한 피트니스 센터에서 육체노동의 향기만 맡을 뿐이다. 그 인플루언서들 중에는 온라인 숍을 운영하는 이들도 많고, 화려한 주식계좌를 자랑하는 이들도 많다. 이름만 들어서는 대체 뭘 가르치는지 알 수 없는 애매모호한 분야의 강사라며 자신을 소개하는 이들도 있다. 아무리 봐도 물리적 힘과는 거리가 먼 직종들이고, 불룩한 근육과 두둑한 지갑 사이에 무슨 상관이 있는지 잘 이해가 되지 않을 때도 많다. 그러거나 말거나 살과의 전쟁은 돈이 된다. 한때 메르켈 총리의 경쟁자이기도 했던 보수파 정치가 프리드리히 메르츠Friedrich Merz도 베스트셀러가 된 자신의 저서에서 국민들의 평균 체중이 높아지고 있다며 경고의 목소리를 냈지만, 굳이 메르츠의 경고를 끌어올 필요도 없다. 체질량지수BMI가 '정상(?)'보다 높은 이들을 무시하는 풍조가 이미 사회 전반에 널리 퍼져 있으니까 말이다.

> 체계적인 지방 혐오증이 다양한 사회 분야를 종횡무진 관통하고 있다. 이러한 이데올로기로 인해 뚱뚱한 이들은 구역질 나는 사람, 동물, 게으름뱅이, 의지박약자, 못난이, 성적 매력이 없는 사람, 자제력이 부족한 사람, 게걸스러운 사람 취급을 받는다. 살찐 이들은 자제력 부족으로 몸 곳곳에 쌓인 흐물흐물한 지방층을 달고 다니는 사람일 뿐 아니라 사람이 곧 살 자체로 인식된다. 나아가 그 몸은 자제력 부족과 해이한 마인드를 입증하는 눈에 보이는 증거, 도저히 부인할 수 없는 증거로 작용한다.[14]

피트니스 분야에서 인지도가 꽤 높은 남성 인플루언서 모두가 감탄할 만큼 멋진 몸매의 소유자는 아니다. 하지만 운동의 흔적이 없는 몸매, 뚱뚱한 몸매는 찾아보기 힘들다. 코미디 분야에서는 더러 찾을 수 있다. 고대 희극에서 시작된 '몸 개그'의 전통이 지금도 완전히 사라지지는 않은 것이다. 밥벌이를 위해 일부러 몸을 불리거나 살찐 몸을 유지하는 이들을 빼면 요즘은 모두가 무언가를 들고, 달리고, 앉았다 일어서는 등 각종 운동을 통해 근육 만들기에 매진한다. 거부할 수 없는 주류로 자리 잡았다고 말할 수는 없지만, 벌크업과 탄탄한 근육이 무시할 수 없는 트렌드가 된 건 사실이다. 전투용 갑옷을 입은 듯한 몸매를 선망하는 분위기가 분명 널리 퍼져 있다. 우리 사회는 비실비실한 약골들에게 자비를 베풀지 않는다. 국가까지 나서서 잔소리를 해대고, 언론은 거기에 맞장구를 친다. 하지만 우람한 몸매가 아니라 해서 체력이 부실하거나 자제력이 부족한 게 아닐 수도 있다. 비만의 원인이 타고난 허약체질이나 자제력 부족이 아닌 다른 곳에 있을 수도 있다. 지난 삼십여 년간 성과만 강조한 탓에 우리 사회는 비극적 종말을 향해 달려가고 있다. 그런데 그 성과지향주의가 기괴한 모습으로 부활하고 있다. 익살극에나 등장할 듯한 캐릭터, 머리는 완두콩만 한데 어깨는 벽 한 면을 전부 가릴 정도로 떡 벌어진 만화 속 캐릭터로 되살아나고 있는 것이다.

인플루언서들은 열심히 자기 관리에 매진하다가 어느 때가 오면 별안간 '미타임metime'이라고 부르는 혼자만의 시간,

휴식시간이 필요하다고 말한다. 그럼 그동안은 뭘 한 거지? 지금까지 우리가 본 내용들이 모두 다 인플루언서가 자신을 가꾸고 관리하는 모습이었지 않나? 하는 의구심이 든다. 어쨌든 인플루언서는 자기 자신으로 되돌아가는 시간이 되면 으레 수영장 선베드에 누워 있거나, 에어매트리스나 커다란 튜브를 물에 띄운 채 그 위에 누워 있다. 살갗은 건강한 브라운빛이고, 근육은 탄탄하며, 굴곡은 음란한 상상을 유발한다. 그렇게 누워서 지친 하루로 인한 피로를 푼다. 화면 어딘가에는 "내가 여유를 즐기는 법"이라는 자막이 흐른다. 과연 그 사람들이 '향유'의 의미를 알기나 할지 의심스럽다. 문제는 시술이나 수술도 마다하지 않고, 거기에 운동까지 더해서 그렇게 잘 가꾼 섹시한 몸매, 감탄을 자아낼 만한 근육, 볼륨감 넘치는 빵빵한 입술로 무장한 인플루언서도, 혹은 팔로워들도 그 무기로 뭘 해야 할지를 모른다는 것이다. 그런 면에서 '명품'이라 부르는 고가의 제품과 인플루언서의 몸 사이에 비슷한 점이 있다. 많은 이들이 명품을 갖고 싶어 하고, 구입하고, 신줏단지처럼 모시지만, 정작 제대로 쓸 줄은 모른다. 섹시한 몸매로 자신의 성적 매력을 극대화하고 팬들 마음속 리비도를 자극만 하면 될 것 같지만, 그 야무진 꿈을 실현에 옮기기가 쉽지 않다. 그 꿈은 인플루언서들이 타고 있는 홍학 모양의 초대형 튜브와 같다. 시간이 지나면 바람이 빠지고 마는 환상에 지나지 않는다.

인스타그램과 페이스북은 오늘날까지도 여성의 가슴 노출을 허용하지 않는다. 유튜브에서는 여성의 벗은 가슴을 언급만 해도, 만약 그 뒤에 성적 자극을 주려는 목적이 있다고 판단된다면 경고를 받을 수 있다. 그런 목적을 지닌 인플루언서들이 점점 더 많이 찾고 있는 피난처 중 하나가 '온리팬스Onlyfans'다. '19금 콘텐츠' 전문 플랫폼 온리팬스는 월 이용료를 지불한 뒤 원하는 크리에이터의 콘텐츠를 구독하는 시스템이다. 결제하고 나면 해당 크리에이터가 올리는 모든 라이브 스트리밍과 기타 동영상, 이미지 등을 자유롭게 볼 수 있다. 하지만 그 이외의 메이저 플랫폼에서 큰 성공을 거두고 싶다면 IT계의 공룡들이 정해놓은, 때로는 터무니없고 고루한 기준을 따라야만 한다. 괜히 '삐딱선'을 탔다가는 계정을 차단당해 단 한 푼의 수익도 창출하지 못하는 사태가 벌어질 수 있다. 그런데 그런 규정이 없었다 하더라도 지금과 상황은 많이 달라지지 않았을 듯하다. 어차피 대형 플랫폼들에는 지저분하지 않은 콘텐츠, 적어도 드러내 놓고 성을 광고하지는 않는 콘텐츠들이 압도적으로 더 큰 비중을 차지했을 것이다.

요즘 마케팅 분야에서는 '침투penetration'라는 표현을 자주 쓴다. 인플루언서라는 이름의 '광고쟁이'들이 지금 이 순간에도 꾸준히 소비자들을 침투하고 있는 건 사실이다. 그러나 많은 인플루언서들이 아직도 성적 욕망을 드러내 놓고 자극하는 것에 대해 조심스러운 태도를 유지하고 있다. "예술작품은 금욕적이면서 대담하고, 문화산업은 음란하면서 내숭을 떤다"는 호르크하이머와 아도르노의 말이 옳았다.[15]

6

다시 쓰는 핑크와 블루

곧게 죽 뻗은 긴 다리에 금발 머리의 젊은 여성이 바닷가에 무릎을 꿇고 앉아 있다. 등 뒤에서 밀려오던 파도가 금세 여성의 다리를 찰랑거리며 감싼다. 하얀 모래 위로 눈부시게 푸른 하늘이 펼쳐진다. 흰 구름 몇 점이 그 하늘을 가볍게 수놓고 있다. 다른 사람은 없다. 쪽빛 바다와 맞닿은 지평선에 작은 배 하나가 정박해 있는 걸로 봐서 누군가가 거기에 살고 있기는 한 듯하다. 활짝 웃고 있는 여성은 몸매를 강조하는 새하얀 원피스형 수영복을 입고 있다. 허리 부분에 커팅 라인이 들어가 있는 수영복이다. 오른손에는 바람을 불어넣어 부풀린 거대한 튜브를 들고 있다. 얼핏 보면 미스 유니버스 대회에서 찍은 사진 같지만, 알고 보니 커뮤니티에 자신의 결혼 소식을 업데이트하기 위해 찍은 사진이다. 수영복에는 장식체로 "결혼해요"라고 적혀 있다. 금색 고무 튜브도 다이아몬드 반지 모양이다.

사실 이 여성 인플루언서의 결혼식은 아직 1년도 더 남았다. 하지만 여성은 이미 카메라를 향해 함박웃음을 짓고 있다. 이 인플루언서는 언젠가는 다가올 결혼식 날짜까지 열 건이 넘는 포스팅을 업로드할 것이다. 지금 이미 이렇게 기쁜 이유가 다가올 결혼식에 대한 설렘 때문인지, 이제 곧 가족을 꾸릴 것에 대한 기대감 때문인지, 광고 협찬이 들어올 것에 대한 확신 때문인지 우리는 알 수 없다.

여성을 빼고는 인플루언서 세계를 논할 수 없다. 정재계 고위직은 지금도 남성이 독식하다시피 하고 있고, 여성임원할당제에 대해 여전히 논의가 진행 중인 나라가 많은 반면, 온라인 스타의 세계에서는 여성이 지휘봉을 휘두르고 있다. 인플루언서 순위만 봐도 상위에 포진한 이들 중 여성이 압도적 우위를 차지한다. 이는 전 세계적으로 나타나는 현상이다. 경제적 관념에서만 따졌을 때 상위에 오른 여성들은 대개 매우 현대적인 여성들이다. 직접 창업을 하고 그 회사를 운영하는 기업가이면서 성적으로 개방되어 있고, 외모도 매력적이며, 자신의 광고 가치를 익히 아는 가운데 자신을 잘 포장할 줄도 아는, 그런 여성들이다. 이에 발맞춰 온라인 속 남성의 이미지에도 변화의 물결이 일고 있다. 남성의 몸이 점점 더 통념적 미의 기준을 따라가고 있는 것이다. 남성의 몸을 이토록 적극적으로 성적 매력을 어필하는 도구로 활용한 사례는 지금껏 없었다. 이와 관련해 독일의 일간지《베를리너 차이퉁Berliner Zeitung》은 다음과 같이 보도했다.

> 인스타그램은 여성의 벗은 몸만이 주목의 대상이 아니라는 사실도 보여준다. 남성의 벗은 몸에 대한 수요도 그에 맞먹을 정도로 높아지고 있다. 지금껏 남성의 몸이 이렇게 조명받은 적은 없다. '섹스는 돈이 된다'라는 광고계의 기본 원칙이 단 하나의 성, 다시 말해 나이가 조금 있는 헤테로 남성들만 타깃으로 삼았기 때문이다. 하지만 향후 몇 년 동안 그 분야에도 몇 가지 변화가 일 듯하다.[1]

지금까지의 흐름을 체계적으로 정리해보면 '쌍방향 조정'이 이뤄지고 있다는 사실을 알 수 있다. 남성은 그 어느 때보다 자신의 몸에 더 집중하고 있고, 여성은 실력과 경력 쌓기에 집중하고 있다.《베를리너 차이퉁》은 이러한 경향을 두 팔 벌려 환호한다. "우리 사회가 좀 더 '얌전'해지고 있다는 사실을 두려워할 필요는 없다. 오히려 그 반대다. 섹스가 팔린다는 원칙은 앞으로도 쭉 이어질 것이다. 단, 그 뒤에 숨은 규칙들은 새로이 규명될 것이고, 이는 분명 환영할 만한 소식이다."

하지만 이것으로 여성해방이 완성되었다며 환호성을 질러서는 안 된다. 차가운 현실의 벽이 우리 앞을 가로막고 있다.

아직까지는 여성 인플루언서들에게서 여성의 몸에 대해 새로운 인식을 확립하고자 하는 뚜렷한 의지가 보이지 않는다. 자신의 외모를 상품화하는 여성 인플루언서들은 크게 세 부류로 나뉜다. 섹시한 비즈니스 우먼, 영원한 롤리타, 《플레이보이》 모델을 연상시키는 에로틱한 캐릭터로 대표되며, 가끔은 '종합 선물 세트' 같은 캐릭터가 등장하기도 한다. 코스메틱 업계가 정한 미의 기준에 발맞추면서 다양한 재주와 실력도 뽐내는 것이다. 그 인플루언서들은 외부로부터 어떠한 압박도 없지만, 수백 년 동안 이어지고 있는 불평등의 역사를 스스로 써 내려간다.

남녀 간 불평등은 사회적 역할이나 처리해야 할 일들의 종류에 따라 달라진다. 시몬 드 보부아르Simone de Beauvoir는 《제2의 성Le Deuxième Sexe》에서 여자는 여자로 태어나는 것이 아니라 남자에 의해 여자로 만들어지는 것이라 말했다.

> 모든 자아는 홀로 독립적 주체가 되기 위해 노력한다. 모두가 타인을 노예화하면서 자기만족을 꾀한다. … 그러한 극劇은 타인을 통한 개개인의 자유로운 자아인식으로 극복할 수 있다. 모두가 자신과 타인을 서로 객체와 주체 입장에 놓아 봄으로써 극복할 수 있다.

보부아르는 "여성은 남성에게 상호인정을 엄격하게 요구하지는 않는다"라고 주장한다. 그 이유는 여성이 자신을 비본질적 존재, 결코 본질이 될 수 없는 존재, 상호성이 결여된 절대적 타자他者[2]로 인식하고 있기 때문이다. 그 타자, 즉 여성을 향해 남성은 자신의 갈망과 욕구, 욕망뿐 아니라 혐오와 증오와 같은 여성 혐오도 투사한다. 전통적 여성상의 탄생 신화가 거기에서 시작된다. 여성은 남성에게 순종하는 영원한 객체가 되고, 어머니와 창녀, 삶과 죽음 등 온갖 역할과 모습을 떠안는다. 선에서 악에 이르기까지 모든 도덕적 가치와 그 정반대의 가치들을 온몸으로 보여주는 것이다.[3] 또한, 보부아르는 신화나 시, 소설 등 남성이 만든 수많은 예술작품들이 여성을 일종의 투영판으로 활용하고 있다고 지적했다. '투영'이라는 말과 가장 가까운 예술 장르는 영화다. 영화는 투영의 예술이라 해도 과언이 아니다. 기술적 면에서나(아날로그 시대에서 디지털 시대로 넘어갔지만 상황은 달라지지 않았다) 성적인 관점에서나 영화는 늘 여성을 투영의 대상으로 삼아왔다.

페미니즘 영화 비평가 로라 멀비Laura Mulvey는 1970년대 《시각적 쾌락과 내러티브 영화Visual Pleasure and Narrative Cinema》라는 에세이에서 영화계가 고전적 여성상을 어떻게 받아들이고 새롭게 편집했는지를 분석했다. 알프레드 히치콕이나 조셉 폰 스턴버그 같은 주요 감독들의 작품을 페미니스트와 정신분석학자의 입장에서 살펴보고, '남성 중심적 시각'에 사로잡힌 할리우드 시스템이 가부장적 성역할을 얼마나 미화하고 여성을 남성의 욕구 충족을 위한 도구로 활용했는지를 파헤쳤다.

> 남성의 지배적 시선은 여성의 모습에 자신의 환상을 투사하고, 여성은 거기에 발맞추는 제스처를 취한다. 여성은 전통적인 노출자 역할 속에서 시각적 감상의 대상이 되고, 진열되며, 여성의 외모는 시각적, 성적으로 강한 매력을 발산하도록 재단된다. 여성이 일종의 '볼거리'가 되고 마는 것이다. 핀업 사진(핀으로 벽에 거는 여성 사진)에서 스트립쇼에 이르기까지, 뮤지컬 제작자 플로렌스 지그펠드부터 영화감독 버스비 버클리에 이르기까지, 여성은 성적 대상화가 된 채 에로티즘을 표방하는 모든 작품의 주요 동기로 작용한다. 모든 시선이 거기에 머무른다. 온몸으로 남성의 욕망을 충족하고 표방한다.[4]

여성은 스크린에서도 자주성을 얻지 못하고 남성을 위한 볼거리에 머물렀을 뿐이다. 그런데 그 권력관계 속에 부정적 비판만 들어 있는 게 아니다. 그 덫에서 빠져나올 열쇠도 들어 있다. 멀비는 마르크스의 변증법에서 해답을 찾았다. 현 상태에 대한 긍정적 이해를 바탕으로 그것을 부정할 수 있는 이해

력과 현 상태를 반드시 몰락시킬 수 있는 길을 찾아낸 것이다.[5] 멀비가 내린 조금 과격한 결론은 다음과 같다. "분석이 쾌락이나 미학을 파괴한다고들 말한다. 내가 한 일이 바로 그것이다." 남성 중심적 시선은 파괴해야만 한다. "그래야 욕망의 새로운 언어에 도달할 수 있다."[6]

멀비의 주장만큼 과격하지는 않지만, 기존의 미적 기준과 단절을 선언하고 여성을 바라보는 새로운 시각을 확립해야 한다는 목소리들이 최근 온라인 페미니즘 논쟁에서 고개를 들고 있다.[7] 하지만 그런 목소리들은 SNS 세계의 한 귀퉁이만 차지할 뿐, 지금도 여전히 남성의 시각에 초점을 맞춘 여성상이 우세하다. 광고나 영화에 등장하는 남성적 시각에서 바라본 이미지들, 인플루언서의 프로필 사진을 장식하는 이미지들을 보면 그러한 경향을 알 수 있다. 그 이미지들은 고전적 여성상을 오히려 더 적극적으로 활용하고, 그 이미지들을 이용해 자신을 하나의 투사판으로 디자인한다. 투사판에는 여성에 대한 고정관념뿐 아니라 상품 광고도 비출 수 있다.

보부아르는 임신과 출산 능력도 여성을 둘러싼 통상적 신화들 중 하나라고 꼬집었는데, 바로 그 능력이 지금 각종 제품을 포지셔닝하는 도구로 활용되고 있다. 잘빠진 여성 인플루언서의 몸매는 인플루언서가 신고 있는 하이힐의 굽처럼 슈퍼푸드의 상품성을 하늘 높이 밀어 올린다. 육아 콘텐츠와 섹시한 외모를 결합한 '맘Mom 인플루언서'도 많다. 한쪽 이미지를 충족하는 동시에 그와 정반대 되는 이미지도 거뜬히 소화하는 새로운 개념의 전통적 여성상이 탄생한 것이다. 하지만 수십 년째 여성을 억압해온 미의 기준은 거꾸로 더 강화되었다. 젊은 여성 인플루언서들의 일상을 엿보며 팔로워들은 자신도 그 모습이 되고 싶어 한다. 모두가 말하는 미의 기준을 충족하는 사람이 되기 위해 갖은 노력을 기울인다.

그런데 여성 인플루언서들의 노력이 좀 모순적이다. 한편으로는 통상적 미의 기준이 여성을 억압하는 도구라 소리치고, 그런 기준은 마땅히 사라져야 한다고 부르짖지만, 실천에는 옮기지 않는다. 여성에 대한 고정관념이나 편견을 바꾸거나 깨부술 마음이 전혀 없어 보이는 인플루언서가 수두룩하다. 오히려 그 고정관념에 더 편승한다. 어쩌다가 뱃살이 좀 드러나는 사진을 포스팅할 때면 어김없이 '#nobodyisperfect'라는 꼬리표를 단다. 그 말을 조금만 비틀면, 그 사진을 제외한 나머지 사진들은 '완벽하다'라는 뜻이 된다.

한편으로는 소리 높여 여성해방을 외치고, 다른 한편으로는 반페미니즘적 이미지를 끊임없이 생산해내는 이 모순적 상황을 어떻게 이해해야 할까? 첫째, 남성 중심적 시각에 순종하는 제스처로 이해할 수 있다. 누구도 인정하지 않겠지만 수많은 여성 인플루언서들이 남성으로부터 억압당하는 상태에 은

근히 동조하는 '공범'으로 활약한다. 둘째, 그러한 포스팅을 통해 얻는 금전적 이익이 곧 남성에 의존하지 않고도 홀로 살아갈 수 있는 경제적 독립을 의미하고, 그러니 돈을 위해 잠시 자기 몸을 기꺼이 상품화할 수밖에 없다고 생각한다.

자발적 공범자들

지금부터는 여성 스스로 남성적 시선에 자신을 맞추며 성적 억압에 동조한다는 걸 기정사실로 가정하고 얘기를 풀어나가 보자. 왜 꽤 많은 여성 인플루언서들이 강요당하지도 않았는데 자신이 독립적인 주체임을 주장하는 대신 남성을 위한 객체 역할로 스스로 뛰어들고 있을까? 남성 중심적으로 제작한 영화에 출연하는 여배우들은 출연료라는 게 있으니 어쩔 수 없이 주어진 배역에 충실할 수밖에 없다 치자. 그런데 여성 인플루언서들은 왜 아무런 외적 압박 없이 스스로 그 길을 선택할까? 왜 억압을 거부하지 않고 기꺼이 억압당할까? 이 문제를 파고든 여성 사회학자가 있다. 1980년대, 독일의 여성주의 사회학자 프리가 하우그Frigga Haug는 여성을 사회적 희생양으로만 바라보는 견해에 이의를 제기하며 "외적 압박이 동반된 모든 종류의 억압은 피해자의 동의를 전제로 한다"[8]고 주장했다. 하우그가 '가해자-피해자' 대립 구도에 물음표를 던지자 여성계는 거세게 반발했다. 하지만 수많은 여성들의 격분에도 불구하고 적어도 여성해방운동이 나아가야 할 새로운 방향을 제시했다는 점에서 하우그를 높이 평가할 만하다. 하우그는 "우리(여성)가 스스로 내던지고 있는 그 지배력이 실은 우리 안에 있다는 사실, 지배와 억압 구도에 우리 스스로 동참하고 있다는 사실을 깨달았다면 우리의 목적지인 건너편 바닷가에 도달할 수 있는 조건이 마련된 것이다"라고 말했다.

하우그는 피임법이 이만큼 다양해지고 발달했음에도 불구하고 수많은 여성들이 엄마, 가정주부 역할을 포기하는 대신 가정을 유지하기 위해 자신을 희생하는 쪽을 택하고 있다는 사실에 주목했다. 여성이 피해자인 동시에 가해자이기도 하다는 주장도 거기에서 출발한 것이다. 하우그는 희생을 자청하는 이유가 저항하면 비난을 받고 순응하면 칭찬을 듣는 사회적 분위기 안에 있다고, 그래서 발전이 더뎌졌다고 보았다. 뇌물과 회유, 강요 뒤에 이어지는 보상으로 여성들이 낮은 위상과 제한된 자유에 동의하게 된 것으로 본 것이다.[9]

SNS 활동을 통해 얻는 각종 보상을 생각하면 젊은 여성들이 남성이 정한 미의 기준에 기꺼이 자신을 끼워 맞추는 현상도 납득이 간다. 통상적 미의 기준에 부합하는 사진을 올리면 곧바로 보상을 받는다. 업로드하고 단 몇 초 만에 '좋아요'와 하트가 넘쳐나는 것이다. 영화나 드라마 포스터에서 흔히 볼 수 있는 환한 미소만 지어도 금세 수많은 '좋아요'가 쏟아진다. 그런데 흔히 볼 수 있는 비슷비슷한 모티브들(라벤더 밭, 수평선과 지평선이 이어진 것처럼 보이는 야외 수영장인 인피니티풀, 바닷가 야자수 나무 아래 등 예쁜 장소에서 향기에 흠뻑 취한 듯 미소를 짓고 있는 사진)이 인플루언서들의 전유물은 아니다. 수많은 '일반인' 젊은 여성도 인스타그램에서 본 멋진 사진과 똑같은 장면을 연출하기 위해 시간과 정성을 투자한다. 수백만 팔로워에게 자신의 일상을 공개하는 메가 인플루언서들은 그 효과를 몇십 배, 몇 백배 더 강하게 체감한다. 클릭 수로 인기를 실감하기도 하지만, 그보다 더 중요한 것은 바로 금전적 보상이다. 유명 여성 인플루언서라면 아마 남성 중심의 가부장적 사회가 정한 미의 기준이 황금알을 낳는 거위처럼 느껴질 것이다.

미의 기준을 새롭게 정하려는 움직임(혹은 '성 상품화'에 대한 비판의 목소리)과 앞서 말한 여성 인플루언서들의 태도 사이에 갈등이 없을 리 없다. 하지만 인플루언서들은 중단할 수 없다. 그렇게 하면 팔로워를 잃을 게 분명하기 때문이다. 팔로워만 잃을까? 광고주도 떨어져 나간다. 그러면 돈줄이 끊기니 여성 인플루언서들은 정해진 틀 안에서 움직일 수밖에 없다. 그중 대부분은 불어나는 잔고를 확인하며 그 정도는 참아야 하는 고통쯤으로 여긴다.

여성의 해방을 바라지 않는 해방된 여성들

어쩌면 그 모든 게 여성에 대한 억압이 아니라 해방일 수도 있다. 하우그가 수십 년 전에 말한 여성에 대한 억압과 착취는 분명 지금도 많은 여성이 겪고 있는 현실이다. 하우그는 "여성이 진출하기 힘든 직종이 몇몇 있다. 사회생활과 담을 쌓고 사는 여성도 꽤 많다. 사회는 여성이 권력이라는 사원에 발을 들이지 못하게 막고 있다. 따라서 여성은 하급 보조직으로 만족하며 하루하루를 버텨나가야만 한다"[10]고 주장했다.

요즘도 노동력을 재생산하기 위한 노동, 즉 가족 구성원들을 뒷바라지하는 가사노동은 주로 여성의 몫이다. 여성은 때로는 무보수로, 기껏 열심히 해봤자 좋은 소리도 못 들으면서도 남성에 비해 훨씬 더 많은 양의 가사노동을 하고 있다. 취업을 해도 임금이 남성에 비해 낮거나 고용상태가 불안정하고, 빈곤의 나락으로 떨어질 위험이 남성에 비해 높은 편이다. 수많은 기혼 여성들에게 있어 이혼은 사회경제적 지위 하락을 의미한다. '남성 부양자' 모델, 다시 말해 가족의 생계를 아버지 혼자 책임져야 한다는 의식은 수십 년 전부터 서서히 사라지고 있지만, 지금도 경제적 독립이 가능한 여성, 혹은 쪼들리며 살아갈 용의가 있는 여성만이 여성해방을 실천할 수 있다.

그런데 방금 이 말이 인기 있는 여성 SNS 인플루언서들에게는 적용되지 않는다. 큰돈을 거머쥔 덕분에 더 이상 남성 부양자에게 의존하지 않아도 되기 때문이다. 오히려 그 반대인 경우도 많다. 여성 인플루언서의 남자 친구나 남편이 여성의 수입에 의존하고, 여자 친구 혹은 아내의 지시에 얌전히 따르는 것이다. 그중에는 성공한 파트너의 명성을 등에 업고 자신도 인플루언서가 되려고 시도하는 이들이 있지만, 아무리 해도 파트너에 맞먹는 인지도는 얻지 못하고 결국 그림자 역할에 만족하고 만다. 그렇다면 이때 남성들이 해야 할 일은 무엇일까? 바로 카메라 뒤로 가서 파트너의 일거수일투족을 기록하고 커뮤니티에 업로드하는 것이다. 해변, 길거리, 휴가지, 비즈니스 미팅 등 장소를 가리지 않고 남성들은 파트너를 따라다니며 완벽한 스냅사진을 찍어야 한다.

이러한 현상을 집중적으로 모아놓은 인스타그램 채널들도 생겨났다. 'boyfriends_of_insta'가 대표적인데, 여기에서 여성 인플루언서의 파트너가 사진을 찍는 모습을 볼 수 있다. 예쁜 사진을 위해 자기 몸을 기괴할 정도로 꺾는 모습도 볼 수 있다. 그들은 완벽한 이미지를 만들어내기 위해 길거리에 드러눕기도 하고, '잘빠진' 동영상 하나를 만들어내기 위해 인라인스케이트에 몸을 싣고 커브를 돌며 모델의 모습을 담아내기도 한다. 태국 어느 해수욕장에서 찍은 어떤 사진에서 여성 인플루언서 세 명이 나란히 앉아 있는 모습을 본 적이 있다. 몇

미터 간격으로 떨어져 앉아 있었다. 그중 둘은 카메라에 등을 돌리고 앉아 있었다(아마도 먼 곳을 응시하며 심오한 고민에 빠지는 모습을 연출하고, 이로써 팔로워들에게 영감을 주려는 목적이었을 것이다). 온라인 여성 사업가들만이 경관이 수려하다고 소문난 해변을 찾는 건 아니다. 그들의 파트너도 그곳을 함께 찾는다. 그 파트너들의 모습이 우리 눈에 보이지 않는다 해서 그들이 거기에 가지 않는 게 아니다. 다만, 카메라를 바라보는 얼굴은 대체가 불가능하지만, 카메라 뒤에 서 있는 스태프는 언제든지 갈아치울 수 있다. 그래서 남성들은 자신의 파트너, 즉 여성 인플루언서의 명령에 따르고, 의존할 수밖에 없다.

우리는 이 경우에도 남성 중심적 시선이 여성 인플루언서들에게 억압 기제로 작용한다고 말할 수 있을까? 그 여성들은 남성이 정한 미의 기준에 적응함으로써 남성 부양자에 의존하지 않고도 충분히 자유로운 삶을 영위할 수 있게 되었다. 다른 대부분 여성이 아무리 열심히 일해도 엄두도 못 낼 수준의 여성해방을 이뤄낸 것이다. 그들이 누리는 금전적 자유를 생각하면, 최소한 경제적으로는 여성해방을 이뤄냈다고 말할 수 있다. '반 여성적'이라 비난받던 이미지들이 몇몇 여성 인플루언서들에게 있어서는 자유를 쟁취하는 수단으로 작용하는 것이다. 그렇다고 남성 중심적 시선과 남성이 정한 미의 기준이 전반적으로 해체되었다는 뜻은 아니다. 몇몇 여성 인플루언서들이 남성 중심적 시선을 거꾸로 족쇄에서 벗어나는 열쇠로 활용하고 있을 뿐이다. 젊은 여성 대부분은 그 열쇠를 쥐고 있지도, 활용하지도 않는다. 대부분 여성들이 여성에게만 적용되는 엄격한 미의 기준을 불편하게 생각한다. 그 기준들을 여성해방의 도구는커녕, 오히려 자신을 옥죄는 사슬로 생각한다.

그렇다고 여성 인플루언서가 오직 남성 관객들을 위한 볼거리에 지나지 않는다고 주장할 수는 없다. 그러기엔 여성 팔로워의 비중이 너무 크다. 실제로 여성 인플루언서들이 콘텐츠를 제작하는 최우선 목적이 남성의 주목을 받기 위해서가 아니다. 그보다는 여성 팔로워들에게 어떻게 하면 남성들에게 어필할 수 있는지를 보여주려는 목적이 더 크다. 그 이유는 뭘까? 한쪽에서는 여성의 권익을 강화해야 한다는 목소리들이 커지고 있지만, 여성 인플루언서들의 성공을 좌우하는 관건은 자신을 따르는 팬들이 '해방되지 않아야' 한다는 것에 있다. 그래야 여성 팔로워들을 이용해 돈벌이를 할 수 있기 때문이다. 그래야 힙업 운동과 관련된 다양한 코스메틱 제품들을 팔 수 있다. 그런 면에서 온라인을 종횡무진 누비는 여성 인플루언서들의 정체성을 새로 정립해야 할 필요가 있다는 생각이 든다. 그들은 자신들에게 가해지는 남성적 억압에 맞서는 대신 자신을 따르는 여성 팔로워들이 느끼는 억압에 맞서고 있는 게 아닐까? 자신보다는 외모가 뒤처지는 여성들이 느끼고 있는 압박감을 부정하는 게 그들의 장사 밑천이 아닐까? 물론 여성 인플루언서 중에도 페미니즘을 표방하는 이들이 적지는 않다. 이를 테면 상장기업의 임원이 되고 백만장자가 된 여성의 비율이 너무 낮은 것을 지적하는 여성 인플루언서도 있다. 하지만 일부를 제외하면, 여성 인플루언서의 활동 대부분이 반페미니즘적이다. 이미 존재하는 불평등이 당연하다고 주장하는가 하면, 여성계의 요구들을 비웃기도 한다.

팔로워들은 대개 인플루언서의 주장에 쉽게 홀리고, 인플루언서의 말이 무조건 옳다고 믿는다. 수많은 팔로워를 거느린 어느 여성 인플루언서의 댓글창을 들여다보며 그 콘텐츠를 즐겨 보는 젊은 여성들이 어떤 압박감을 느끼고 있는지 알 수 있다. 여성 팔로워들은 인플루언서가 제시하는 기준에 발맞추지 못하는 것에 대해 커다란 부담을 느끼는 동시에, '그 대단한 일'을 해낸 인플루언서에 대해 무한한 존경을 보낸다. 그들의 충고에 감사하는 댓글도 있었다. 피트니스 분야의 유명 인플루언서를 팔로잉하는 어느 팬은 "와, 하라는 대로 운동한 덕분에 11주 만에 10킬로그램이나 감량했어요. 운동 스케줄을 짜주셔서 너무 감사해요. 운동이 이렇게 재미있을 줄 몰랐어요. 제가 일주일에 다섯 번이나 운동을 하게 될 줄은 더욱 몰랐어요"라며 무한감사의 댓글을 남기기도 했다.

여성 인플루언서들은 자신을 좋아해주는 여성 팔로워에

게 독립적 자아로 거듭날 필요가 없다고 외치면서 정작 자신은 독립적인 존재로 거듭난다. 화장품, 피트니스 프로그램, 다이어트 약 등을 팔면서 남녀 사이의 대립각을 더 날카롭게 세우고, 보수적 가치관, 케케묵은 가치관을 더 단단하게 굳힌다.

인플루언서 세계로 들어온 남성들

인플루언서들의 세계에 여성이 압도적 대다수인 것은 사실이다. 하지만 예전과 달리 지금은 여성만이 자신의 몸을 무기로 내세우며 대세의 흐름을 타고 있는 게 아니다. 점점 더 많은 남성들이 자기 몸을 홍보하고 있다. 몇십 년 전만 해도 남성이 자기 몸을 전시하는 현상이 나타날 것이라 예측하지 못했다. 로라 멀비도 "지배적 이데올로기가 정해둔 원칙들과 그 원칙에 바탕을 둔 심리적 구조로 남성은 성적 대상이 될 수 없다. 남성은 자신의 몸을 노출해서 시선을 끄는 행위를 거부한다"[11]라고 말한 바 있다. 하지만 멀비의 시각은 이제 낡은 것이 되어버렸다. 다른 남성의 몸을 쳐다보는 남성(헤테로)의 수도 늘었지만, '절시증竊視症', 즉 '엿보는 즐거움'을 적극적으로 누리는 여성의 수도 그 못지않게 늘었다. 사실 남성의 몸을 향한 여성의 관음증은 인플루언서라는 신인류보다 더 일찍 등장했다. 2000년대 말, 영화 〈트와일라잇Twilight〉 개봉 행사 때 비명을 지르는 여성 팬 무리를 보면서 이러한 경향을 확실히 확인할 수 있었다. 뱀파이어를 주제로 한 시리즈 영화 〈트와일라잇〉은 그야말로 여성 관객들의 '눈 맛'에 딱 맞게 만든 영화였다. 여성 팬들은 주인공인 두 남자 배우 로버트 패틴슨과 테일러 로트너의 외모에 감탄을 금치 못했다. 두 배우의 외모가 여주인공인 크리스틴 스튜어트보다 훨씬 더 탐나 보이던 건 과연 우연이었을까? 이 영화가 등장하기 한참 전에도 이미 데이비드 베컴이나 크리스티아누 호나우두같은 스포츠 스타들이 섹스 심벌로 광고계를 주름잡았다.

이러한 경향은 수많은 남성들이 SNS에 자신들의 사진과 영상을 올리기 시작하면서 정점을 찍는다. 그 과정에서 극도로 대비되는 두 부류가 등장하는데, 그중 하나는 (수적으로 많지는 않지만) 패션과 외모에 매우 큰 관심을 보이는 '메트로섹슈얼'들이다. 메트로섹슈얼의 특징은 여성과 큰 차이가 없다는 것이다. 이 부류에 속하는 남성들은 여성이 자기 몸을 가꾸기 위해 하는 행동과 똑같은 노력을 기울임으로써 자신의 성적 매력을 부각한다. 원피스 같은 전형적인 여성복을 입는 건 아니지만, 매끄러운 피부나 깔끔한 면도, 멋있어 보이는 헤어스타일을 연출하기 위해 적잖은 시간과 자금과 정성을 투자한다. 얼마 전까지만 해도 여성의 전유물이라 여겨졌던 화장품도 사용하고, 머리에 헤어롤을 감기도 한다. 겉으로 보기에 여자와 뭐가 다른지 의문이 들 수는 있지만, 그래도 이 부류에 속하는 남성 인플루언서들이 새로운 트렌드를 주도하고 있는 건 사실이다. 그들은 사회적 다양성이나 용인의 폭을 넓히는 홍보대사 역할도 톡톡히 수행하고 있다.

나머지 한 부류는 남성성을 극단적으로 과시하는 이들이다. 요즘은 박물관에나 가야 볼 수 있을 정도로 이런 남성의 수가 줄어들었지만, 어쨌든 이 남성들은 가장이나 부양자로서의 남성의 위상이 조금씩 쪼그라들고 있는 것에 대해 적극적으로 반기를 든다. 터프함의 상징으로 보이는 근육, 무뚝뚝한 눈빛, 여성성을 상징하는 모든 것과 엄격한 선을 긋는 태도 등이 이 남성들이 자신을 표현하는 방식이다. 이 부류 남성들 역시 성적 매력을 어필하지만, 가냘픈 여성의 몸매와는 극단적으로 대비되는 몸을 강조하는 게 특징이라는 점에서 메트로섹슈얼과는 차이가 있다. 앞서 여성 인플루언서들이 팔로워에게 남성적 시선에 복종하는 방법을 가르치고 있다고 말했는데, 이 박력 넘치는 남성들은 자신을 따르는 젊은 남성들에게 어떻게 하면 여성의 무릎을 꿇릴 수 있는지를 가르친다.

이러한 남성성이 얼마나 중요한지를 맨 처음 가르치기 시작한 강사들이 있다. 이른바 '동기부여 강사'로 불리는 그들은 온라인 세상을 헤매는 젊은 남자들에게 강해지라고, 자본주의에서 말하는 힘을 지니라고, 그러면 여자는 자동으로 따라온다고 가르친다. 절망에 빠진 남성들에게 돈과 예쁜 여자라는 두 마리 토끼를 잡을 수 있는 마음가짐을 설교하는 강사들이 전국을 누비며 특강을 하고 있다. 이런 '일타 강사'들의 비즈니스 모델은 솔직히 이단 종교 같은 느낌마저 들지만, 그렇거나 말거나 유명 강사를 초빙한 동기부여 워크숍이 속속들이 개최되고 있고, 부흥회를 방불케 하는 강의 장면들이 수없이 연출되고 있다. 강사들은 선동적 연설로 청중들을 채찍질한다. 자신의 삶을 스스로 컨트롤해야 한다며 호통을 친다. 그러나 그들의 진짜 목적은 그게 아니다. 오히려 정반대로 강의 참가자들이 늘 목표 달성에 실패하고, 온라인 강좌든 오프라인 특강이든 등록해주는 게 진짜 목표다. 강의 내용은 뻔하다. 큰돈을 벌 준비가 안 된 이들을 맹렬히 비난하는 것뿐이다. "대체 언제 그 쳇바퀴에서 벗어날 거야?"를 외치며, 월급쟁이 신세에서 벗어나 독립하라고 부추긴다. 대단한 슬로건처럼 들리지만, 그 안에 대단한 건 아무것도 없다. 쥐꼬리만한 월급을 받으며 왜 그 직장에 계속 충성을 바치느냐고 물으면서 대안이랍시고 제시하는 것들을 들으면 황당하기 짝이 없다. 수상하거나 허황된 '비즈니스 플랜'을 떠들면서 금전적으로 독립하라고, 입에 풀칠 따위나 하느라 무거운 짐을 떠맡지 말라고 외칠 뿐이다. 그러거나 말거나 대다수의 '무식한 대중'은 주어진 상황에 떠밀려 여전히 다람쥐 쳇바퀴를 돈다.

인플루언서의 열렬 팔로워들 중 몇몇만이 물리적 의미에서도 사회와 동떨어진 채 독자적 길을 걸어갈 용기를 낸다. 대다수는 쳇바퀴를 폭발시킬 만큼의 힘이 없고, 그저 몇몇이 산발적으로 그 쳇바퀴에서 벗어날 뿐이다. 때로는 그 강사들이 모두가 해방되는 상황을 바라지 않는다는 느낌이 든다. 영화 〈파이트 클럽〉에서 더든의 가르침을 전수받은 이들은 자체적으로 기업을 설립하며 살아남았다. 타일러 더든과 더든을 따르는 과격한 팬들은 비누를 팔면서 금전적 독립을 추구했다. 동기부여 강사들은 팔로워들에게 부동산으로 떼돈을 벌라고 충고하거나 온라인 쇼핑몰을 차리고 터무니없이 높은 가격을 매겨서 떼부자가 되라고 조언한다. 귀가 얇은 팬들은 그 방법으로 부자가 될 가능성이 얼마나 낮은지는 신경 쓰지 않는다. "마인드셋이 틀려먹어서 실패한 것이다"라고 둘러대면 그만이다. 실제로 돈을 버는 이들은 '떠벌이'들뿐이다. 부정적 뉴스들을 양산하며 결국 자신들의 주머니만 채우는 것이다. 이 주제와 관련해 인터넷 검색을 하다가 음모론 제기와 선동을 일삼는 어느 독일 유명 래퍼 겸 강사가 남긴 글 하나를 발견했다.

> 사탄이 우리를 나락으로 떨어뜨리고 싶어 한다. … 이건 전형적인 피라미드 체제다. 어딘진 몰라도 우린 아래쪽 어딘가

에 있다. 우리 위에는 상사가 있고, 임원이 있고, 그 위쪽 어딘가에 은행이 있고, 그 위에는 소수 엘리트들의 모임인 '빌더버그 그룹Bilderberg Group'이 있고, 그 위에는 국제정치를 주무르는 이들이 있다. 꼭대기에는 사탄과 직접 소통하는 일련의 무리가 있고, 그 몇몇은 사탄의 지령에 따라 움직인다. 사탄은 물리적으로 실재하는 존재다.[12]

음모론으로 여론을 조작하는 이들의 말투는 경멸로 가득 차 있다. 주요 공격 대상은 여성이다. 2020년 10월, 몇 년 만에 성공의 사다리를 가파르게 오른 어느 강사가 업로드한 동영상이 논란의 중심에 선 적이 있다. 해당 인물은 비건 피트니스 강사로 유튜브에 데뷔한 뒤 직접 회사를 차리는 동시에 프리랜서 강사로 이름을 알리면서 인플루언서 대열에 등극했다. 해당 인플루언서는 어느 협력업체 사장과의 만남에서 한 가지 질문을 던졌다. 그 질문과 답변은 다음과 같다.

질문: 둘 중 어느 편을 택하실 건가요? 첫 번째 옵션은 일 년 중 사흘을 마음에 드는 임원들과 함께 지내는 겁니다. … 혹은 일 년 365일 동안 정말 멋진 신붓감들이랑 보내는 겁니다. 빅토리아 시크릿 모델 같은 톱모델 등 누구나 마음대로 고를 수 있어요. 그 기간 동안 그 여성들을 노예처럼 부릴 수

도 있고요. 그렇다면 첫 번째 옵션과 두 번째 옵션 중 어느 것을 택하시겠어요?

대답: 두말할 필요가 있을까요? 당연히 첫 번째죠! 백 퍼센트, 첫 번째입니다. 그러면 새로운 정보도 얻을 수 있고, 인맥도 쌓고, 그렇게 해서 돈도 더 많이 벌 수 있잖아요. 그러고 나면 여자 다섯 명쯤은, 좋은 신붓감들은, 이렇게 말해도 되는지 모르겠지만, 돈으로 살 수 있잖아요.

마음속에 품은 '미소지니misogyny', 즉 여성 혐오를 드러내 놓고 표현하는 이들은 많지 않다. 하지만 자세히 들여다보면 여성을 깔보고 멸시하는 마인드가 몇몇 인플루언서들의 마음속 깊은 곳에 자리 잡고 있다는 사실을 알 수 있다. 그런 인플루언서들은 호주의 남성 학자 래윈 코넬Raewyn Connell이 말한 '헤게모니적 남성성'을 추구하고, 남성지배적 구도를 이상적인 상태로 인식하며, 여성뿐 아니라 자신들의 '파워 기준'에 부합하지 않는 남성도 폄하의 대상으로 여긴다. 그런 의미에서 나는 그 세계를 어슬렁거리는 팔로워들에게 "제발 쳇바퀴에서 벗어나라"고 진심으로 충고하고 싶다. 만년 월급쟁이의 사슬에서 벗어나는 것도 모두가 꿈꾸는 일이지만, 그게 안 된다면 일단 동기부여 강사를 자청하는 인플루언서들이 본인들의 주머니를 채우기 위해 쳐놓은 그물인 그 쳇바퀴에서라도 어서 빨리 탈출하기 바란다. 여성 인플루언서만이 동성 팔로워들에게 여성해방 트렌드에 저항하라고 외치는 게 아니다. 걸어 다니는 남성 광고판들 역시 그와 비슷한 저항정신을 동성 팬들에게 심어주고 있다.

돈벌이 수단이 되어버린 아동들

'직업 인플루언서'들 중에는 육아 부담이 전혀 없는 이들이 꽤 있다. 부담은커녕 오히려 도움이 되는 경우도 많다. 부모들 대부분은 육아와 일 사이에서 고민과 갈등을 겪지만, 인플루언서에게는 심각한 문제가 아닌 듯하다. 심지어 자녀가 있는 편이 더 유리할 때도 있다. 인플루언서의 자녀는 일상이 곧 마케팅인 인플루언서의 삶이라는 퍼즐을 완성하는 마지막 조각이다. 임신부터 출산에 이르는 10개월이 어떤 식으로든 돈벌이 수단이 된다. 출산을 앞두고 있는 임산부에게 임부복을 팔고, 태교에 관한 조언을 하며 주머니를 채울 수 있는 것이다.

예비 인플루언서 부모들 사이에서도 창의력 넘치는 트렌드들이 인기를 끌고 있다. 장차 태어날 아이의 성별을 확인하는 '젠더리빌파티gender reveal party'[13]도 그중 하나다. 예컨대 케이크를 잘라서 안쪽이 파란색이냐 분홍색이냐에 따라 아들인지 딸인지를 확인하는 과정을 보여주는 것이다. 속에 색종이 조각을 담아놓은 풍선을 터뜨리는 이벤트도 인기 만점이다. 그러나 2008년, 젠더리빌파티는 비판의 도마에 올랐다. 태어나기도 전에 자녀의 성별을 확인하는 의도 뒤에 숨은 보수적 욕망이 첫 번째 비판 대상이었고(이 파티를 처음 제안한 여성조차 자신이 그걸 발명했다는 걸 후회한다고 공개적으로 천명했다),[14] 영상 제작 과정에서 벌어지는 각종 사건사고 때문에도 손가락질을 받았다. 애리조나의 어느 예비 부모가 장차 태어날 아이의 성별을 공개하기 위해 파란 페인트와 폭죽으로 채운 폭발물을 터뜨리다가 전 세계 언론의 주목을 받은 적이 있다. 수많은 대중들은 태어날 아이의 성별이 남자라는 사실과 더불어 180제곱킬로미터를 태운 대형 산불을 목격해야 했다. 무려 800여 명의 소방관을 투입한 뒤에야 비로소 불길을 진화할 수 있었다.[15] 아이오와주에서는 이제 곧 손주를 볼 기대에 차 있던 어느 여성이 젠더리빌파티에서 날아온 금속 물질 파편에 목숨을 잃는 사고도 발생했다.[16]

임신 기간을 무사히 넘기고 나면 그다음은 줄줄이 이어지는 제품 광고 시간이다. 아기가 태어나는 시점부터 패셔너블한 아기띠나 힙시트, 유아용 침대, 아기 옷, 장난감 등 각종 아기용품이 끊임없이 영상에 나온다. 그러다가 몇 년이 지나면 기저귀 대신 아이 어깨의 부담을 덜어주면서도 너무나도 예뻔 책가방과 필기구를 광고할 것이다. 거기에서 한 걸음 더 나가는 인플루언서들도 있다. 자녀를 조연급에서 주연급으로 업그레이드하는 것이다. 어린아이에게 자신만의 SNS 채널을 만들어주면서 윈-윈 효과를 노리는 부모도 있다. 자녀의 방송을 관리하면서 부모는 자신들의 '운신의 폭'을 넓히는 동시에 자녀가 성장한 뒤에도 캘 수 있는 노다지를 만들어준다. 예전 부모들이 자라날 아이들을 위해 저축통장을 만들었다면, 이제는 SNS 계정을 만듦으로써 자녀의 미래를 준비한다.

그런 미래를 기대하는 맘 인플루언서들이 독일에도 꽤 많다. 그 인플루언서의 자녀들 중 하나는 10세에 이미 유튜브 구독자 20만을 확보했다. 그 정도는 많은 것도 아니다. 영어권 아이들 중에는 300만 명 이상의 팔로워를 보유한 인플루언서도 적지 않다. 사실 키즈 섹션에서 활동하는 독일 인플루언서 꿈나무들이 올리는 영상들은 성인 인플루언서가 업로드하는 영상과 크게 다를 바 없다. 그저 그런, 후기 자본주의적 시대정신을 어린이 버전으로 보여주는 영상이 대부분이다. 어느 남자아이가 1유로로 하루를 버틸 수 있는지를 보여주는 (혹은 1유로로 하루를 버텨낸 척 연출한) 영상을 올리는 식이다. 독일 사민당SPD의 재정 정책 전문가 틸로 사라친Thilo Sarrazin이 언젠가 실업급여 IIALG II 수급자들이 하루에 3.76유로로 충분히 살아갈 수 있다는 계산을 발표한 적이 있다. 실제로 그 돈으로 하루를 버티는 실험을 며칠 동안 지속하기도 했다. 하지만 그로부터 며칠 뒤, 고급 레스토랑에서 찍은 사진이 공개되면서 사라친은 비난의 표적이 되었다. 꼬마 인플루언서들도 1유로로 하루를 버틸 수 있다고, 하루 종일 아무것도 안 먹어도 괜찮다고 주장한 뒤 마지막엔 결국 '파티용 코끼리 피리'를 사는 데에 '거금' 99센트를 쓰고 만다. 꼬마 인플루언서가 업로드한 영상의 내용이 바람을 불어넣으면 빵빵해지면서 소리를 내는 그 종이 호루라기만큼이나 헛바람이 가득한 퍼포먼스에 지나지 않는 쇼일 뿐이라는 뜻이다. 그런가 하면 성인 인플루언서들은 소비를 둘러싼 챌린지들로 젊은 시청자들의 클릭을 유도한다. 여기에는 "노란 음식만 먹기", "내 쌍둥이 형제의 맥북을 부숴버리고 말 거야", "사륜 바이크 위에서 24시간 지내기" 같은 자극적인 제목들이 난무한다.

꼬마 유튜브 스타의 부모들은 장차 협찬 제안을 해올 업체를 감안하면서 움직인다. 늘 똑같은 음식점에 가는 이유, 갈 때마다 그 증거를 영상으로 남기는 이유, 영상 속에 식당 이름을 절대 빠뜨리지 않는 이유가 그 때문이다. 부모가 카메라 앞에 서는 경우는 거의 없다. 대개는 카메라 뒤에서 제작진 역할만 수행한다. 실제로는 영상을 찍는 것도 부모, 편집하는 것도 부모, 아이들의 계정 관리자도 부모지만, 적어도 영상에 모습을 드러내지 않음으로써 아이들이 그 콘텐츠를 직접 찍은 듯한 인상을 심어준다.

밀착 수행하는 후견인이 없는 꼬마 스타도 있다. 이미 인플루언서인 엄마나 아빠 없이 스스로 스타 대열에 오르는 아이들도 수두룩하다. 물론 보호자 동반 하에 움직이는 아이들이 훨씬 더 많기는 하다. 독일의 경제 전문지 《브란트 아인스 Brand eins》는 유튜브 영상을 통해 올린 수입으로 가족 전체를 먹여 살리는 어느 초등학교 여자아이에 대한 기사를 실었다. 해당 초등생의 부모는 둘 다 직장을 그만두고 아이의 활동을 지원하는 것에 '올인' 중이었다. 아이를 상술의 도구로 이용하는 행위에 대한 비판도 많았지만, 아이 아버지는 "아이에게 나쁜 영향을 미칠 부분에만 초점을 맞춰서는 안 된다"는 말로 모든 비판을 일축했다.

> 장점도 엄청나게 많다. 우리는 항상 아이를 케어하고 있다. 어떤 부모가 자녀에게 이만큼의 정성을 쏟을 수 있겠는가? 이건 돈으로 환산할 없는 것이다. 우린 아이와 많이 놀아주고, 여행도 자주 간다. 휴가 계획도 자유롭게 세울 수 있고, 예전엔 꿈도 꾸지 못했던 금전적 여유도 생겼다.[17]

아동보호단체들 입장에서는 이러한 추세가 당연히 우려의 대상이다. 독일 아동 지원모임은 아동 인플루언서를 심층적으로 분석한 보고서를 공개하기도 했다. 해당 보고서에 포함된 어느 기사에서는 다음과 같은 내용을 고발했다.

> 아동 스타가 주인공으로 등장하는 유튜브 채널을 전반적으로 검토한 결과, 아이들의 사생활, 아주 내밀한 사생활 영역까지 침범하는 내용들을 명백히 확인할 수 있었다. 공개해도 되는 순간과 사생활 사이에 구분이 거의 없었고, 공적 영역과 사적 영역 사이에도 구분이 거의 없었다. 이를 테면 아이가 홀로 편히 쉴 수 있는 공간, 즉 아이의 방까지도 수백만 명의 사람들에게 공개하는 식이었다.[18]

진짜로 위험한 건 국가 차원에서 통제가 불가능하다는 것이다. 꼬마 유망주들이 온라인에 올릴 영상을 위해 하루 몇 시간을 일해야 하는지 정확히 파악할 길이 없다. 감시도 관리도 되지 않는 새로운 형태의 아동착취가 아닌지, 만약 그렇다면 법적 대응이 가능한지조차 아직은 불분명하다. 하지만 열두 살 난 어느 유튜브 스타와의 인터뷰를 보면 그 분야에 발 빠른 대응이 시급하다고 느껴진다. 기자와의 인터뷰에서 그 여자아이는 "주말엔 친구를 만나거나 다른 일을 할 수 있는 시간이 있으면 좋겠지만, 애들이 나한테 '오늘 시간 있어?'라고 물어볼 때마다 저는 항상 오늘은 영상을 찍어야 한다고 대답할 수밖에 없어요"[19]라고 털어놓았다. 아이가 촬영에 재미를 느낄 수도 있다. 업로드할 콘텐츠 덕분에 생각지도 않았던 장난감을 손에 쥐어서 행복해할 수도 있다. 또래 친구들이 부러워할 만큼 많은 관심도 받는다. 그런데 이것이 큰 문제다. 아이들 스스로 한계를 설정할 수 없기 때문에 어디까지가 괜찮고 어디서부터 안 되는지에 관한 선은 부모가 그어줘야 한다. 하지만 아이의 돈벌이가 가족의 수입원인 경우, 부모 입장에서 적정선을 긋기가 쉽지 않다. 아이와 부모 모두 영상 제작과 업로드 및 이어지는 반응에 관심이 많은 경우라면 선 긋기는 더더욱 힘들어진다.

그런 의미에서 꼬마 스타들을 부모로부터 보호할 필요가 있다. 그 아이들은 뛰놀며 주변 세상을 자유롭게 알아가는 대신 물질세계를 통해 세상을 접한다. 각종 제품들을 매우 전문적으로 홍보하면서 세상을 알아간다. 그렇게 발달한 세계관은 비정상적인 세계관, 조각난 세계관일 수밖에 없다.

7

댓글을 달아주세요

아동심리 전문가들은 자녀와 대화할 때 위에서 아래로 내려다보며 대화하지 말라고 충고한다. 굳이 부모 자녀 사이가 아니라 하더라도 많은 이들이 늘 가슴에 새겨야 하는 원칙이다. 영상 속 인플루언서는 그 사실을 잘 알고 있다. 사실 그 영상의 시청자 대부분은 어른들이다. 하지만 인플루언서는 침대와 눈높이를 맞춘 카메라 앞에 앉아서 유튜브 시청자들에게 각종 제품을 홍보한다. 아무 제품이나 마구 광고하는 건 아니다. 모두가 엄선된 제품, 머스트 해브 아이템이다. 수많은 제휴 링크가 등장한다. 아주 실용적인 휴대용 하드디스크 같은 협찬사

PPL도 적당히 진열해 놓았다. 광고라는 걸 너무 대놓고 노출하면 안 된다. 그래서 인플루언서는 시청자들에게 만약 이 하드디스크를 갖게 된다면 어떤 순간들을 거기에 담고 싶은지 댓글창에 의견을 달아달라고 부탁한다. "내가 추천하는 제품에 대한 여러분들의 의견도 듣고 싶다"는 것이다. 이로써 일종의 '기브 앤드 테이크' 상황이 만들어진다.

예를 들어 서른 살쯤 된, 잘 단련한 근육질 몸매에 두껍게 바른 컨실러로 잡티를 커버한 어느 사내가 "제 인스타 계정을 팔로잉해주세요. 제게 DM을 보내보세요. 제가 여러분들의 몸 상태를 체크해드릴게요. 팬들의 몸 상태를 체크하는 게 제 취미랍니다"라며 구독을 부탁한다고 가정해보자. 그 사내는 팬들이 보내온 DM을 꼼꼼히 체크하고, 때로는 링크를 타고 가서 그 사진들에 '좋아요'를 누를 것이다. 목적은 관심을 가져준 팬들에게 약간의 보답을 하기 위해서이기도 하지만, 그보다는 전체 팬덤에게 좋은 인상을 심어주려는 게 더 크다.

방금 말한 그 스타 인스타그래머는 두바이에 거주하고 있고, 715개의 인스타그램 계정에 구독을 눌렀다. 그 남성의 계정을 팔로잉하는 팬은 무려 140만 명에 이른다. 시간이 제아무리 남아돌아도 그 많은 팔로워들의 면면을 일일이 살필 수는 없다. 클릭 수나 팔로워 수 등 통계 수치로만 팬들을 파악할 뿐이다. 팬들의 댓글이나 DM은 멀리 떨어진 궁전에 살고 있는 국왕에게 보내는 상소문쯤에 불과하다.

"열심히 일할 힘을 비축하려면 자위행위를 자제할 것! 테스토스테론 분비량을 높이려면 운동을 게을리하지 말 것! 더 많은 신규 고객을 확보하려면 긴장의 끈을 놓지 말 것!" 인플루언서들이 툭하면 강조하는 말들이다. 그런데 그렇게 한껏 고조된 목소리로 시청자를 따끔하게 훈계하는 SNS 스타 트레이너들(주로 남성) 중에는 스스로 한 말과는 전혀 딴판인 생활을 하는 이들이 적지 않다. 하지만 적어도 카메라 앞에서는 똑 부러지는 몸짓과 표정으로 분명하게 의사를 전달하고, 팬과의 대화에 무한한 관심을 보인다. 마치 '깜짝 선물'이라도 받은 어린아이처럼 매일 뭔가를 구입할 때 느끼는 흥분과 감동을 광고한다. 눈은 이미 휘둥그레져 있다. 하와이의 웅장한 리조트 호텔을 소개할 때나 딸기향의 액체 비누를 홍보할 때나 똑같은 강도의 감동이 넘쳐난다. 무한한 가능성을 지니고 있는 시장을 탐구하다 보면 매일같이 흥분의 도가니에 빠지고, 그 짜릿한 순간을 팬들과 커뮤니티와 공유하고 싶다고 말한다. 하지만 '공유'하고 싶다는 말은 거짓말이다. 온라인에서 무언가를 공유할 때 실제로 무언가를 건네주지는 않는다. 사진이나 영상을 공유한다고 해서 내가 가지고 있던 자료가 사라지는 것이 아니다. 그런 의미에서 지금 우리를 둘러싸고 있는 온라인 세상은 말하자면 경제학자 제레미 리프킨Jeremy Rifkin이 주장했던 '한계비용 제로 사회'라 할 수 있다. 인플루언서들을 움직이게 만드는 가장 중요한 동기는 치밀한 금전적 계산이지만, 온라인에서 콘텐츠를 공유하는 행위는 본디 다양한 정보를 여럿이서 함께 누리자는 취지에서 출발한 것이다.

아날로그 세상, 즉 오프라인 세계라면 이야기가 달라진다. 어떤 아이가 자기가 갖고 있는 사탕이나 초콜릿을 친구와 나눈다면, 혹은 성자 생 마르탱St. Martin이 자신의 망토를 반으로 잘라 추위에 떨고 있는 걸인에게 건넨다면 물건의 소유관계가 달라진다. 도움이 필요한 이들을 위한 자원봉사 역시 시간을 재분배하는 행위, 좀 더 거룩하게 말하자면 도움이 필요한 이웃을 위해 자신의 시간을 기꺼이 희생하는 행위라 할 수 있다. 온라인에도 저작권이라는 형태의 재산권이 존재한다. 그 권리는 남과 나눠 쓰는 게 아니다. 인플루언서가 업로드하는 체험담이나 사진 포스팅 역시 쪼개지지 않는다. 대부분 무료 콘텐츠여서 돈을 안 내고도 볼 수는 있지만, 시도 때도 없이 등장

댓글을 달아주세요

하는 광고를 봐야 한다는 점을 감안하면 '완전' 무료라고는 할 수 없다. 광고를 보고 실제로 물건을 구입하는 경우에는 더욱 그러하다. "고객님과 이 요거트를 나누고 싶어요"라고 광고하는 마트는 세상 어디에도 없다. 그 광고를 보거나 들은 고객들이 요거트가 공짜인 줄 착각할 소지가 너무 크기 때문이다. 그런데 인플루언서들은 팬들과 이 뷰티 제품을 공유하고 싶다는 말을 뻔뻔하게 내뱉은 뒤 해당 제품을 구입할 수 있는 온라인 숍 링크를 번쩍번쩍 강조한다. 당연히 거기에 가면 대가를 지불하고 물품을 구입해야 한다. 그럼에도 불구하고 툭하면 공유를 강조하는 인플루언서들의 홍보 방식에 강한 거부감을 느끼는 이는 많지 않다. 구매를 강요하는 매장 직원과는 달리 친구 같은 느낌, 다정한 말투로 제품을 소개하고 있어서 인플루언서가 수익 창출에 관심을 갖고 있다는 사실을 망각하는 것이다.

"악마는 디테일에 숨어 있다"는 말이 있다. 이 경우도 마찬가지다. 인플루언서들이 자주 활용하는 마법의 문구는 "결국 결정은 여러분들의 몫이겠죠?"다. 수많은 인스타그램 스토리와 유튜브 영상이 이 문구로 끝난다. 샴푸보다 헤어 테라피 제품이 효과가 더 좋다는 충고를 할 때도, 은밀한 부위를 면도하거나 왁싱하는 것 중 어느 편을 더 선호하는지 고백할 때도, 풀빌라 호텔과 탁 트인 바다 중 어디에서 수영하는 걸 더 좋아하는지 털어놓을 때도, 운동할 때는 늘 브래지어를 착용하지만 잠잘 때는 속옷을 입고 자면 너무 답답하다고 불만을 토로할 때도 마지막은 결국 똑같다. 그 모든 것에는 개인차가 있을 수 있고, 결국 결정은 본인이 하는 것이라는 코멘트가 의무조항처럼 따라붙는다. '개취(개인의 취향) 존중'이라는 말을 덧붙임으로써 윽박지르며 강요한다는 느낌을 싹 제거하는 것이다. 어차피 인플루언서가 브래지어 착용이나 특정 헤어케어 제품의 사용을 의무화하는 법령을 제정할 수도 없으니 그렇게 말하는 게 어찌 보면 당연하다. 그런데 그 당연한 말속에 인플루언서라는 존재를 규정하는 핵심 이데올로기가 숨어 있다. 인플루언서는 보기보다 훨씬 더 많이 시청자들을 압박하고 가르치려 든다. 누구보다 강렬한 교조주의에 물들어 있으면서도 누구보다 교묘하게 그 부분을 가릴 뿐이다. 영상을 보는 팬들은 잘 포장한 '가짜 선택권'에 현혹되어 그 가르침을 얌전히 따른다.

새로운 권력자의 등장

지난 몇십 년 사이, '권력'하면 떠오르는 전통적 기관이나 제도들(국가, 종교, 가족 등)의 영향력은 눈에 띄게 줄어들었다. 이제 누구를 만나 사랑하고, 어디에 살고, 어떻게 살아갈지를 각자 스스로 결정하는 시대가 되었다. 현대 자본주의 사회에서는 개개인의 삶의 방식이 매우 분화되어 있고, 보편적 기준이 물러난 자리를 각자의 고유한 기준이 채우고 있다. 현대인들은 이제껏 알고 있던 공동체로서의 사회가 아니라 독일의 문화사회학자 안드레아스 레크비츠Andreas Reckwitz가 말한 '특이성 사회society of singularities'[1] 속에 살고 있다. 과거의 뿌리에서 벗어나는 과정에서 한층 더 발달한 문명사회로 진입하는 과정으로 볼 수 있다. 개개인이라는 주체가 여러 억압과 구속에서 벗어나 자신의 삶을 스스로 설계하고 각자의 방식으로 자아를 실현할 수 있는 발판이 다져지고 있기 때문이다. 그러나 자신이 원하는 일만 골라서 해도 될 만큼의 자본이나 사람을 부릴 만큼의 자본을 가진 이들은 많지 않다. 그런 의미에서 현대사회 속 경제주체들은 마르크스의 비유를 빌리자면 '이중적 의미에서 자유로운 임금노동자'들이다. 자신의 노동력을 시장에 제공할 자유도 있지만, 극단적으로 따지자면 노동 대신 굶어 죽음을 택할 자유도 있다.

무한대의 부를 창출하고 무한대의 자유를 누리는 이는 극소수다. 게다가 마음에 드는 제품을 아무 걱정 없이 구입하고, 원하는 몸매가 나올 때까지 운동만 열심히 하고, 그 외의 방법으로도 외모를 가꾸고, 무엇보다 큰돈을 벌어서 '나는 이런 사람이야'라는 식의 정체성을 구축한다 한들 그것이 곧 완벽한 자아실현이라 할 수도 없다. 권력은 예부터 돈으로 사기 힘든 것이었다. 거액의 상속금이나 지참금, 면죄부 거래 등으로 어느 정도의 권력을 누릴 수 있기는 했지만, 돈으로 살 수 있는 자유의 범위는 그다지 크지 않았다. 시민사회가 요구하는 도덕적 기준이나 프랑스의 공산주의 철학자 루이 알튀세르Louis Pierre Althusser가 말한 '이데올로기적 국가 장치'를 얌전히 따르지 않으면 자유를 얻을 수 없었다. 부의 축적을 통해 개인이 일정 정도의 자율성을 확보한 사례는 분명 있었다. 보통 사람들은 도저히 납득할 수 없는 호사나 눈꼴 시린 행위들을 뒷구멍으로 은밀히 즐긴 이들도 많다. 하지만 그 방종과 방탕이 일종의 스캔들로 발전하고 세간의 입에 오르내리는 순간부터 내 멋대로 살 수 있는 자유는 한계에 부딪힌다.

1960년대 들어 대규모 정치적 저항이 일면서 근본적 사회 변혁이 시작되었다. 자유경제를 옹호하는 이들은 그 과정이 탈자본주의적 진화 과정이었다고 주장하지만, 독일의 사상가 페터 슬로터다이크Peter Sloterdijk는 훗날 "68혁명(학생과 노동자들이 일으킨 프랑스의 사회변혁운동) 과정의 모든 길이 결국 슈퍼마켓으로 향하는 길이었다"고 비판했다.[2] 이제 라이프스타일 면에서도 다양한 선택의 기회를 누릴 수 있게 되었고, 넘쳐나는 다양한 상품들로 각자의 라이프스타일을 표현할 수 있게 되었

댓글을 달아주세요

다. 걸어 다니는 광고판인 인플루언서들이 이 기회를 얼마나 잘 누리고 활용하고 있는지는 이미 여러 차례 언급한 바 있다. 하지만 이렇게 선택의 스펙트럼이 급속도로 넓어지고 있는 현상에는 단점도 내포하고 있다. 슬로베니아의 철학자 레나타 살레츨Renata Salecl은 무한한 선택의 기회로 우리 사회가 발전하는 바로 그 과정 안에 우리 시대의 딜레마가 숨어 있다고 꼬집었다.

> 세계적인 문호 표도르 도스토옙스키는 신이 존재하지 않는다면 뭐든 다 해도 된다고 주장했고, 프랑스의 심리분석가 자크 라캉은 "신이 존재하지 않는다면 더 이상 아무것도 허용되지 않는다"라는 말로 그 말을 뒤집었다. 우리 행위에 제재를 가할 권위 있는 존재에 대한 신앙이 사라질 경우, 자유로 가는 모든 문이 활짝 열리는 것이 아니라 오히려 새로운 한계를 설정하게 된다는 뜻이다.[3]

인플루언서라는 신인류가 등장했다. 어디가 어딘지 꿰뚫어 볼 수 없는 새로운 정글 속에서 우리는 방향 설정을 도와줄 이정표가 필요했고, 인플루언서들은 작가 게오르크 루카치Georg Lukács가 말한 '선험적 실향transcendental homelessness' 상태 속에서 일종의 틈새시장을 발견했다. 사용자들은 클릭을 통해 디지털 권력, 즉 인플루언서에게 스스로 다가간 뒤 '구독'을 누르며 무한 자유에서 오는 부담에서 탈출한다.

> 삶을 스스로 설계할 수 있다며 등장한 무한한 선택의 자유가 우리를 또 다른 금지 상태로 몰아넣었다. 부모나 교사, 나 아닌 다른 사람, 외부 권력이 우리 앞에 그런 제약을 던져준 게 아니라 우리 스스로 그 속으로 걸어 들어갔다는 차이만 있을 뿐이다. 오늘날 우리는 스스로 각종 금기사항들을 설정하고 있다. 그런 가운데 산업계는 자기 계발과 자주성이라는 말로 우리를 현혹하며 전통적 권력이 아닌 새로운 권력들 중 마음에 드는 권력을 고르라고 독촉한다. 우리 스스로 선택한 권력에게 우리에게 남아 있는 선택의 자유를 실컷 제한할 수 있는 권리를 맡기라고 강요하고 있다.[4]

인플루언서들은 롤모델을 제시한다. 다정하고 친근한 말투로 어떤 삶이 바람직한지 충고해주고, 팔로워들 모두가 자신과 똑같아질 수 있다고 속삭인다. 선택은 각자의 몫이라는 마무리 멘트는 절대 빠뜨리지 않는다. 과연 그럴까? 팔로워들에게 진짜로 무한한 선택의 자유가 있을까? 인플루언서가 팔로워에게 약속하는 선택의 자유는 이미 틀 안에 갇힌 자유, 광고주의 이익에 맞게 재단된 자유, 각 SNS 플랫폼이 설정해놓

댓글을 달아주세요

은 알고리즘 안에서의 자유일 뿐이다. 팔로워가 특정 인플루언서의 영상을 처음 접하는 경로부터가 진정한 의미의 자유와는 거리가 멀다. 팬들이 직접 특정 인플루언서를 선택할 때보다 의도적으로 꺾어놓은 방향을 따라가다 보니 특정 인플루언서의 영상을 클릭하게 된 경우가 더 많다. 인플루언서를 관리하는 소속사들은 일종의 카르텔을 구성한다. 협찬사를 모집하고, 링크를 통해 제휴사를 홍보하는 등 '밑 작업'들을 통해 자신의 피고용인인 인플루언서들에게 팔로워들을 넘겨주는 것이다.

인플루언서들은 틈만 나면 선택은 각자의 몫임을 슬쩍슬쩍 강조한다. 샴푸와 헤어 테라피 제품 중 어느 게 더 낫다고 생각하는지, 봄과 가을 중 어느 계절을 더 좋아하는지를 팔로워들에게 시도 때도 없이 묻는다. 이런 식으로 민주주의를 표방하지만, 그건 가짜 민주주의다. 앞에서는 끊임없이 투표권을 주지만, 뒤에서는 투표 결과가 본인이 원하는 방향의 반대쪽 끝으로 쏠리지 않도록 상황을 늘 조종한다. 한편으로는 팔로워에게 결정권을 위임하고 투표권을 주면서 다른 한편으로는 절대 틀릴 리 없는 정답이 이미 나와 있음을 끊임없이 암시한다. 지젝은 엘리베이터를 예로 들며 이러한 현상이 우리 시대를 지배하는 이데올로기라 지적한다.

대부분의 엘리베이터에 설치된 닫힘 버튼이 '플라세보(거짓 약이지만 병이 나을 거라는 긍정적 믿음을 줘서 유익한 작용을 얻는 심리효과) 버튼'이라는 사실은 이미 상식에 속한다. 승강기를 탄 사람들에게 엘리베이터의 운행 속도를 조절할 수 있다는 착각만 심어주는 것이다. 사실 닫힘 버튼을 누를 때나 층수를 누를 때나 문이 닫힐 때까지 걸리는 시간은 똑같다. … 거짓 결정권과 관련된 이 극단적 사례는 포스트모더니즘 시대의 정치적 사안에 대해 개인에게 투표권을 부여하는 것을 풍자하는 매우 적절한 은유다.[5]

독일의 문화비평가 겸 작가 디트리히 디드릭센Diedrich Diederichsen도 비슷한 분석을 내놓았다. 디드릭센은 프랑스의 저술가이자 영화 제작자 기 드보르Guy Debord의 사회비평서를 읽은 뒤 "참여는 스펙터클 쇼에 불과하다"[6]는 감상평을 내놓았다. 원작자의 세태 비판보다 조금 더 신랄하게 현실을 비꼬는 말이었다. 기 드보르와 디드릭센의 비판을 곱씹어보니 정치계가 그토록 인플루언서에 눈독을 들이고 인플루언서들의 요구에 적극 발맞추는 현상이 이해 못할 일은 아니다. 2019년 유럽의회 선거 때도 유럽 각국은 국민의 혈세로 각종 영상과 콘텐츠를 남발하며 투표 참여를 독려했다. 그 뒤에는 유럽의 근본적 변화에 대한 두려움이 숨어 있었다. 이에 따라 당시 유럽의 정치권은 "아무것도 하지 않는 편을 택하겠다"던 필경사 바틀비Bartleby the Scrivener♥의 태도, 즉 선거도 결국 쇼에 지나지 않는다며 투표권을 포기하는 것만큼 위험한 건 없다고 홍보했다. 최근 들어 SNS 활동을 하지 않는 걸 오히려 수상쩍게 보는 것도 비슷한 메커니즘이라 할 수 있다. 몇 년 전 미국에서는 페이스북 활동을 전혀 하지 않는 어느 청년이 총기난사 사건을 일으키자 사회성 발달에 도움이 된다며 청소년의 SNS 활동을 법으로 의무화하려는 시도도 있었다.[7]

인플루언서들은 투표권을 행사하는 것으로만은 유럽에 대한 무한한 애정을 충분히 증명할 수 없다고 말한다. 그래서 직접 디자인한 'EU 스웨터'를 자신들의 계정을 통해 판매한다. "시장경제와 민주주의를 지지하는 이들은 파란색 후드티를 입습니다! 스마트폰이나 노트북으로 이 후드티를 지금 바로, 단돈 39.90유로에 구입하면 후드티와 어울리는 액세서리도 함께 드려요"와 같은 광고 문구나 멘트를 이제 수시로 접할 수 있게 되었다. 구매를 통해 지지를 표현하라는 식의 상술은 인플루언서가 나타나기 이전에도 존재했다. 언론에서 '여름 동화'라는 별명을 붙일 정도로 2006년 독일 월드컵 열풍은 그

♥ '아무것도 하지 않는 극도의 무관심과 소극적인 저항'의 대표적인 인물로 묘사되는 하먼 멜빌의 소설 《필경사 바틀비》의 주인공이다.

야말로 뜨거웠다. 걷잡을 수 없는 '애국심'이 전국을 강타했고, 흑-적-황의 독일 국기와 모자, 맥주캔 홀더 등 굿즈가 날개 돋친 듯 팔렸다. 어쩌면 그때부터 우경화로 나아가는 급행 차로가 깔린 건 아니었을까?

피드백과 상호작용이 만들어낸 관심 경제

앞서 인플루언서는 팔로워에게 끊임없이 의견을 묻는다고 했다. 이러한 참여 유도는 '가짜 참여'를 통해 적어도 현재의 인지도를 유지하려는 노력이지만, 그 이면에 경제학적 의미도 숨어 있다. 클릭 수가 돈이 되기 때문이다. SNS 알고리즘들은 쌍방향 커뮤니케이션이 일어날 때마다 그 채널에 플러스 점수를 준다. 클릭 수가 높은 영상이나 콘텐츠의 순위가 올라가고, 거꾸로 그 덕분에 조회수와 구독자 수가 늘어나는 것이다.

팔로워들은 장차 인플루언서의 주머니로 들어갈 광고비에 지대한 영향을 미친다. 하지만 수많은 인플루언서들은 무언가를 강요하는 건 절대 아니라고, 자신의 라이프스타일만이 유일한 진리라 우기는 건 결코 아니라고 말한다. 팬들의 의견을 물어보고, 선택지를 제시한 후 투표에 부친다. 이렇게 팬들을 결론 도출 과정에 참여시킴으로써 일종의 플라세보 효과를 만들어내고, 이로써 잘난 척한다는 비난도 교묘히 피해 간다. 건강식이나 피트니스 분야에서 그런 사례를 흔히 볼 수 있는데, 그 분야 인플루언서들은 하루가 멀다 하고 자신이 얼마나 섹시한지, 자신의 몸매가 얼마나 완벽한지를 만천하에 공개하지만 모두가 그래야 하는 것은 아니라는 점을 강조한다. 자신은 그저 자신의 개성을 표현하고 싶었을 뿐이고, 누구에게 자신을 따라 해야 한다고 강요하지는 않는다는 점을 귀에 못이 박힐 때까지 되풀이한다. 그런데 생각해보면 그 모든 주장들의 끝은 막다른 골목일 수밖에 없다. 만약 그 모든 게 오직 자기만족을 위해서라면 팔로워가 왜 필요하겠는가? 왜 모두가 우상을 숭배하듯 인플루언서가 올린 사진과 영상에 찬사를 보내야 하는가? 인플루언서들이 '만능 키'처럼 활용하는 "물론 결정은 각자의 몫이죠"라는 말속에 과연 진정성이 있을까? 부모들은 때로 아이에게 엄마 아빠를 따라 할머니 댁에 가서 인사를 드리라고 명령하는 대신 "갈 거야, 안 갈 거야? '알아서 잘' 결정하렴"이라며 선택권 아닌 선택권을 준다. 인플루언서가 말하는 결정권도 탈권위적 부모가 자녀에게 주는 은근한 압박과 비슷한 것 아닐까?

팔로워가 어떤 결정을 내리든 나 몰라라 하는 인플루언서는 없다. 인플루언서는 자신이 홍보하는 제품을 할인받을 수 있는 코드를 팔로워들에게 제공하는데, 광고주는 이를 통해 몇 명이 '인플루언서 할인 코드'를 입력하고 자사 제품을 구매했는지 알 수 있다. 때문에 그 인플루언서가 기록한 매출액을 한눈에 알 수 있다. 팬들이 '결정은 각자의 몫'이라는 마법의 문구에 현혹되어 "그래, 다른 결정을 내릴 수도 있었는데 내가 그렇게 결정한 거야"라고 되뇌이는 동안 인플루언서들은 베르톨트 브레히트Bertolt Brecht의 〈서 푼짜리 오페라Dregroschenoper〉 중 '포주의 노래Zuhälterballade'의 가사 한 토막을 읊조릴 것이다. "그래, 반대로 해도 되겠지. 하지만 이렇게 해도 되잖아."[8]

2020년 '닌도Nindo'라는 사이트가 등장하면서 알고리즘과 관심 경제의 의미가 급부상했다. 닌도에 가면 주요 플랫폼(인스타그램, 유튜브, 트위터, 틱톡, 트위치)에서 활동하는 독일어권 인플루언서가 기록한 클릭 수를 한눈에 비교할 수 있다. 순위표에는 구독자 증감폭도 나와 있고, 지난 며칠간 어느 인플루언서가 '좋아요'를 몇 개나 받았는지, 어떤 영상이나 포스팅이 입소문이 나면서 큰 전파력을 발휘했는지 등도 확인할 수 있다. 유튜브 시청자 중 인플루언서의 포스팅에 몇 명이 반응했는지도 확인할 수 있고, 지정된 온라인 쇼핑몰에서 특정 제품을 할인가로 구매할 수 있게 유도하는 인플루언서 할인 코드 목록도 게시되어 있다. 닌도 덕분에 인플루언서들 사이의 경쟁은 더 치열해졌고, 팔로워들은 마치 스포츠 경기 점수표를 보듯 인플루언서들끼리의 치열한 다툼을 흥미진진하게 관전

댓글을 달아주세요

할 수 있게 되었다. 업체들도 자사 제품을 광고해줄 인플루언서를 보다 치밀하게 엄선할 수 있게 되었다. 누가 얼마큼의 값어치를 하는지를 일목요연하게 파악할 수 있게 된 것이다.

특정 수치와 비율을 공개하는 사이트라는 점에서 닌도는 TV 시청률 조사기관과 유사하다. 하지만 닌도에서 공개하는 수치를 TV 시청률과 단순 비교할 수는 없다. 조회수뿐 아니라 '상호작용 비율', 즉 사용자들이 얼마나 많은 댓글을 달고, 얼마나 많은 하트를 눌렀으며, 공유 횟수가 얼마인지도 종합적으로 평가하기 때문이다. 그런 의미에서 부르디외의 TV 비판을 SNS에도 그대로 적용할 수 있다.

> 시청률은 시장이, 경제가 가하는 처벌이다. … 문화계가 시청률이라는 마케팅 도구의 명령에 굴복하는 것은 정치계가 여론조사라는 무기를 이용해 선동질을 하는 것과 유사하다. 시청률의 노예인 TV는 자유로운 선택권과 깨어 있는 판단력을 지닌 소비자들을 시장의 압박, 즉 시청률 속으로 떠민다. 그런데 시청률은 냉소적 정치 선동가들과는 달리 이성적인 여론과 민주적 표현이 서로 무관하다는 인상을 심어주려 한다.[9]

방송 관계자들은 높은 시청률을 방패 삼아 질 낮은 프로그램을 만드는 이유를 합리화한다. 인플루언서는 칭찬 댓글이나 '좋아요' 수 등 긍정적 피드백을 받고 싶은 마음에 '우민화 콘텐츠'를 마구잡이로 업로드한다. 한나 아렌트, 위르겐 하버마스, 리처드 로티 등 여러 철학자들은 진정한 민주주의는 성숙한 시민의식이 전제될 때 비로소 완성할 수 있다고 말했다. 그 말에 빗대자면 인플루언서들은 자유방임주의와 시장제도를 옹호한 미국의 경제학자 밀턴 프리드먼Milton Friedman을 등에 업고 민주주의 완성이라는 위대한 프로젝트를 좌절시키기 위해 '공헌'하는 이들이다. 프리드먼은 한때 다음과 같이 말한 바 있다.

> 만약 우리가 매일 슈퍼마켓에서 투표를 한다면 모두가 자신이 표를 준 바로 그 물건을 얻게 될 것이다. 그런데 투표함이 만장일치가 아닌 합의를 이끌어내는 반면, 시장은 합의 없는 만장일치를 이끌어낸다. 따라서 투표함은 합의가 반드시 필요한 결정인 경우에만 사용하는 것이 바람직하다.[10]

프리드먼에 따르면 민주주의는 합의 체제이고, 소비는 모두가 만족하는 만장일치 체제다. 슈퍼마켓은 어떤 상품을 진열할지를 결정할 때 소비자의 수요를 최대한 반영하려 애쓰고, 이를 통해 고객들에게 시장이 소비자의 욕구를 이해하고 있다는 느낌을 주고자 한다. 개인의 욕구를 어느 정도 포기해야 하는 민주주의 체제와는 다르다는 신호를 전달하는 것이다. 프리드먼이 자유경제를 옹호한 유일한 학자는 아니다. 1989년 이후 월터 리스턴을 비롯한 은행가들도 거기에 동참했다. 미국 금융계 대부라 불리는 시티은행 CEO 출신의 리스턴은 '국가주권의 황혼twilight of sovereignty'이라는 표현을 썼고, 미국의 법학자 겸 작가 필립 보비트Philip Bobbit는 국가가 소비자들의 욕구에 끊임없이 부응해야 하는 시대를 예고했다.[11] 하지만 그게 곧 소비자 주권의 강화를 의미하지는 않는다. 광고계도 오래전부터 최선을 다해 소비자의 주권을 묵살하려 부단히 애써왔다. 신자유주의 옹호자들 역시 "사회라는 건 존재하지 않는다. 남성 개개인과 여성 개개인 그리고 가족이 존재할 뿐이다"라며 정부의 책임을 국민 개개인에게 떠넘긴 마가렛 대처의 말을 슬쩍 인용하면서 소비자 주권 강화 문제만큼은 못 본 척 외면한다.

21세기 소비사회의 내면을 들여다보면 개인주의와 개성만 강조하는 풍조의 문제점이 어디에 있는지 잘 알 수 있다. 개인주의적 소비를 부추기는 21세기 경제는 거기에서 말하는 개인주의가 겉만 그럴싸하게 포장한 개인주의라는 사실을 자꾸만 감추려 든다. 디지털 기술의 발전이 그러한 경향을 더 부추기고 있기도 한다. 라인란트팔츠주에 있는 '다인 디자인Dein

Design'이라는 기업이 있다. '당신의 디자인'이라는 뜻의 회사명을 지닌 이 업체는 스마트폰 케이스, 맥주 케그keg, 커피머신 등을 고객이 원하는 디자인으로 제작해준다. 최신 포일foil 프린트 기술, 디지털 사진 기술, 손쉽게 조작할 수 있는 디자인 소프트웨어 등을 이용해 고객 맞춤형 제품을 만들어내는 것이다. 문제는 단 하나의 최적화된 규격밖에 없다는 것이다. 그 규격에서 벗어나면 나만의 디자인을 반영한 제품을 만들 수 없다. 프리드먼의 비유를 살짝 빌리자면 제품 종류와 제작 방식을 '합의'해야 비로소 개별 고객들의 '만장일치'를 도출할 수 있는 시스템인 것이다. 그러거나 말거나 다인 디자인도 (당연히) 인플루언서와 손을 잡았다. 인플루언서의 이미지와 유명세를 이용해 자사를 홍보하고 있다.

인플루언서의 '좋아요'에 담긴 진실

지금은 바야흐로 너와 내가 일대일로 만나는 느낌이 중요한 시대고, 팬들은 스타와 직접 커뮤니케이션하고 싶어 한다. 그렇게만 된다면 기꺼이 비용을 지불할 의사도 있다. 웹캠 앞에서 옷을 벗는 포르노자키, 뷰티나 게임 분야의 인스타그램스타 등 다양한 플랫폼에서 라이브 방송을 하는 이들은 일대일 커뮤니케이션을 해주는 대가로 돈을 받는다. 스트리밍 포털(2020년부터 인스타그램도 여기에 합류했다) 이용자들은 마치 스트립바에서 손에 지폐를 들고 쇼걸을 향해 상체를 굽히며 팔을 앞으로 뻗는 손님들과 비슷한 태도를 취한다. 다양한 형태의 디지털 화폐를 '쏨'으로써 스타의 관심을 사는 것이다. 스트리밍 방송을 내보내는 스타들 중에는 커뮤니케이션 종류별로 가격표를 정해둔 이들도 많다. 예컨대 몇 센트만 쏜 팬에게는 채팅 도중 하트를 전송하고, 4~5유로를 받은 경우에는 라이브스트리밍 도중에 그 금액을 보낸 팬의 아이디나 닉네임을 언급해준다. 70유로 이상을 쏘면 연락처를 알려준다. 왓츠앱으로 개인 메시지를 꼭 보내겠다는 약속도 잊지 않는다. 물론 스타가 알려주는 번호는 업무용 번호가 아니라 개인 번호, 스타가 늘 사용하는 번호다.

에로틱 플랫폼 '채터베이트Chaturbate'나 게임 전문 방송 '트위치' 등 스타가 팬과 직접 소통하는 방식의 플랫폼이 그간 많이 생겨났다. 하지만 이 플랫폼들도 최근 새롭게 등장한 것은 아니다. 각종 행사장을 돌며 분위기를 띄우는 노래를 부르던 독일 팝가수 프랑크 찬더Fank Zander는 이미 1997년부터 맞춤형 생일 축하 CD를 제작해 판매하기 시작했다. 고객의 마음에 쏙 드는 결과물을 빚어내기 위해 몇 주일이고 연습실에 칩거하며 연습했다고 한다. 생일 축하 노래는 으레 다음과 같은 인사말 뒤에 이어졌다.

카르멘, 안녕! 생일 축하해! 잘 들어봐, 내가 깜짝쇼를 준비했어. 주변에 의자가 있으면 얼른 끌어와서 일단 앉는 게 좋을 거야. 왜냐고? 지금부터 끝내주는 쇼가 시작될 거니까! 오직 너만을 위해 준비한 곡이야. 어때, 멋지지?

당시 CD를 '굽는' 비용은 저렴했고, 그 덕분에 찬더의 맞춤형 CD 역시 단돈 19.99유로(배송료 포함)밖에 하지 않았다. 하지만 결과물은 그 가격에 미치지 못했고, 깜짝 생일선물에 실제로 깜짝 놀라며 기뻐하는 이는 많지 않았다. 그런데 당시만 해도 TV 광고까지 할 만큼 기발했던 사업 아이디어가 이제는 당연한 것이 되었다. 그 기폭제는 2012년 미국 대선이었다. 직접적 의사소통 방식이 미 대선을 계기로 한 단계 높이 도약한 것이다.

실리콘밸리 최고의 브레인들을 영입해서 구성한 버락 오바마의 대선 캠프는 일련의 상황들로 인해 여러 모로 타격을 입은 오바마를 위해 전무후무한 맞춤형 캠페인에 돌입했다. 독일의 사회학자 크리스토프 쿠클릭Christoph Kucklick은 이를 두고 "유권자를 디지털 방식으로 해체한 대선 전, '과립형 사회granular society' 콘셉트에서 착안한 최초의 대선 전이다"라고 부르기도 했다. 쿠클릭이 말한 과립형 사회 콘셉트는 비슷한 생각을 지닌 이들을 단 몇 그룹의 동질 집단이나 계급, 계층으로 나누는 기존의 방식과 다르다. 오바마 캠프 내 통계학자, 프로그래머, 데이터 분석가 등 각 분야 전문가들은 유권자들을 계층별, 집단별로 구분하는 대신 알갱이 형태로 세분했다. 1억 6,600만 명에 달하는 유권자들에 대해 1~2만 개의 데이터 포인트를 수집해 데이터베이스를 만든 뒤,[12] 전화 통화나 유상으로 확보한 자료들을 보충해서 유권자들의 민심을 정교하게 분석할 자료를 완성한 것이다. 그 결과, 유권자 개개인의 고유한 성향을 파악하고 분석할 수 있게 되었다. 나아가 온라인 캠페인을 진행할 때마다 사전에 수많은 'A/B 테스트', 즉 두 가지 옵션 중 어느 쪽이 선호도가 더 높은지 알아보기 위한 테스트도 실시했다. 이를 테면 홈페이지 배경색을 어떤 컬러로 했을 때 더 많은 호응을 불러일으키는지를 미리 조사한 것이다.

> 오바마가 마지막으로 쓴 카드는 그야말로 천재적인 트릭이었다. 오바마는 처음부터 발로 뛸 준비가 되어 있는 자원봉사자들, 최대한 많은 유권자들을 직접 만나기 위해 자신의 시간을 기꺼이 희생할 지지자들에게 가장 큰 기대를 걸었다. 대선 캠프는 알고리즘 덕분에 … 공략 대상을 정확히 파악할 수 있었다. 이에 따라 선거 나흘 전부터 자원봉사자들이 일

사불란하게 움직였다. 그 나흘 동안 박빙의 승부를 치렀던 오하이오주에서만 2만 1천 명의 자원봉사자가 89만 가구의 문을 두드렸고, 총 35만 건의 대화를 나누었다. … 자원봉사자들은 스마트폰에 깔아놓은 앱을 보며 대화의 시작 멘트와 마무리 멘트를 정확히 따라 했다. 누군가는 '짜 놓은 각본'대로 움직였다고 비난하겠지만, 효과는 분명 만점이었다.[13]

돈이 적게 든 대선 캠페인은 아니었지만, 쓸데없는 낭비는 아니었다. 오히려 아주 효율적인 대선 전이었다. 오바마 캠프는 온라인 광고도 유권자 맞춤형으로 진행했다. 시청률이 가장 높은 시간대에 TV 광고를 내보낼 경우, 그 광고를 보는 이의 수는 늘어나지만 두리뭉실한 내용으로 유권자의 마음을 사로잡을지 여부는 불확실하다. 하지만 타깃을 정확히 설정한 뒤 전화를 걸거나 SNS를 통해 광고를 뿌리면 더 많은 표심을 내 쪽으로 좀 더 끌어올 수 있다. 오바마는 그렇게 표밭을 일구었고, 오바마의 승리와 더불어 광고계에도 커다란 변화의 회오리바람이 일었다. 그때부터 광고주들은 정확한 타깃, 즉 잠재적 구매자들만 선별해서 영점 조준하는 방식에 집중하기 시작했다. 제아무리 환경을 보호하는 방식으로 비키니를 만든들, 제아무리 동물실험을 하지 않고 빨간 립스틱을 생산한들 웬만해서는 사지 않을 고객층이 있다(예컨대 남성 고객). 오바마

댓글을 달아주세요

는 그 고객층(유권자)을 마케팅 대상에서 제외함으로써 광고비 지출을 최대한 줄이는 길을 택한 것이다.

인플루언서와 자신이 지지하는 대선 후보를 위해 기꺼이 발품을 파는 자원봉사자 사이에 비슷한 면이 꽤 많지만, 차이점이 없는 것은 아니다. 가장 큰 차이점은 집집마다 방문해서 벨을 누르는 대신 스마트폰으로 노크를 한다는 데에 있다. 그런데 SNS의 생리상, 팔로워들의 대략적 프로필은 비교적 쉽게 파악이 가능하다. 이에 따라 광고주도 자사 제품의 홍보를 맡길 인플루언서 그룹을 쉽게 압축할 수 있다. 그런데 한 가지 문제가 있다. 인플루언서가 보유한 팔로워의 수가 많을수록 그 안에서 성향이 여러 갈래로 분화될 공산이 높다는 것이다. '방문 설득'으로 표심을 살 때와는 다른 상황이 펼쳐지는 것이다. 팔로잉하는 팬의 수가 많을수록 스타 인스타그래머의 광고 타깃은 분산될 수밖에 없다. 분산 효과가 심지어 TV나 프린트 매체 광고만큼 높을 수도 있다. 팔로워들은 인플루언서가 업로드한 영상물을 광고가 아닌 콘텐츠로 인식하는 경우가 많기 때문에 인플루언서가 홍보하는 제품의 매출이 점점 더 늘어나는 건 사실이다. 그럼에도 불구하고 팔로워 수가 너무 많으면 아무리 훌륭하게 포장한 콘텐츠를 올려도 버려야 하는 타깃 그룹은 생길 수밖에 없다.

인플루언서의 광고 영상 효과는 할인 코드나 영상에 번쩍

거린 제휴사 링크를 타고 온라인숍에 들어와 특정 제품을 구매한 사람의 수와 총매출액을 통해 알 수 있다. 인스타그램이나 유튜브 댓글도 중대한 잣대다. 인플루언서가 홍보한 제품을 구매한 팬들이 댓글창에 '주문 완료'나 '구매 완료' 같은 글귀나 짧은 상품평들을 올릴 때가 많기 때문이다. 인플루언서는 팬들에게 틈만 나면 이런 종류의 피드백을 달라고 부탁한다. 물론 늘 상품 구매를 인증하는 리뷰만 강요하는 건 아니다. '친한 친구 코스프레'도 한다. 자신이 업로드한 영상이 알고 보니 광고에 지나지 않는다는 사실을 들키면 안 된다. 그 진실을 중화하기 위해 인플루언서들은 늘 자신의 '평범한' 일상을 소개한다. 시청자 입장에선 하나도 평범하지 않은 일상, 오히려 정말 짜릿한 일상, 나도 한번 저렇게 살아보고 싶은 일상이다. 하지만 인플루언서들은 그러거나 말거나 잊을 만하면 한 번씩 힘들었던 시절을 회상한다. 예컨대 옛날 옛적, 친구와 급히 연락할 수단이 오직 유선전화뿐이었던 시절을 회고한다.

자신의 일상에 대한 잡담을 늘어놓다가 공론의 장을 마련해줄 때도 있다. 뜬금없이 팔로워들에게 질문 하나를 투척하는 것이다. 그다지 중요하지 않은 일상 속 소소한 에피소드를 독백 식으로 늘어놓다가 질문 하나를 툭 던지면서 수동적 입장에 놓여 있던 시청자들을 능동적인 상태로 만든다. 질문 내용은 비슷비슷하다. "팔로워님들도 가끔은 저처럼 다음날 스케줄을 이렇게 타이트하게 짜시나요?", "혹시 이보다 더 나은 복근 운동 비법을 아시는 분이 계시다면 꼭 알려주세요", "여러분은 이번 휴가 때 어디로 가실 계획이신가요?" 같은 질문들이 대부분이다. 살다가 마주치는 그저 그런 질문들 끝에는 늘 "댓글을 달아주세요"라는 부탁이 꼬리표처럼 따라붙는다. 인플루언서의 말이 끝나기도 전에 팬들은 이미 손끝이 간지럽다. 요점만 간단하게 쓰는 팬도 있고, 한 편의 수필을 올리는 팬도 있다. 그 댓글들은 과연 누구를 위한 것일까? 유명 인플루언서들 중에는 모든 댓글에 일일이 답글을 다는 것은 고사하고, 댓글을 읽을 시간조차 없는 사람이 대부분이다. 오바마도 유권자들의 현관을 일일이 두드릴 시간은 없었다. 하지만 인플루언서들은 바로 그 부분에서 거짓말을 한다. 충성 고객을 묶어두기 위해, 새로운 고객을 확보하기 위해, 시건방져 보인다는 이유로 악성 댓글 폭탄을 맞는 사태를 피하기 위해서 말이다.

"댓글을 달아주세요"라는 요청은 사실 롤스로이스를 타고 지나가며 기품 있게 손을 흔드는 여왕의 제스처만큼이나 오만하다. 어쩌면 더 큰 꿍꿍이가 뒤에 숨어 있을지도 모른다. 인플루언서 중에는 팔로워들에게 툭하면 '좋아요'를 날리는 이들도 많다. 인플루언서가 직접 '좋아요'를 누르는지, 인플루언서 밑에서 일하는 스태프가 그 일을 대신하고 있는지는 알 수 없지만, 어쨌든 이를 통해 인플루언서는 팬들의 성원에 보답한다. 인플루언서들은 어쩌면 이러한 친근한 마케팅을 세계에서 가장 유명한 심리 마케팅학자 로버트 B. 치알디니Robert B. Cialdini에게서 배운 게 아닐까 싶다. 참고로 '인플루언서'라는 표현의 저작권자가 치알디니라는 소문이 있다. 치알디니는 공전의 히트를 기록한 베스트셀러 《설득의 심리학Influence》에서 고객을 칭찬하는 행위가 구매 결정에 얼마나 큰 영향을 미치는지를 설명하기 위해 세계 최고의 자동차 판매왕의 사례를 든다. 이 영업사원은 자동차 분야의 전문 지식뿐 아니라 넘치는 카리스마와 더불어 마케팅 전략까지 꿰뚫은 능력자였다.

> 그(자동차 판매왕)는 얼핏 보기엔 돈 낭비에 지나지 않은 일들을 차근차근 실천에 옮겼다. 자신을 통해 차를 구입한 고객이 1만 3천 명이 넘는데, 그 고객들 모두에게 일일이 글귀가 찍혀 있는 엽서를 보냈다. 문구는 '해피 뉴 이어', '해피 밸런타인데이', '해피 땡스기빙' 등 그때그때 달랐다. 하지만 엽서 앞면에 새겨진 문구는 절대 변하지 않았다. 그 문구는 바로 '아이 라이크 유'였다.[14]

그 문구를 디지털 버전으로 옮기면 '좋아요'가 된다. 인플루언서가 팬들의 계정에 가서 누르는 '좋아요' 버튼은 참인 동시에 거짓말이다. 그 팔로워를 개인적으로, 진짜로 좋아할 가능성이 거의 없다는 면에서는 거짓말이지만, 그 팔로워가 자신의 돈벌이에 기여해주는 부분에 대해서는 진심으로 고마워한다는 면에서는 참이다.

8

친절하고 다정한 인플루언서

두바이에서 최고로 유명한 호텔 '부르즈 알 아랍' 앞에서 포즈를 취한 여성 인플루언서, 촬영 각도가 완벽하다. 하늘색 비키니를 입고 카메라에 등을 돌린 채 서 있는 사진 속 주인공의 키와 명령만 떨어지면 당장이라도 더 높이 치솟아 하늘을 찌를 것 같은 321미터 건물의 높이가 거의 비슷해 보이는 각도다(이미 수많은 스토리나 포스팅, 동영상에서 봐온 식상한 구도다).

사진 속 여성과 5성급 럭셔리 호텔 사이에 모래밭이 깔려 있다. 여행사 카탈로그에서나 볼 수 있을 법한 풍경이다. 바다는 투명한

에메랄드빛이고, 파도로 인해 인 거품이 모래사장을 간지럽히고 있다. 호텔 건물은 야자수에 둘러싸여 있지만 이 멋진 풍경도 알고 보면 진짜 메시지를 전달하기 위한 배경화면일 뿐이다. 주인공은 왼손에 A4지 크기의 두꺼운 마분지 같은 걸 들고 있다. 카메라를 향해 쭉 내민 왼팔 끝에 있는 종이에는 분홍색 펜으로 "강하고 독립적인 여성"이라는 글귀가 적혀 있다. 세계 여성의 날을 맞이해 '#YouAreWomen'이라는 광고 캠페인을 시작한 향수 체인점 두글라스Douglas의 협찬을 받아서 쓴 문구다.

그런데 누군가가 그 포스팅 밑에 사진 속 모순을 지적하는 댓글을 달자 인플루언서는 발끈해서 "정말 말도 안 되는 소리네요. 일부러 우리랑은 상황이 다른 나라, 여성의 권리가 남성과 동등하지 않은 나라에 가서 이 구호를 외친 거거든요"라는 댓글을 단다. 그런데 잠깐! 거기서 그 구호를 외쳐서 가장 큰 이익을 보는 건 그 여성 자신, 나아가 여성해방을 지지한다고 천명하는 화장품 체인점뿐이지 않은지?

알고 보면 인플루언서야말로 소비 행위를 결코 있는 그대로 즐기지 못하는 이들이다. 늘 새로운 물건, '착한' 제품, 괜찮은 상품을 내놓아야만 하기 때문이다. 아무래도 나이 든 층보다는 젊은 팬들이 더 많고, 젊은 층들은 조금 더 진보적 가치관을 지니고 있어 인플루언서는 젊은 층이 좋아할 만한 주제에 집중할 수밖에 없다. '개념' 있는 사람이라는 인식을 보여주는 게 인지도를 끌어올리는 방법인 것이다. 이름을 널리 알리고 유명세를 이용하는 방법은 나라마다 문화적 배경에 따라 다르다. 틱톡 영상이나 인스타그램 스토리에서 그때그때 핫한 이슈를 다뤄줘야 하는데, 나라별, 지역별로 각기 다른 이슈를 선정해야 한다. 서구 사회에서는 지속 가능한 발전이나 다문화 사회 같은 주제가 자주 등장한다면 러시아를 포함한 동구권 틱톡 채널에서는 노숙자 문제가 더 뜨겁다.

인플루언서들은 이용 가치가 높은 이슈에 대해서 특히 더 목청을 높인다. 기존의 화장품 업계가 기후 문제에 얼마나 지대한 '공헌'을 했는지를 마구 비판한 뒤 지속가능성에 방점을 둔 특별한 립스틱 하나를 대대적으로 홍보한다. 거기에 제대로 된 비판, 체계적 비판은 거의 없다. 문화산업계는 늘 그랬다. 썩어빠진 자본주의적 흥청망청 소비 행태를 미지근하게 비판하면서 면죄부를 얻어왔다. 크라카우어도 1928년에 이미 엔터테인먼트 시네마에 대해 다음과 같이 비판한 바 있다.

> 관객 중에는 분명 '상위 리그'의 생활상과 초라한 자신의 모습을 비교하며 신세한탄에 빠지는 노동자 계급이나 소시민도 많을 것이다. 수익 창출에 혈안이 된 투자자가 그 점을 놓칠 리 없다. 그래서 영화 제작자들에게 사회비판적 시각도 적당히 버무려 넣으라고 요구한다. 하지만 우리 사회를 관통하는 근본적 문제를 있는 그대로 적나라하게 파헤치라고 요구하진 않는다. 그랬다가는 자본가인 자신의 존재 자체가 파괴되기 때문이다. 소시민들에게는 하층민을 위한 영화가 상류층을 위한 영화보다 더 친근하고 익숙한 것은 사실이다. 하지만 하층민의 삶을 다룬 영화들 역시 까다로운 사회적 문제를 암시만 할 뿐, 문제의식을 본격적으로 파고들지는 않는다. 짚고 넘어가야 할 고민들을 은근슬쩍 끼워 넣을 뿐이다.[1]

문화산업계는 지나치게 상업적이라 손가락질 받을 때마다 자기부정 전략을 써왔다. 이제 그 전략이 영화계에서 인플루언서 세계로 넘어왔다. 수많은 인플루언서들이 중대한 문제의식들을 은근슬쩍 끼워 넣는 방식을 채택하고 있다. 러시아나 동구권에서는 흔하디 흔한 사례지만, 우리 눈에는 꽤 심각하게 보이는 사례가 하나 있다. 그 지역 틱톡 사용자들 수백만이 약 30초가량 이어지는 영상물 하나를 클릭했다. 노숙자의 고통을 멜로드라마 형식으로 소개하는 영상이었는데, 비슷한 주제의 여느 영상과 구성이 거의 똑같았다. ❶ 어느 노숙자 하나가 인플루언서의 시선을 이끈다. 인플루언서는 이 대목에서 맹세코 연출이 아니라 실제 상황이라 다짐한다. ❷ 인플루언서가 돈을 주고 산 어느 아마추어 배우가 그 노숙자에게 폭력을 가하거나 자비를 베푼다. 둘 중 어느 쪽을 택할지는 인플루언서의 기분에 달려 있다. ❸ '지나가던 행인'이 가여운 노숙자를 별 이유도 없이 두들겨 팬 경우에는 그 사람의 비참한 신세를 모두에게 호소하고, 호의를 베푼 경우에는 그 사람이 마치 단 한 번의 행동으로 노숙자를 비참한 신세에서 해방시킨 것처럼 포장한다.

그런 비참한 이들을 양산하는 사회 시스템이 떠안고 있는 근본적 문제는 거론하지 않는다. 누구도 길거리에서 생활하지 않아도 되는 세상을 만들자는 구호도 외치지 않는다. 노숙자를 이유 없이 때리면 안 된다는 정도만 언급할 뿐이다. 폭력과 자비를 결합한 영상들도 있다. 일단 노숙자에게 무차별 폭력을 가한 뒤, 어디선가 착한 사람 하나가 나타나서 노숙자를 보호하고, 지폐 다발이나 방금 출시된 아이폰을 선물하는 동영상이 특히 인기가 높다. 그 안에 심각한 문제의식은 담겨 있지 않다. 그 노숙자에 대한 팩트는 눈을 씻고 찾아봐도 나오지 않는다. 노숙자에게 도움이 될 만한 복지 제도에 대한 언급도 거의 없다. 영상의 주인공은 비참한 상황에 처한 사회적 약자들이 아니다. 인플루언서들에게 있어 사회적 약자들이 겪는 고통은 텅 빈 구호일 뿐이다. 잘만 연출하면 돈벌이가 되는 수단에 지나지 않는다. 생활터전을 잃어버린 이들은 말이 없다. 자신이 주인공인 영상 속에서도 입을 떼지 않는다. 이런 류의 영상은 대사가 거의 없다. 내레이션도 없다. 최신 팝송이 배경에 잔잔히 흐를 뿐이다. 그 음악을 트는 이유도 매우 속물적이다. 대형 레이블로부터 돈을 받고 최신 히트곡을 홍보해주는 것이다. 시청자들이 그저 한번 흘려듣고 지나가면 안 되니 친절하게도 화면 하단에 노래 제목과 해석도 달아준다. '손님은 왕'이니까 모든 걸 손님의 편의에 맞게 최적화한다. 거기에서 얻는 수익은 대자본가와 콘텐츠 크리에이터가 나눠 갖는다. 사회적 인식을 일깨워줌으로써 배를 채우는 건 영상이 조명한 피사체가 아니라 영상을 제작한 이들이다.

인류애로 돈을 버는 방법

앞에 소개한 사례만으로도 냉소를 자아내기에 충분하지만, 놀랍게도 이게 최고봉은 아니다. 동정심과 친근감을 자극해서 떼돈을 버는 분야, 인플루언서 열풍의 중심에 서 있다고 해도 과언이 아닌 분야는 따로 있다. 바로 노숙자를 (표면적으로만) 빈곤에서 해방시켜주는 영상들이다. 해당 영상들에서 걸인들은 소자본가로 변신한다. 약 60만 개의 '좋아요'를 받은 어느 틱톡 클립을 보면 검은 후드를 입은 젊은 남자가 쇼핑몰 바닥에 앉아서 구걸하고 있다. 적선하는 이는 아무도 없다. 모두들 멸시의 눈초리만 보낼 뿐이다. 그런데 그 쇼핑몰을 찾은 어느 고객의 뇌리에 번득이는 아이디어 하나가 스친다. 그 고객은 가난한 걸인에게 체중계 하나를 사준다. 그 체중계는 걸인에게 있어 자본이고, 생산수단이다. 걸인은 체중계를 이용해 사업가로 변신한다. 백화점 고객들이 돈을 내고 즉석에서 몸무게를 재기 시작한 것이다. 가슴이 벅차오르게 만드는 듯한 비트beat를 실은 노래가 흐르는 가운데 걸인의 손안에 금세 지폐가 수북하게 쌓인다.

SNS에 가면 이런 영상이 넘쳐난다. 수많은 채널들이 이와 비슷한 영상을 제작하고, 재제작하고, 복사한다. 예컨대 어느 영상에는 나무판을 들고 있는 앞을 못 보는 걸인이 한 명

앉아 있다. 거기에는 "시각장애인입니다. 도와주세요"라고 적혀 있다. 그런데 지나가던 어느 여성이 다가가 문구를 고쳐준다. "날씨가 화창한데 저는 볼 수가 없네요"라고 문구를 바꾸자 걸인의 적선함에 금세 돈이 모인다. 시청자들은 앞다투어 이런 영상들을 클릭한다. 그 밑에는 으레 "떳떳하게 사셔도 될 듯요", "안됐다. 그래도 착한 사람들이 많아서 다행입니다", "원래는 정말 좋은 분이실 것 같아요", "오, 너님! 아이디어 좀 신박한데" 같은 댓글이 달린다.

해당 영상이 걸인에게나 시청자에게나 거짓말을 하고 있는 건 분명하지만, 보는 이들은 그러거나 말거나 크게 신경 쓰지 않는 듯하다. 시청자들에게 그 영상은 이를 테면 대리만족의 수단일 뿐이다. 인간이라는 존재가 기왕에 근본적으로 선하지 않다면, 이런 영상들이 적어도 선한 척은 하고 싶은 마음, 가상의 세계에서라도 올바른 삶을 살아야 할 것 같은 의무감을 충족시켜주는 수단으로 작용하는 것이다. 아도르노는 이렇게 기꺼이 거짓에 속아 넘어가는 이들을 '감정적 관조자'라 불렀다. 감정적 관조자들에게 있어 감동적인 틱톡 클립 하나는 평소에 애써 외면했던 충동, 문명사회에서 통용되는 기준으로 억눌렀던 충동의 해방구가 될 수 있다. 합리적 자기 보호 본능 때문에 꾹꾹 눌러왔던 상황에서 벗어나 뭐가 되었든 감정을 느낄 수 있는 기회라는 것이다.[2]

요즘처럼 피도 눈물도 없는 세상, 어떠한 인간적인 감정도 허용하지 않는 세상, 강인함만 요구하는 세상 속에서 사회적 약자에 대한 공감은 현실보다는 화면을 통해 표출될 때가 많다. 인플루언서는 영상 속 걸인에게 돈을 건네지만, 그 선행을 실제로 따를 시청자는 얼마나 될까? 그 영상은 오히려 속임수에 넘어간 시청자들에게 정반대의 메시지를 던진다. "보시라, 걸인도 큰돈을 벌지 않느냐, 혁신적 아이디어로 틈새시장만 잘 찾으면 당신도 1인 기업의 CEO가 될 수 있다"는 메시지를 던지는 것이다. 이렇게 귀한 충고를 해줬는데도 바닥을 기고 있다면 "힘든 세상에서 최고로 우뚝 서기 위한 기본적 마인드가 부족하다"라고 말해버리면 그만이다. 그 영상들은 비참한 현실을 둘러싼 진상을 폭로하는 대신 시청자들의 공감을 얻어내는 데에만 집중한다.

말하자면 브레히트의 〈서 푼짜리 오페라〉에 담긴 현실 풍자적 요소는 쏙 뺀 채 나머지 부분만 강조하는 것이다. 누구나 제목쯤은 들어봤을 법한 이 작품은 걸인 필치가 '걸인들의 친구'라는 회사를 차린 악덕 사기꾼 조너선 피첨과 마주치는 장면으로 시작한다. 물론 피첨이 가난한 이들의 진짜 친구는 아니다. 피첨은 걸인들에게 구걸과 호객 행위를 시킨 뒤 거기에서 나온 수익의 절반을 수수료로 가로챈다. 한마디로 착취의 화신인 것이다. 피첨은 자신의 수족들을 의족과 넝마, 그럴싸한 구걸용 장비로 무장시킨다. 마르크스 식으로 말하자면, 그 무기들을 런던 시민들의 동정심을 일으키기 위한 '고정 자본'으로 투입한 것이다. 그런 다음에도 피첨은 늘 새로운 혁신적 아이디어를 짜내기 위해 고민한다.

> 그래, 뭔가 새로운 발상이 필요해. 일이 너무 힘들거든. 내 사업이란 게 사람들의 동정심을 불러일으키는 것이라서 사람들에게 충격을 줄 수 있는 수단은 몇 개 안 돼. 몇 가지가 안 된단 말이야. 더 힘든 건, 그 방법 역시 몇 번만 사용하면 더 이상 효과가 없다는 거야. 아무리 그럴싸하고 갈급한 문구를 쓰면 뭐해, 시선을 확 끄는 나무판 위에 그런 걸 써놓으면 뭐해, 금방 시들해지고 마는 걸. 성경에도 사람의 마음을 움직일 만한 문구가 네댓 개 있지. 하지만 그걸 다 쓰고 나면 밥벌이가 끝나는 거잖아. "주라, 그리하면 너희에게 줄 것이니" 같은 문구를 내걸어도 효과는 기껏 3주밖에 안 갈 거야. 그러니 자꾸 뭔가 새로운 걸 내놓아야 해.[3]

마르크스와 엥겔스가 1848년에 《공산당선언》에서 주장한 내용을 악덕 고리대금업자 피첨도 깨달았던 것이다. 자본주의 시장이 주는 압박감에 대해 두 학자는 다음과 같이 말했다. "생산의 끊임없는 변혁, 모든 사회적 상황의 중단 없는 동요,

영속적 불안과 동요가 그 이전 모든 시대와 부르주아 시대를 구분 짓는다."[4] 부단한 혁신과 거센 경쟁은 자본주의의 근간이다. 혁신적인 이들만이 시장에서 살아남을 수 있다. 심지어 걸인조차도 바닥에 떨어진 빵부스러기들 중 하나를 차지하려면 혁신적 아이디어로 경쟁력을 강화해야 한다. 필치도 피첨에게 "그래요, 좋은 구호들이에요. 그게 우리의 자본이죠. 그런데 우리 같은 사람이 어떻게 그런 아이디어를 짜낼 수 있을까요? 교육도 제대로 못 받은 우리가 어떻게 사업을 번창시킬 수 있을까요?"[5]라고 외쳤다. 행인들이 동정심에서 던져주는 빵부스러기조차도 사업의 대상이 되는 게 자본주의다. 자본주의 체제는 늘 확장에 대한 강박관념을 강요한다. 한계를 모르는 자본주의 체제가 우리 삶 모든 영역에 침투하고 있다.

〈서 푼짜리 오페라〉는 이러한 현실을 아무런 포장 없이 낱낱이 고발하는 작품이다. 하지만 인플루언서와는 달리 브레히트는 독자들의 공감을 강요하지 않는다. 마르크스도 지적했던 것처럼 "사회가 빚은 상황에 대한 책임을 개개인에게 돌려서는 안 된다"[6]라고 생각한다. 브레히트는 그저 비인간적인 상황들, 인간미를 상실해야 비로소 살아남을 수 있는 상황을 바꿔보자고 호소할 뿐이다.

사람이 무엇으로 살아가는지 봐. 매시간 타인을 괴롭히고,

벌거벗기고, 공격하고, 숨통을 조고, 잡아먹으며 살아가잖아. 그래야 비로소 살 수 있어. 자신이 사람이라는 사실을 철저히 망각해야 살아갈 수 있어.[7]

틱톡 영상에 감동받은 시청자들도 착한 사람들로 넘쳐나는 세상을 바라기는 한다. 브레히트가 제기한 문제의식에도 공감하고, 브레히트가 내린 결론에도 동의하는 듯하다. 하지만 거기까지가 전부다. 지금의 상태가 앞으로도 유지되길 바라면서 '온라인 인류애'라는 대체품에만 만족할 뿐이다.

트렌드가 우선, 윤리의식은 그다음

서구 인플루언서의 윤리의식은 동구권 인플루언서의 윤리의식에 결코 '뒤처지지' 않는다. 선행에 관한 서구인들의 도덕심 역시 엄청나다. 2020년 여름, 틱톡에 올라온 영상들이 폭풍 댓글을 유발한 적이 있다. 이름 없는 회원이든 내로라하는 틱톡 스타들이든, 너나없이 비슷한 영상을 업로드했다. 영상의 주제는 '홀로코스트', 바로 유대인 대학살에 대한 문제의식을 불러일으키기 위한 콘텐츠였다. 이른바 'POV Point of View 영상', 즉 1인칭 시점으로 찍어서 시청자들로 하여금 직접 그 장면을 보고 있는 듯한 착각을 불러일으키게 만드는 촬영 기법으로 찍은 영상들의 패턴은 미리 짜기라도 한 듯 천편일률적이었다. 시청자들은 셀카 시점으로 영상을 찍은 크리에이터의 얼굴을 접한다. 영상 속 주인공은 천국에서 누군가를 만난다. 홀로코스트 희생자 역할을 맡은 인플루언서는 시청자들에게 자신이 죽음에 이르게 된 과정을 알려준다. 그 영상들 중 하나를 예로 들어보자. 약 12만 개의 '좋아요'를 받은 그 영상에 등장하는 젊은 여자 주인공은 카메라를 향해 슬픈 표정을 짓는다. 그 표정 위로 아래와 같은 대화 내용이 자막으로 흐른다.

어린 소년(이하 '소년'): 여기가 어딘지 아세요?

여성 인플루언서(이하 '여성'): 천국이잖아. 아무 걱정 안 해도 되는 거 맞지?

소년: 네, 근데 괜찮아요? 얼굴은 왜 그래요?

여성: 응, 괜찮아. 내 얼굴은 우리가 어떻게 죽었는지를 보여주는 증거일 뿐이야.

소년: 아, 그렇군요. 그런데 어쩌다가 목숨을 잃었는지 말해 줄 수 있어요?

여성: 그래, 당연히 알려줘야겠지. 난 독일의 어느 강제수용소에 있었어… 우린 고문을 당했고, 밥을 주지 않아서 늘 배고팠고… 결국 난 굶주리고 지쳐서 죽은 거야… 나뿐 아니라

많은 사람들이 그렇게….

소년: 정말 안타까운 얘기네요.

요즘은 반짝 떠올랐다가 금세 가라앉는 중대한 이슈들이 많다. 그럴 때마다 인플루언서의 의도가 너무도 빤히 드러난다. 인플루언서들은 주요 사회 이슈가 부상할 때마다 그 이슈를 활용한다. 해당 이슈에 대해 관심을 보이는 척하지만, 알고 보면 자신에 대한 관심과 인지도를 끌어올리기 위한 핑계일 뿐이다. "내가 모르고 지나가는 해시태그는 있을 수 없다"가 인플루언서들의 구호다.

2020년 여름, 경찰의 과잉 진압으로 사망한 한 흑인을 추모하면서 흑인 인권을 둘러싼 시위가 불길처럼 번졌다. 그리고 그 속에서 인플루언서들의 민낯이 만천하에 드러났다. 인플루언서들은 '#BlackoutTuesday(2020년 6월 2일에 발생한 인종차별과 경찰의 만행에 대한 집단행동)'라는 해시태그를 인스타그램에 경쟁적으로 달았고, 그날만큼은 모두들 어떤 사진도, 어떤 스토리도 올리지 않았다. 검은색 바탕화면만이 수많은 계정들을 채웠다. 인종차별주의의 희생자들을 기리는 마음에서 그날 하루만큼은 '인스타질'을 양보하겠다는 뜻이었다. 하지만 #BlackoutTuesday 운동이 끝나자마자 "앞으로는 더 귀 기울일게요" 같은 메시지들이 물밀 듯이 올라왔다. 그날 하루, 자신이 아무것도 하지 않고 참았다는 사실을 세상에 널리 알리지 않고는 못 참는 본성이 발동한 것이다. 인플루언서들은 그저 하루 정도 아무것도 하지 않고 참았을 뿐이지만, 그 수동적 인내가 얼마나 양심적 행동이었는지를 홍보하지 않고는 못 배긴다. 그 수동적 인내 이후에 올라오는 글들을 내 눈으로 직접 확인했기에 자신 있게 하는 말이다. 대부분 "정말 많은 걸 배웠어요", "정말 많은 얘길 들었네요" 같은 홍보성 글들이었다. SNS를 '좀 갖고 논다'는 전문가들은 수동적 태도를 통해서든 능동적 행동을 통해서든 늘 사건의 중심에 서고 싶어 한다. 그런 작태를 보다 보면 "많은 이들이 '나'라는 대명사를 너무도 뻔뻔스럽게 쓰고 있다"[8]라는 아도르노의 말의 의미를 곱씹게 된다. 그러거나 말거나 인플루언서는 오늘은 '#blacklivesmatter(흑인의 목숨도 중요하다)'라는 해시태그를 달고, 내일은 '#womensupportwomen(여성이 여성을 지지한다)'라는 해시태그를 추가한다. 마음만 먹으면 일 년 365일 내내 큰 수고 없이 공짜 박수를 얻어낼 수 있는 슬로건들을 기계처럼 만들어낼 수 있다.

그렇다고 이리저리 유행만 좇는 인플루언서만 있는 건 아니다. 꽤 오랫동안, 성스러울 정도로 엄숙하고 진지한 태도로 특정 주제를 다루는 인플루언서도 있다. 서구 국가에서 가장 인기 있는 테마는 아마도 지속가능성이 아닐까? 전 세계적인 기후보호 운동을 등에 업고 몇몇 인플루언서들은 이 주제를 자신의 트레이드 마크로 내세우기 시작했다. 이산화탄소 배출량 증가 문제, 여름 무더위와 플라스틱 폐기물 문제 등을 주로 지적하고, 정부에 대한 비판도 서슴지 않는다. 하지만 진짜 해결책, 전 세계적으로 '들어먹힐' 솔루션은 절대 제시하지 않는다. 21세기 최대의 정치적 이슈 중 하나인 환경문제를 개인의 소비윤리와 연관시키는 정도에 그친다. 그렇게만 해도 돈벌이가 된다. 씻어서 다시 쓸 수 있는 샌드위치 봉지, 리사이클링이 가능한 커피잔, 비건 생리대야말로 미래 혁신적 제품들이라 찬양하고, 그 제품들을 쓰면 양심의 가책 없이 소비문화를 즐길 수 있다고 설교한다. 지속가능성을 염두에 둔 소비야말로 개념 있는 중상류층들의 상징이라고, 지금 막 떠오르는 스타트업이 판매하는 제품, 공정무역 의류나 위생 관련 제품을 구입하기 위해 기꺼이 약간의 돈을 더 지불하는 것이 바람직한 소비윤리를 상징한다고 말이다. 하지만 글로벌 경제 시스템의 문제점을 꼬집으며 진정한 솔루션을 내놓는 이들은 많지 않다.

'다양성'에 초점을 맞춘 인플루언서도 상당히 많다. 인종, 문화, 성적 정체성과 관련한 다양성을 존중해야 한다고 목소리를 높이는 것이다. 신기한 건 문화적 차원에서는 평등을 우렁차게 외치지만 자신들이 누리는 경제적 이익을 비판하는 목소리에 대해서만큼은 뚝심 있게 입을 꾹 다문다. 돈벌이에 대한 관심과 문화적 다양성을 옹호하는 목소리 사이의 이 수상한 연합, 나아가 인플루언서가 누리는 금전적 혜택 등은 포디즘fordism의 종말과 연계해야 비로소 납득할 수 있다. 여성운동가 겸 철학자인 낸시 프레이저는 대량 생산을 지향하는 포드주의가 만들어낸 집약적 축적 체제가 한편으로는 고용 안정과 높은 성장률을 이끌어냈지만, 다른 한편으로 부정적 측면도 초래했다고 지적한다.

> 포드주의는 남반구에서 지속적으로 이뤄지고 있는 신제국주의적 착취, 여성이 의존적으로 살아갈 수밖에 없는 구조의 제도화, 농업과 가사노동 분야에서 특정 인종을 차별적으로 배제하는 행태 등을 전제로 하고 있다. 1960년대, 위와 같은 이유로 소외된 계층들은 이러한 전제에 정면으로 맞서 일어섰다. … 안타깝게도 그들의 저항은 1970년대에 접어들며 다른 방향으로 치달았고, 결국 평행선으로 달리는 전선을 구축하고 말았다. 그 전선에는 규제 철폐와 세계화를 옹호하는 이들이 포진되어 있었고, 그 전선을 이끄는 이들은 자본주의를 대표하는 국가들에서 가뜩이나 힘을 잃어가던 노동운동도 비판했다. 그러면서 대립 구도가 생겨났다. 젠더 문제나 인종, 민족, 성별과 관련한 낡은 서열구조를 타파해야 한다

고 주장하는 '신사회운동'과 금융시장 세계화로 인해 위기에 내몰린 채 자신들의 기득권을 지키려는 그룹들 사이에 갈등이 일어난 것이다.

기득권을 지키려는 기존 공장 노동자들과 자신들에게도 동등한 권리를 달라고 요구하는 소외 계층 사이에 이렇게 대립 전선이 형성되자 빌 클린턴을 비롯해 신자유주의를 옹호하는 정치가들이 그 틈을 비집고 들어와 진보적 사회 이슈들을 반노동자적 정책과 연결시켰다. 그런 의미에서 지난 몇십 년간 이뤄진 소수자들의 권리 신장과 금융시장 자유화는 동전의 양면이라 할 수 있다. 제조업 사양화로 직격탄을 맞은 공장지대 러스트 벨트rust belt의 노동자들을 비롯해, 관심 밖으로 밀려났다고 생각하는 이들은 극도로 분노했고, 그 지연된 분노는 몇십 년 뒤 급기야 도널드 트럼프를 대통령에 당선시킬 만큼의 폭발력을 발휘했다. 참고로 프레이저는 그 원인이 무엇보다 좌파 정치인들의 나태함에 있다고 주장했다.

트럼프를 찍은 유권자들은 합리적 불만을 제기했다. 한편으로는 금융시장 중심으로 돌아가는 경제 구조를 근본적으로 비판했고, 다른 한편으로는 인종이나 성적 지향에 따른 차별을 거부하고 서열화를 해체해서 여성해방을 실현해야 한다고 요구한 것이다. 좌파가 포괄적 정책을 제시하기만 했다면 그 둘을 한데 묶어 아우를 수 있었을 것이다.[9]

그러나 좌파는 적절한 대책을 내놓지 못했고, 오늘날 문화산업계 전반을 지배하게 된 진보적 신자유주의의 물결이 그 자리를 대신했다. 심지어 아카데미 시상식에도 '다양성 할당제'에 준해 수상자를 골고루 선정해야 한다는 규정이 생겨났다고 한다. 그런데 다양성을 이렇게 중시하는 할리우드가 왜 여태껏 단 한 번도 고용할당제를 둘러싼 문제는 제기하지 않았을까?

진보적 신자유주의는 인플루언서 세계에도 침투했고, 그러면서 여성해방운동이라는 화두가 뒷전으로 밀려났다. 끽해야 성공한 여성 백만장자가 가끔 주인공으로 등장하는 정도에 불과하다. 그런 콘텐츠들에는 으레 '#femaleempowerment(여성역량강화)'라는 해시태그가 붙는다. 1퍼센트를 위한 이 페미니즘 운동의 대표적 사례로 독일의 어느 온라인 스타를 들 수 있다. 이 인플루언서는 2020년 여름, 유튜브 영상을 통해 사실상 대부분 여성에게 해당 사항이 없는 문제의식 하나를 제기했다. 상장회사의 여성 임원이 육아휴직을 쓰려면 사표부터 제출해야 하는 현실을 비판한 내용이었다.

난 원하는 모든 걸 가질 수 있다고 알고 커왔어. 자, 한번 상상해봐. 언젠가 성공의 정점을 찍을 때가 오겠지? 창업을 했는데 사업이 끝내주게 잘될 수 있잖아? 심지어 주식시장에 상장도 할 수 있겠지? 그다음엔 그 회사의 임원이 되는 거야. 이제 사회적으로는 성공했는데, 그러다가 어쩌면 결혼도 하겠지? 언젠간 뱃속에 첫 아이가 생기겠지?

그런데 이 말을 듣는 여성 시청자들 중 저 정도의 성공을 거둘 능력이 있는 사람이 과연 얼마나 될까? 그럼에도 불구하고 시청자들은 인플루언서가 말하고 있는 상황에 자신을 대입한다. 크라카우어식 표현을 빌리자면 구멍가게에서 일하는 어린 소녀가 고위직 간부들의 생활에 관한 이야기에 귀 기울이는 상황이다. 그러든 말든 인플루언서는 자신의 주장을 이어가는데, 이야기의 전개가 왠지 해피엔딩과는 반대쪽으로 흘러가는 듯하다.

그쯤 되면 원하는 걸 다 손에 쥐었다는 느낌이 들겠지. 지금까지 잘해왔으니까 앞으로도 모든 걸 별 무리 없이 다 잘 해낼 수 있다는 생각이 들겠지? 의지만 있으면 뭐든 다 가질 수 있다고 했잖아? 맞아, 그게 내 삶의 모토야! 근데 이게 뭐야, '망할 놈의' 독일법이 내 계획을 다 망쳐버리네?!

인플루언서의 이야기가 끝나자 매출액 2억 5천 만 유로를 기록한 어느 회사의 여성 창업주의 푸념이 이어진다. 수백만 유로의 가치를 창출하는 기업 임원들에게 세상이 너무 매정하게 군다는 내용이다. 이어 인플루언서가 "이건 너무나도 비인간적이다"라며 여성 창업주의 손을 들어준다. 그런데 댓글창에 누군가가 "××님의 인지도를 이용해 소외 계층, 하루하루 입에 풀칠하기도 힘든 하위 계층을 위해 더 힘써주시면 어떨까요?"라는 글을 달자 그 인플루언서는 '#whatboutism'이라는 만능 키워드로 응수했다. '어쩌라고? 어차피 피장파장이잖아?'라는 뜻의 해시태그로 해당 댓글을 무시해버린 것이다. 아무리 봐도 '다들 잠자코 있는데 왜 당신만 갑자기 여기서 빈곤퇴치 얘길 꺼내?'라는 식의 대응이었다. 댓글창에 올라온 나머지 글들도 인플루언서의 편을 들어주는 글들이 대부분이었다. 위에서 언급한 비판 댓글에 동조하는 글보다는 "이런 주제도 다뤄줘서 감사해요", "사회적 성공도 인간적 조건 하에서 달성해야만 하죠" 등과 같은 응원 글이 더 많았다.

우리는 센테일까, 슈이타일까?

인간적인 환경에서 성공을 거머쥐려 노력한 이가 있다. 브레히트가 중국 도시 사천을 배경으로 쓴 우화이자 연극 극본인《사천의 선인Der gute Mensch von Sezuan》의 주인공 셴테의 이야기다. 하늘에서 아주 높으신 세 명의 신들이 지상으로 내려온다. 그들은 자신들의 율법이 틀리지 않았다는 사실을 입증해줄 선한 사람을 찾아내는 게 목적이다. 지상에 내려온 신들은 얼마 뒤 율법이 적힌 족자를 소리 내어 읽는다. "만약 인간다운 삶을 살고 있는 자들을 충분히 찾아내기만 한다면 세상을 지금 모습 그대로 놔두리라."[10]

하지만 이 과제는 금세 높은 벽에 부딪치고 만다. 하룻밤 묵을 숙소를 제공해줄 사람조차 찾지 못한 것이다. 신들에게 도움을 제공한 사람은 창녀인 셴테밖에 없었다. 셴테는 심지어 신들에게 잠자리를 마련해주기 위해 자신을 찾아온 손님도 돌려보냈다. 셴테의 친절에 감동한 신들은 셴테에서 은화 1천 닢을 주었고, 그러면서 본격적인 극이 시작된다. 좋은 일을 하고 싶은 셴테는 그 돈으로 담뱃가게를 차린다. 담뱃가게에서 번 돈으로 그 도시에 살고 있는 가난한 이들을 도우려는 것이었다. 하지만 얼마 지나지 않아 빈민들이 셴테의 가게로 떼 지어 몰려왔고, 셴테의 호의를 악용했으며, 자비를 베풀기 위해 없어서는 안 될 사업 수단까지 망가뜨려버렸다.

자그마한 구조선을 띄웠지만 금세 가라앉고 말았어요. 가라

앉고 있는 배에 탄 이들이 다들 저만 살겠다고 달려드니까요.[11]

그러면서 셴테의 자아는 분열되고, 셴테가 가상의 사촌오빠 슈이타로 변신한다. 슈이타는 어떤 희생에도 눈 하나 깜짝하지 않고 자본주의 논리와 신교도적 윤리를 무차별적으로 관철하는 인물이다. 그 덕분에 사업은 번창하지만 셴테의 원래 의도, 즉 착한 사람이 되고자 하는 의지는 자꾸만 어긋난다. 셴테의 분신分身인 슈이타는 가난에 처한 도시민들을 착취한다. 더 빨리 일하라며 직원들을 다그치고, 셴테의 친구인 물장수 왕씨가 억울하게 손을 다쳐 재판을 받을 때에도 도움의 손길을 내밀지 않는다. 왕씨에게 필요한 법정 증언을 거부한 것이다. 극이 대단원을 향해 갈 때쯤, 1인 2역에 지친 셴테는 자신의 정체를 밝히고 신들에게 이렇게 고백한다.

제가 그 여자예요. 슈이타와 셴테, 둘 다예요.
당신들은 한때 내게 명했죠, 착하게 살아가라고.
그 명령이 번갯불처럼 저를 두 동강 냈어요.
일이 어쩌다 그렇게 흘러간 건지 모르겠지만,
남에게 호의를 베풀면서 나에게도 충실하기는 힘들었어요.
당신들이 만든 이 세상은 너무 힘들어요.
빈곤과 절망이 판을 치니까요.

비참한 이들에게 손을 내미니 모든 걸 송두리째 앗아가더군요.
길 잃은 이를 도우려다가 제가 길을 잃더군요.
이런 상황에서 어떻게 나쁜 사람이 되지 않고 버틸 수 있겠어요?
고기를 먹지 않으면 굶어 죽을 텐데?

셴테의 이 하소연을 듣고도 신들은 세상을 바꿀 마음이 전혀 없다. 인간성을 상실해야 비로소 신들이 만든 그 세상에서 살아남을 수 있다는 셴테의 절규를 들은 체 만 체 외면해버린다. 신들은 무슨 커다란 자비라도 베푸는 듯 셴테에게 한 달에 한 번은 슈이타를 불러내도 좋다는 말만 남기고 분홍 구름 위로 두둥실 떠오르며 노래를 부른다.

너희의 몸뚱어리들이
금빛 물결에 그림자를 드리우는구나.
그러니 너희는 이제 우리를
아무것도 없는 허공으로 되돌려 보내주려무나.[12]

신들은 그들이 만든 세상에서 살아가는 인간들이 살아남기 위해서는 어쩔 수 없이 어두운 그림자를 지녀야 한다는 사실을 납득하려 들지 않는다. 신들은 셴테를 홀로 남겨두고, 사천의 착한 여인에게 담배공장을 운영해서 번 돈으로 계속 좋은 일을 하라는 명령만 남긴 채 홀연히 떠나버린다. 몸 파는 일을 하던 셴테는 그 모순적 명령에 좌절한다. 좋은 기업가인 동시에 착한 사람이 되기는 불가능하다고 느낀 것이다. 인플루언서들은 이 딜레마에서 어떻게 벗어날까? 간단하다. 셴테와 정반대로만 가면 된다.

셴테의 목표가 불쌍한 이들을 돕는 것이고, 돈벌이는 그 목표에 도달하기 위한 수단에 불과했다면, 인플루언서들의 목표는 부자가 되는 것이고, 정보 제공으로 사람을 돕는 것 역시 돈벌이의 수단이다. 사천의 선한 여인 셴테는 가난한 이들에게 나눠줄 돈을 마련하기 위해 냉혈한 슈이타의 마스크를 썼고, 스타 유튜버와 인스타그래머들은 팔로워의 지갑을 털기 위해 셴테의 마스크를 쓴다. 셴테는 인간미를 발휘하기 위해 우선은 이기적인 길을 택했고, 인플루언서들은 자신들의 이기심을 채우기 위해 인류애를 실천하는 흉내를 낸다.

브레히트의 희곡 속 주인공 셴테는 마지막에 홀로 남겨진 채 작은 어깨로는 도저히 감당할 수 없을 만큼 무거운 세상의 무게를 짊어진다. 인플루언서들은 그 무게가 어떤 무게인지도 모른다. 알 필요도 없다. 그때그때 '올바른' 편에 서는 방법만 알면 되기 때문이다.

9

인증샷으로 떠나는 여행

인도네시아 발리 남쪽 우붓 마을의 어느 봄날, 남자 친구의 두 팔뚝에만 의지한 젊은 여성이 인피니티풀의 암회색 테두리 바깥쪽에 매달려 있다. 왼쪽 종아리는 우아하게 뒤로 꺾은 채 문명의 손길이 전혀 닿지 않은 것 같은 깊은 바닥 위로 대롱대롱 매달려서 포즈를 취하고 있다. 배경에는 호텔을 둘러싼 야생의 자연이 보인다. '무한대'라는 수식어를 배반이라도 하듯 인피니티풀에는 테두리가 쳐져 있다. 그 상태로 커플은 키스를 한다. 프로 서핑보드 선수를 연상시키는 단단한 몸매에 야구모자를 쓴 남자는 유리알처럼 투명한 물에 하체를 배꼽까지 담그고 있다. 주위를 둘러싼 야자수들을 보니 이 둘의 애정행각이 아슬아슬하기 짝이 없다.

카욘정글리조트 실외 수영장에서 전문 포토그래퍼가 멀리서 찍은 듯한 이 사진이 세계인의 입방아에 올랐다. 스펙터클한 사진 한 장을 위해 목숨까지 건 여행 인플루언서의 사진을 보며 행여나 모방을 조장할까 두렵다는 우려의 목소리가 여기저기에서 흘러나왔다. 걱정하지 않을 수 없는 상황인 건 사실이다. 그런데 자신들이 올리는 모든 사진에서 구릿빛 몸매를 과시하는 이 미국 커플도 알고 보면 인스타그램에서 유행하는 트렌드에 동참한 것뿐이다. 인스타그램에 가면 이런 사진을 올리는 인플루언서와 그 행위를 모방하는 일반인들의 사진이 넘친다. 셀럽이 아닌 평범한 일반인들도 인스타그램에 올려도 될 만큼 완벽한 사진을 찍는답시고 보는 이들을 아찔하게 만드는 상황을 자주 연출한다. 하지만 입이 쩍 벌어지는 기발한 사진이 맨입에 나오는 건 아니다. 짙은 인상을 남기는 사진을 얻으려면 남들보다 곱절은 더 노력해야 한다. 수많은 여행 인플루언서들이 이런 수영장에서 그런 목적으로 수천 번 이상 셔터를 눌러댔을 것이다. 아슬아슬한 모험에 대한 보상은 꽤 큰 편이다. 발리의 인피니티풀에서 앞서 말한 사진을 찍은 여행 인플루언서 역시 그 사진 덕분에 10만 명이 넘는 팔로워를 추가로 확보했다. 하지만 리조트 측은 이러한 속물적 계산법과는 거리를 두고 싶어 한다. 리조트 웹사이트에는 "카욘정글리조트는 여행 경험이 풍부한 트래블러들이 일상에서 벗어나 자연의 아름다움을 즐기며 새로운 에너지를 충전할 수 있는 곳"이라는 광고 문구만 나와 있을 뿐이다.

모두가 에너지를 충전하고 영혼에 휴식을 주는 여행을 간절히 원한다. 2019년 실시한 어느 조사에 따르면 해외여행자 수가 무려 15억 명에 달한다고 한다. 여행이 수조 달러의 황금알을 낳는 사업인 건 분명하다. 팬데믹과 기후변화의 심각성을 알아야 한다며 비행기를 타는 데 부끄러움을 느끼자는 '플라이트 셰임flight shame' 운동에도 불구하고 여행산업은 다시 호황을 누릴 것으로 보인다. 인플루언서도 이러한 상황에 일조했다. 여기저기를 떠돌며 여행에 관한 모든 것을 미디어로 널리 알렸기 때문이다. 인플루언서들은 하루가 멀다 하고 SNS에 그림 같은 골목길들, 푸른 하늘, 웰빙 체험기, 이국적 왕궁을 찍은 사진을 업로드한다. 인터넷 공간에서는 거리가 실감나지 않으므로 해당 콘텐츠의 인기는 더 높다. 독일의 경우 일반 직장인들의 휴가일수는 연간 28일 정도 된다. 그런 이들에게 전 국민 모두에게 무조건적으로 기본소득을 지급하겠다거나 주당

28시간 노동을 실현하겠다는 좌파의 구호는 귀에 들어오지 않는다. 그보다는 틈날 때마다 인스타그램에 가서 유사 여행을 즐기는 게 속이 더 편하다. 중고등학생이나 대학생도 여행 포스팅을 즐겨 본다. 지금은 어디든 갈 수 있는 시대, 어디든 가봐야 하는 시대이므로 미리 다양한 지식과 경험을 수집해둬야 나중에 자기소개서나 이력서에 한 줄이라도 더 써넣기가 쉬워진다.

여행 인플루언서들은 당연히 관광산업이 번창하기를 바란다. 태생적 특성이 그렇다. 밥벌이라는 쳇바퀴에서 탈출해 자유를 누리라고, 사회적 트렌드에 뒤처지면 안 된다고 끊임없이 외칠 수밖에 없다. 그래서 한 여행지에서 다음 여행지로 옮겨 다니며 인스타그램 스토리나 유튜브, 틱톡에 사진과 영상을 포함한 여행담을 올린다. 독일의 사회학자 게르하르트 슐체Gerhard Schulze는 '체험사회'의 구성원들은 짐을 쌀 일이 많다고 말했다. 그들은 여행가방 안에 스마트폰과 노트북 외에는 거의 아무것도 집어넣지 않는다. 여행계에도 불고 있는 미니멀리즘 트렌드를 실천하려면 그래야만 한다. 얼핏 보기에는 탈물질주의처럼 보이지만 과연 그럴까? 가볍게 짐을 싼 여행객들이 소비하는 것은 바로 체험이다. 온라인 스타들은 "순간을 만끽하는 중"이라는 말로 이를 설명한다.

약 90만 명의 팔로워를 보유한 어느 인플루언서 커플이 하와이에서 소식을 전해온다. 행복에 겨운 표정으로 두 사람은 "그냥 내키는 대로 하면 돼요. 그게 중요하잖아요. 새로운 걸 시도해보고, 순간을 체험하는 거예요." 스페인령 카나리아 제도에 속한 푸에르테벤투라 섬으로 이동한 이 쳇바퀴 탈출자들은 히피 패션을 걸친 채 이렇게 외친다. "당신의 꿈이 꿈으로 끝나게 놔두진 않을 거죠?" 신기하게도 하나마나한 이런 충고들에 공감하는 팬들이 많다. 평범한 직장인은 아무리 뭔가를 하고 싶어도 즉흥적으로 실천에 옮기지 못한다. 그런 꿈조차 꾸기 힘들다. 해당 영상에 공감을 표시한 이들 대부분은 아마도 꼼짝없이 집과 사무실만 오가며 컴퓨터 화면을 들여다보고 있을 것이다. 낼 수 없는 용기를 쥐어짜 내라는 냉소적 구호나 읽고 있을 것이다. 그런데 왜 모순점을 찾아내는 사람이 없는가? 왜 코웃음을 치거나 질투심을 느끼는 사람은 보이지 않는가? 아마도 자신의 현재 삶을 뼛속 깊이 당연한 것으로 받아들이고 있기 때문일 것이다. SNS 스타들의 제안을 어쩌면 나도 실천할 수 있는 게 아니라 그저 감탄의 대상일 뿐이라 생각하고, 상사의 업무 지시 이메일들이 도착하기 전에 잠시 컴퓨터 모니터를 스쳐 지나가는 상상의 세계쯤으로 여기고 있을 수도 있다.

방송사들은 '리얼리티'라는 수식어를 단 프로그램들을 통해 아무것도 하지 않아도 되는 백만장자, 한 번도 일을 해본

적이 없다는 백만장자의 이야기를 무차별적으로 소개했고, 시청자들은 인스타그램이 등장하기 전에 이미 매일 저녁 자신은 결코 될 수 없지만 간절히 닮고 싶은 사람의 모습을 아무렇지도 않게 쳐다보는 것에 익숙해졌다. 유일한 꿈은 언젠가는 2주 동안 '올 인클루시브all inclusive(숙박, 식사, 교통 등 모든 것이 포함)' 패키지 투어를 즐기는 것, 그 여행지에서 진품과 거의 비슷한 루이비통 짝퉁(모조품)을 '득템'하는 것뿐이다. 비록 짝퉁이지만 자신들이 평소에 들고 다니던 가방보다는 그래도 더 폼이 날 테니까 말이다.

하지만 뒤에 숨은 배경을 들여다보면 호텔이나 여행사들이 즉흥과는 거리가 먼 여행, 실은 온갖 공을 들여 연출한 순간의 광고 효과를 극대화하기 위해 유명 인플루언서에게 각종 혜택을 제공한다. 기자단을 초청해 무상으로 숙소와 음식을 제공한 뒤 그 관광지에 대한 소개 기사를 은근히 청탁하는 행태와 비슷하다고 보면 된다. 물론 진짜 기자라면 그런 혜택에 매수당하지 않는다. 진짜 기자들은 공식 초청 행사인 만큼 참가는 하겠지만 나중에 기사를 쓰거나 라디오 코너에 출연할 때 자신의 감상을 솔직히 말할 거라며 향응과 직업정신 사이에 분명한 선을 긋는다. 그사이 뉴미디어에 관한 규정도 엄격해졌다. 이제 여행 인플루언서도 돈을 받고 제작한 후기나 영상에 '유료 광고 포함'을 공지하거나 협찬 사실을 반드시 알릴 의무를 지닌다. 그럼에도 불구하고 투명성이 아주 높아진 건 아니다. 이에 독일 연방 세무청은 (연방 재정부가 발간한 안내책자에 따라) 고액의 협찬을 받은 인플루언서들에게 해당 물품을 과세 대상 수입으로 신고할 것을 강력히 권고했다.[1♥]

여행 인플루언서들의 콘텐츠는 여행과 관련된 모든 것을 소개하는 거대한 카탈로그다. 웅장한 스위트룸과 화려한 욕조가 등장하고, 무엇 하나 부족할 게 없는 뷔페와 호텔 주변에 펼쳐진 깨끗한 백사장이 그 뒤를 따른다. 더러는 파리의 '에펠탑'이나 브라질의 '구원의 예수상'이 모습을 드러내기도 한다. 푸른 자연 속으로 팔로워들을 이끌 때도 있다. 야생동물들이 뛰노는 사파리에 갈 때도 있고, 카누 체험을 할 때도 있다. 짜릿한 모험과 아슬아슬한 스릴은 여행 인플루언서라면 반드시 장착해야 할 아이템이다. 단체 여행객을 위한 영상을 전문으로 찍는 인플루언서들도 약간의 스릴을 감수해야 한다. 최소한 헬멧에 액션캠을 단 채 제트스키쯤은 한번 타 줘야 하는 것이다. 사회학자 슈테판 슐츠Stefan Schulz는 독일을 '퇴직자 공

♥ 우리나라에서도 '뒷'광고 논란이 이슈가 된 적이 있다. 유명 인플루언서나 연예인들이 대가를 받고 콘텐츠를 업로드하면서 광고임을 표기하지 않아 여론의 뭇매를 맞은 것이다. 이후 공정거래위원회가 2020년 9월 1일부터 '추천·보증 등에 관한 표시·광고 심사지침' 개정안을 시행해 '뒷' 광고가 전면 금지됐고, 이러한 콘텐츠를 올릴 시 반드시 '광고'나 '협찬'임을 표기해야 한다.

화국'이라고 표현한 바 있는데, 이런 노인 공화국의 주역들도 약간 위험한 모험에 꽤 익숙하다. 여행을 주제로 한 독일의 옛 드라마 〈꿈의 유람선Traumschiff〉에서 자주 봤던 장면이기 때문이다. 그런데 여행 인플루언서의 영상에는 모험적 요소보다 더 도드라지는 특징이 하나 있다. 바로 '서비스 정신'이다. 나는 어디까지나 좋은 뜻에서 좋은 곳을 공유하고 싶은 마음뿐이니 비판은 받지 않겠다는 것이다.

한편, 여행 인플루언서의 영상을 보고 지갑이 두둑한 관광객들만 영상 속 여행지를 찾는 건 아니다. 몰려드는 '무상 취식족'들로 골치가 이만저만 아픈 게 아니라 호소하는 호텔 업주가 점점 늘어나고 있다. 별로 유명하지 않은 인스타그램 사용자나 마이크로 인플루언서들이 하루에도 몇 번씩 연락해서 파워 인플루언서와 똑같은 대접을 해달라고, 자신들도 럭셔리 리조트에 공짜로 묵게 해 달라고, 그러면 인스타그램에 홍보성 후기를 남기겠다고 말한다는 것이다. 인플루언서 마케팅의 딜레마가 바로 여기에 있다. 인플루언서가 친구처럼 다정하게 다가간 덕분에 팔로워들은 자신이 광고 영상 속 주인공과 동급이라는 착각에 빠지고, 광고 모델이 되겠다고 나선다. 하지만 인플루언서는 팔로워가 계속 고객으로 남아 있기를 바란다. 그래야 자본주의 체제 하에서 앞으로도 인플루언서라는 이름으로 큰돈을 벌 수 있기 때문이다.

똑같은 필터, 똑같은 영상

그럼에도 호텔과 주변 경관의 미학적 가치를 홍보해주는 관광객들을 밀쳐내는 업체는 없다. 단체 여행객도 대환영이다. 호텔과 관광지들은 패키지 여행단에게도 인스타그램에 올려도 될 만큼 예쁜 방과 수영장, 풍경 등을 제공한다. 피해를 보는 건 인근 주민과 자연보호 운동가들이다. 그들은 여행 인플루언서들의 영상을 보고 직접 사진을 찍으려 몰려드는 인파가 주민의 사생활을 침해하고 자연을 훼손한다고 비판한다. 최근 몇 년 사이, 인플루언서나 그 팬 무리들이 옥수수 밭을 밟아서 망가뜨렸다는 신고가 몇 차례나 접수되었다. 독일 최대의 벚꽃 축제로 잘 알려진 도시 본에서는 벚나무가 늘어선 길들을 아예 가로막은 사례도 있었고, 자연보호구역에서 찍은 셀카를 포스팅하는 이들도 적지 않았다.

영국 어느 보험사가 33세 이하 여행객들을 대상으로 설문조사를 실시한 적이 있는데, 응답자의 40퍼센트가 휴가지를 고를 때 SNS에 올려도 될 만큼 멋진 사진이 나오는지가 여행지 선택의 기준이라 답했다.[2] 여행 인플루언서들은 특수 필터까지 동원하며 높은 퀄리티의 사진과 영상을 제공하고, 그 특수 필터를 구매하라고 권유하기도 한다. 그 결과, 목적이 전도되는 현상이 일어난다. 인플루언서가 소개한 멋진 휴가지에 가는 게 목적이 아니라 인플루언서가 업로드한 그 사진과 최대한 비슷하게 사진을 재현하는 게 진짜 목적인 경우가 점점 더 많아진 것이다. 만약 사진 촬영을 엄격하게 금지했더라도 과연 그 여행지를 택했을까? 많은 이들이 인플루언서와 똑같은 모습을 연출하고, 이를 통해 자신도 인플루언서의 세계(여기에서 말하는 '세계'는 지리적으로 멀리 떨어진 물리적 장소가 아니다)에 발을 들이고 싶어 한다. 자신의 우상이 사용한 필터를 장착하고 세팅도 똑같이 해서 똑같은 사진을 찍으면 그 세계에 들어갈 수 있을 거라 믿는다. '또 다른 나'를 발견하는 게 여행의 진짜 목적이라 말하는 이들이 많은 시절이 있었다. 그러나 지금은 또 다른 나를 발견하거나 낯선 사람을 만나기 위해 여행을 떠나는 이들의 수가 줄어도 너무 많이 줄어들었다. 온라인 세상에서 본 이미지와 똑같은 장면을 연출하고 싶은 마음이 여행의 원동력일 때가 더 많아졌다.

과거에도 비슷한 현상이 있었다. 18~19세기 영국 상류층 사이에서는 이른바 '그랜드 투어'가 유행했다. 길게는 몇 년에 걸쳐 남유럽과 중유럽을 둘러보는, 일종의 유럽 일주였다. 그 트렌드를 촉발한 계기는 해당 여행지들에 대해 극찬을 늘어놓는 기행문들이었다. 괴테는 《빌헬름 마이스터의 수업 시대 Wilhelm Meisters Lehrjahre》에서 '레몬 꽃 피는 남쪽 나라'를 아는지 물어봤고, 그 글을 읽은 수많은 독일인들이 괴테의 족적을 확인하기 위해 이탈리아로 향했다. 책 속 주인공은 처음에는 매우 독립적이고 개성이 넘치는 인물처럼 보이지만, 이내 남들이 다 가는 길을 걸으며 유행을 뒤좇는다. 그런데 당대 시인들은 이탈리아가 고대의 향기를 그다지 많이 품은 곳이 아니라 비판했다. 이탈리아에 대한 실망을 표현한 문학작품도 수없이 많았다. 실물과 허구의 차이를 비판한 책자들도 많았다.

지금은 여행 전문 포털사이트나 커뮤니티가 기행문의 자리를 대신하고 있다. 무려 5성급 호텔임에도 불구하고 "인스타그램에 올릴 만큼은 아니었다"는 실망과 분노의 글이 시도 때도 없이 올라온다. 한때 이탈리아를 다녀온 많은 여행객들이 악취와 지저분한 환경, 돈을 너무 밝히는 '치체로니Ciceroni(이탈리아어로는 '여행 가이드'라는 뜻)', 너무도 평범한 풍경에 대해 불만을 토로했다. 니콜라 푸생이나 클로드 로랭 같은 프랑스 화가들의 그림과 거리가 멀다는 것이었다. 그런데 당시 화가들은 '클로드 미러claude mirror'라는 아날로그 방식의 필터를 활용했다. 클로드 미러는 접이식에 휴대가 용이한 거울로, 거울 표면이 살짝 볼록하게 솟아올라 있는데, 볼록거울로 인한 왜곡과 컬러톤을 어둡게 만들어주는 효과가 있다. 그래서 이 거울을 이용해 풍경화를 그리면 클로드 로랭 스타일의 풍경화가 연상된다고 한다.[3] 요즘 팔로워들은 인플루언서의 눈으로 세상을 바라본다. 인플루언서의 눈이 요즘 시대의 클로드 미러로 작용하고 있는 것이다. 하지만 인플루언서들은 늘 똑같은 말만 되풀이한다. "나 자신이 되어보아요. 개성을 한껏 발휘하자고요." 이는 그들의 고정 레퍼토리다.

이보다 더 신기한 현상도 있다. 이른바 톱클래스에 속하는 여행 인플루언서 중에는 늘 똑같은 필터만 쓰는 이들이 있다. 그렇게 자신만의 이미지를 만들어내서 인지도를 끌어올리는 것이다. 여행지는 이 해변에서 저 해변으로 그때그때 달라지지만 어디에서 찍은 사진이든, 어느 곳에서 촬영한 영상이든 동일한 톤으로 편집한다. 알프스를 등반할 때나 코끼리 타기 체험을 할 때나, 혹은 인플루언서들이 애용하는 아이템인 튜브를 호텔 수영장에 띄운 채 한껏 여유를 부릴 때나 이미지에서 풍기는 느낌은 동일하다. 폴란드 출신 사회학자 지그문트 바우만Zygmunt Bauman은 "관광객의 세상은 전적으로, 오직 '미학적' 기준으로만 구성된다"라고 말한다. 미학적으로 변경 가능한 체험만 받아들인다는 뜻이다. 단, 한 가지만큼은 필사적으로 피한다. "방해받는 건 참을 수 없다. 미학적 차원을 뺀 다른 모든 차원의 자유를 돈과 맞바꾼 것이기 때문이다."[4] 많은 인플루언서들이 세상에 대한 이 미학적 접근법을 획일화하고 있다. 필터나 기술을 활용해 비슷비슷한 이미지만 만들어낸다. SNS 플랫폼들의 알고리즘 역시 늘 똑같은 것만 사냥한다. 그런 다음 그 사냥감을 팔로워들의 타임라인에 밀어 넣는다. 오스트리아의 소설가 프리트리히 토르베르크Friedrich Torberg의 소설 속 주인공 '욜레쉬 아줌마'의 말 중 작금의 현상을 거의 적확하게 꼬집은 말이 있다. "뭔 도시들이 다 이렇게 똑같아? 뭐, 베네치아만 좀 다르네."

살아 있는 광고판인 인플루언서들은 강철로 된 건축물에서도 자신과 동일시할 수 있는 지점을 잘 찾는다. 특히 인기 있는 장소는 이른바 '비非장소'라 불리는 곳들, 전통적 의미의 장소와 다른 장소들이다. 어쩌다 역사의식을 고취시키는 장소를 골랐다 하더라도 배경화면쯤으로만 활용할 뿐이다. 즉 역사적 의미를 담은 도시 안에 누구나 알 만한 명품 브랜드의 로고가 한눈에 들어오는 상점이 있다면, 거기가 바로 인플루언서를 위한 명승고적지가 되는 것이다. 장구한 역사를 품은 그 도시의 어느 명품 매장 앞에서 인플루언서들은 포즈를 취하고, 그 브랜드가 풍기는 우아한 이미지에 취하며 신분상승 효과를 만끽한다. 그런 다음 명품 매장들이 즐비한 거리 전체를 누비며 대형 유리 앞에서, 혹은 매장 안에서 셔터를 누른다. 넓디넓은 텅 빈 아파트에서 통유리창을 통해 맞은편 고급 아파트의 모습을 찍기도 한다.

'#Dubai(두바이)'라는 해시태그를 단 인스타그램 포스팅 건수는 이미 1억 개가 넘었고, 828미터 높이를 자랑하며 세계에서 가장 높은 건물로 우뚝 선 두바이의 '#BurjKhalifa(부르즈 할리파)' 관련 포스팅은 550만 개에 이른다. 총 163층 중 패션계의 거물 아르마니가 소유한 '아르마니 호텔'이 38개 층을 차지하고 있는 이 건물은 그야말로 '돈 칠을 제대로 한 욕구 피라미드'다. 아래층들부터 이미 인간의 기본 욕구와는 거리가 멀고, 중간층으로 올라갈수록 모던한 느낌을 주며, 최고층들은 주거용이나 사무용이 아니다. 허세와 과시로 똘똘 뭉친 랜드마크, 100킬로미터 떨어진 곳에서도 뚜렷이 알아볼 만한 욕망의 덩어리다. 방금 말했듯, 꼭대기층들에는 사람이 없다. 그 거대한 복합 리조트 건물을 돌아가게 만드는 기계실들이 그곳을 차지하고 있다. 그런데 두바이에는 여기 못지않게 공간을 호사스럽게 낭비하는 장소들이 또 있다. 그중 하나가 부르즈 할리파에 비하면 비교적 '낮은', 321미터 높이의 7성급 호텔 '부르즈 알 아랍'이다. 이 건물 역시 인스타그램에서 검색하면 400만 건 이상의 결과가 나온다. 유튜브 인플루언서들도 이 건물을 주제로 한 영상물을 수없이 많이 올렸다. 모두 합하면 1천 시간도 넘는다. 1990년대에 돛 모양을 본떠 지은 그 '허세' 호텔을 거니는 인플루언서들의 입에서는 긴 설명 대신 "우와!", "어머나!", "허걱!" 같은 짧은 감탄사들이 주로 흘러나온다. 완전한 문장은 거의 들리지 않고, 충격에 휩싸인 것을 입증하는 감탄사들만이 꼬리에 꼬리를 문다.

싱가포르의 '마리나 베이 샌즈'에서 묵는 인플루언서의 입에서 흘러나오는 감탄사도 거기서 거기다. 2010년 문을 연 복합 리조트 마리나 베이 샌즈는 인스타그램과 태어난 해가 같다. 인스타그램을 위해서 지은 빌딩이 아닌가 싶은 의심이 들 때도 있다. 이 건물 이름을 해시태그로 단 인스타그램 포스팅이 185만 개가 넘는다. 리조트 내부의 카지노와 쇼핑몰, 미술관과 박물관만 스크롤하며 둘러봐도 시간 가는 줄 모를 정도로 몰입도가 꽤 높은 영상들이다. 호텔 타워 세 개를 이은 지붕 위에 설치한 인피니티풀은 그중에서도 압권이다. 146미터 길이의 인피니티풀을 찾은 여행객들은 싱가포르의 스카이라인을 따라 수영을 즐긴다. 이 앞에서 포즈를 취한다는 건 새 세상을 지배할 질서 앞에서 기념촬영을 한다는 의미다. 슬라보예 지젝은 '아시아적 가치'를 내세운 권위적 자본주의가 위험하다고 말했지만, 마리나 베이 샌즈를 보면 아시아적 자본주의가 자유민주주의적 서구 시장경제에 이혼장을 내밀고 있다는 느낌이 든다. 싱가포르의 국부 리콴유는 "지나친 민주주의는 기강을 무너뜨리고 무질서한 상태를 초래하며, 결국 국가 발전을 방해한다"라고 말했다. 신자유주의의 대부라 불리는 경제학자들의 생각도 비슷했다. 밀턴 프리드먼이나 프리드리히 아우구스트 폰 하이에크Friedrich August von Hayek 같은 경제학자들은 군부 독재 체제 하에서 칠레가 실시한 신자유주의 실험을 찬양하기 바빴다. 1959년부터 1990년까지 동남아시아의 작은 섬나라 싱가포르의 총리를 지낸 리콴유는 조국의 세계화와 신자유주의 물결 도입을 단호하게 밀어붙였다. 거기에는 싱가포르를 관광과 금융자본의 허브로 부상시키겠다는 결연한 의지가 숨어 있었다.

싱가포르는 깔끔하게 잘 정비된 나라다. 벌레 한 마리 안 나올 것 같은 무균질의 청결함을 자랑한다. 해킹 마니아들이나 인터넷에 관심을 가지던 시절부터 인스타그램에 올라타기 위한 만반의 준비를 갖추고 있었다. 그 시절, 그곳을 찾은 관광객들은 하나같이 "정말 깨끗하다"는 감탄사를 연발했다. 비행거리와 칭찬의 강도는 거의 정비례했다. 더 먼 곳에서 온 여행객일수록 더 큰 목소리로 더 많은 감탄사를 쏟아냈다. 모르긴 해도, 권위주의 체제의 부작용이 여행객들의 눈에는 잘 띄지 않은 듯하다. 여행객들은 '오히려 민주주의보다 권위주의가 더 나은 게 아닐까' 하는 의심과 회의감을 싱가포르 여행 기념품으로 캐리어 안에 꾸려 넣었을 것이다.

중국이 인플루언서 마케팅에 눈독을 들이는 이유도 거기에 있다고 본다. 무함마드 빈 살만Mohammad bin Salman 왕세자를 비롯해 '하이테크 전체주의'를 추구하는 사우디아라비아 왕실도 의도적으로 인플루언서들에게 접근하고 있다. '잘못 알려진(?)' 진실을 바로잡아 달라는 것이다. 인플루언서 모집을 대행하는 네덜란드계 에이전시가 하나 있다. 그 에이전시의 웹

사이트에 가면 "게이트웨이 KSA Kingdom of Saudi Arabia는 사우디아라비아 왕국의 '비전 2030' 프로젝트를 지지합니다. 이를 위해 전 세계적으로 풀뿌리 운동을 장려하고, 미래를 바꿀 수 있는 강력한 힘을 지닌 이들이 사우디아라비아 왕국에 대한 인식을 바꿀 수 있도록 기여하겠습니다"[5]라는 거창한 설명이 올라와 있다. 이 에이전시의 목표는 사우디아라비아가 이제 더 이상 풍부한 석유 매장량에만 의존하는 나라가 아니라는 사실을 인플루언서들에게 알리고, 인플루언서를 도움닫기 발판으로 삼아 그 사실을 전 세계에 홍보하는 것이다. 왕가의 일원인 투르키 알 파이잘 Turki al Faisal 왕자도 장차 초대할 인플루언서들에 관한 질문에 "우리는 그 젊은이들에게 단순히 언론 보도를 통해 접하는 내용과는 다른 사우디아라비아의 스토리를 소개하고자 한다. 여론에 영향을 미치기 위해 아직 왕국이 해야 할 일이 많다"[6]라고 답한 바 있다.

사우디아라비아 왕국이 무슨 일을 어떻게 해서 얼마나 큰 영향력을 미치겠다는 뜻인지를 잘 보여주는 사례가 하나 더 있다. 80만 명 이상의 인스타그램 팔로워를 보유한 어느 서양 커플이 어느 날 한 건의 포스팅을 업로드했다. 평소 손바닥만 한 비키니 차림으로 돌아다니던 여성이 사우디아라비아에서는 검은 의상을 입고 나타난다. 몸매를 좀 강조하기는 했지만, 최소한 온몸을 뒤덮는 옷이긴 하다. 낙타 등에 올라탄 남성이 입은 '카프탄caftan', 즉 아랍 남성들이 입는 기다란 셔츠가 바람에 휘날린다. 사진 위로 존 레논의 노래 가사가 흐른다. "나라라는 게 없다고 상상해 봐. 그리 어렵지 않아. 죽일 일도, 죽을 일도 없어. 종교도 없어. … 나를 몽상가라 부를 수도 있겠지. 하지만 나만 이런 건 아냐." 그런 세상이 오긴 올까? 온다면 얼마나 좋으랴!

여행 인플루언서가 인기를 끄는 현상이나 새로이 떠오르는 글로벌 자본주의를 이해하려면 보편주의와 세계화의 차이를 이해해야 한다. 보편주의가 추구하는 최대 가치는 인권 수호다. 하지만 최근 들어 보편주의가 힘을 잃어가면서 권위주의 정부 모델이 떠오르고 있다. 권위주의 체제는 예컨대 '대화합' 같은 화두를 내세운다. 사실 대화합이라는 콘셉트는 중국 사회과학원 철학연구소 출신의 자오팅양趙汀陽 박사[7]가 가장 먼저 제시했다. 자오팅양은 국가 주석 시진핑의 사상에 큰 영향을 미쳤다고 알려진 학자다. 전 세계적으로 권위주의적 지도자들은 늘 자유무역과 글로벌 금융시장을 지지한다고 말하지만, 외세의 내정 간섭은 결코 허용하지 않는다.[8] 독일의 법학자 카를 슈미트Carl Schmitt도 지적했듯이 서구 사회는 20세기 내내 외부 권력이 국내 정세에 끼어드는 것을 결코 용납하지 않았다. 안으로는 난민에 대해 철저한 쇄국정책을 펼치면서, 세계시장이나 외국인 투자자에 대해서는 매우 개방적인 태도를 취해왔다. 그런데 중국이든 사우디아라비아든 그 개방정책에 있어 경제적으로, 금전적으로 매우 중대한 위상을 차지하는 것이 관광산업인데, 인플루언서들이 그 분야의 갈증을 해소해줄 것이라 기대한다. 이러한 세계화 물결은 상상의 영역이 아니다. 돈과 시간만 있으면 이제 국경은 의미가 없어졌다. 누구나 어디든 갈 수 있는 세상이다. 인플루언서들도 SNS 채널을 통해 인피니티풀로 헤엄쳐 들어간다. 호텔 지붕 위에 떡하니 자리 잡은 수영장 물은 뜨겁지도 차갑지도 않은, 딱 기분 좋은 온도다. 거기에 몸을 담그고 있으면 조국이고 나발이고 다 잊을 수 있다. 그 편안하고 여유로운 힐링의 순간을 위해서라면 모든 걸 다 내려놓을 수 있다. "세계화는 OK, 보편주의는 안 OK"를 외치는 체제들이 입을 쫙 벌리고 있든 말든, 그 정권들이 권위주의적 포퓰리즘을 이용해 문화적 갈등을 조장하든 말든 상관없다. 그걸로 내 주머니를 채울 수만 있다면 "나는 OK"다.

무한 자유에 대한 환상은 인피니티풀을 벗어나는 순간 어차피 깨지게 되어 있다. 그런 면에서 여행 인플루언서는 자가당착에 빠진 이들이다. 1958년, 독일의 시인이자 평론가인 한스 마그누스 엔첸스베르거Hans Magnus Enzensberger도 여행과 자유의 상관관계에 대해 다음과 같이 말했다.

오스트리아의 사상가 오토 바이닝거Otto Weininger의 사후에 발견한 어느 명언집에 "기차역에서는 결코 자유를 향해 달려갈 수 없다"라는 말이 나온다. 신문 기사를 보며 멀리 떨어진 여행지를 간접 체험하는 것에 만족하는 우리한테 매우 잘 들어맞는 말이다. 여행은 우리가 자유를 집단적 기만으로 받아들이는 것에 얼마나 익숙해져 있는지를 보여준다. 말은 안 해도 다들 진실을 꿰뚫어 보고 있을 게 분명한데, 그럼에도 불구하고 우리는 그 기만에 넘어가버린다. 하지만 집가방 안에 집으로 돌아오는 티켓이 반드시 있어야 한다고 생각하는 순간, 자유가 우리의 목표가 아니라는 사실을 시인하는 것이다. 자유가 무엇인지 이미 망각했다는 사실을 인정하는 것이다.[9]

비행기를 타는 건 미안하지만 탄소세가 있으니까 괜찮아

기후변화 이슈를 다루는 인플루언서도 무한대의 자유를 못 누리기는 매한가지다. 요즘 들어 비행기 타는 걸 부끄러워하거나 미안해하는 이들이 부쩍 늘어났다. 그들이 느끼는 양심의 가책을 덜어주기 위해 '비행기 탄소세'가 생겨났다. 하지만 고해성사만으로 죄를 깨끗이 씻을 수 없듯 비행기 탄소세라는 현대판 면죄부로 이산화탄소 배출량을 급속히 줄일 수는 없다. 그러나 새 시대의 자본주의는 여행객들의 보상심리가 돈이 된다고 판단했고, 윤리의식마저 상거래의 대상으로 삼기로 결정했다. 비행기 탄소세라는 지우개로 양심의 가책을 지울 수 있다고 고객들을 설득하기 시작한 것이다. 과연 그럴까? 누군가를 엉큼한 눈빛으로 바라본 죄 정도는 "주여, 부디 이 죄인을 용서해 주소서"를 열 번쯤 외치면 사함을 받을 수 있을지 모르겠지만 중범죄는 그런 걸로 용서받을 수 없다. 프란치스코 교황도 "고해성사실은 세탁소가 아니다. 양심의 얼룩을 제거한 뒤 안도감을 느끼게 만드는 장소가 아니다"라는 촌철살인의 명언을 남긴 바 있다. 그러거나 말거나 환경 문제 전문 경제학자들은 말(입)이 아닌 돈으로 죄를 용서받을 수 있다고 떠들기 시작했고, 여행 플랫폼들은 그 '이단적' 구호를 적극 받아들이며 인플루언서들을 마케팅에 끌어들였다. 비행 거리에 비례해 탄소세를 매기자는 발상에 적극 찬동한 것이다. 예컨대 독일 뮌헨에서 남아공 요하네스버그까지 왕복 비행하는 데에 약 4,315킬로그램의 탄소를 배출해야 하고, 이에 대해 승객들에게 100유로의 탄소세를 매기겠다는 아이디어를 내놓은 것이다.

그런데 고해성사를 하는 가톨릭 신자의 부담이 친환경 그린 자본주의 사회를 살아가는 여행객들보다는 훨씬 더 크다. 가톨릭 신자들은 진실로 자신의 행위를 뉘우치고 앞으로 다시는 같은 죄를 저지르지 않겠다고 반성해야 비로소 사제로부터 "너의 죄를 사하노라"를 들을 수 있다. 하지만 하루가 다르게 인스타그램에서 여행 포스팅을 보는 이들은 똑같은 범죄를 저지르고 또 저지른다. 인스타그램에서 본 그 장소로 훌쩍 떠나고 싶은 유혹이 환경파괴로 인한 양심의 가책보다 더 강렬한 것이다. 물론 환경보호에 큰 관심을 보이는 여행 인플루언서도 많아졌다. 그들은 인스타그램 스토리에 무언가를 포스팅할 때마다 자신의 라이프스타일로 인해 발생하는 환경문제에 대해 너무나도 미안한 마음을 표시하고, 그 미안함을 어떤 식으로 상쇄하는지에 대해 설명을 단다. 그래야 폭풍 악성 댓글을 방지하고 '개념 찬' 인플루언서라는 인상을 심어줄 수 있기 때문이다. 하지만 그들이 말하는 상쇄 방식은 어차피 뻔하다. 세 가지 발상을 삼단논법으로 엮어놓은 게 대부분이다. ❶ 소비문화를 즐기는 데에 한계란 있을 수 없고, ❷ 거기에서 문제가 발생할 수 있지만, 모든 문제에는 해결책이 있다. 즉 ❸ 돈으로 해결하면 된다.

그 꼬임에 넘어가는 이들의 입장에서도 나쁠 건 없다. 인플루언서가 쓰는 전략을 그대로 따르면 왠지 괜찮은 사람이 된 듯한 기분이 든다. 청소년 기후보호운동 단체 '미래를 위한 금요일Fridays-for-Future' 소속 활동가나 환경 문제에 관심이 많은 정치가들도 환경 전문 인플루언서들과 같이 찍은 사진들을 대대적으로 홍보한다. 여행 인플루언서들은 지속가능성을 주제로 한 각종 캠페인이나 모금운동을 자신들의 목적에 맞게 요리조리 잘도 활용한다. 누가 봐도 부러운 외모를 지닌 어느 커플이 바닷가 절벽을 지나는 보트 위에서 에로틱한 포즈를 취하며 찍은 사진을 올린 적이 있다. 해당 커플은 자신들의 팔로워들에게 그 포스팅을 널리 퍼뜨려달라고 당부했다. 이산화탄소 배출량 증가로 인해 산호초가 멸종하고 있다는 경고와 집단 파워를 보여주자는 호소 문구도 빠질 리 없다. "SNS가 깜짝 놀랄 만큼 세상을 긍정적으로 바꿀 수 있답니다"라고 호소한 것이다. 그 커플은 해당 포스팅을 누군가가 공유할 때마다 산호초 보호단체에 1달러씩을 기부하겠다고 약속했다. 그런데 멸종 중인 산호초보다 더 멸종 중인 게 하나 있다. 이런 작태를 비판하는 댓글이다. 다행히 아직 전멸하지는 않았다. "입 '닥치고' 그만 좀 돌아다녀! 그게 차라리 지구한테 더 도움이 되는 거야"라는 댓글을 다는 이도 더러 출몰한다. 여행의 즐거움을 포기하라는 요구인데, 환경 문제 해결에 있어서만큼은 둘째가라면 서러울 정도로 발 벗고 나서는 정치가들도 웬만해선 감히 이런 요구를 입 밖으로 내뱉지 못한다.

그런데 인플루언서는 팬들에게 여행의 즐거움을 포기하

지 않아도 될 이유들을 제공한다. 앞서 말한 그 커플의 감동적인 포스팅 역시 "옳은 일을 위해 모두가 나서는 미래, 지구라는 행성을 치유하고 모두가 함께 사는 더 나은 세상을 만들어가기 위해 힘을 합쳐 노력하는 미래가 반드시 올 걸로 기대합니다"라는 말로 끝났다. 나는 이런 부류의 인플루언서들을 '인스타그램의 선인善人'이라 부르고 싶다. 인스타그램의 착한 사람들은 디지털 플랫폼들이 하나같이 따르는 원칙, 즉 '일단 내 주머니부터 채워야 베풀 수도 있다'는 원칙을 철저히 따르기 때문이다.

여행에 대한 비판은 인류가 여행을 시작한 시점부터 있어왔다. 18세기 영국 여행객들도 이탈리아에 너무 많은 영국인들이 득시글거린다며 불만을 토로했다. 1936년 브라질로 가는 배에 몸을 실었던 에른스트 윙거Ernst Jünger를 비롯한 보수 성향의 20세기 작가들도 단체 관광과는 거리를 두겠노라고 선언했다. 당시 작가들은 대부분 단체 관광객들과 함께 정기 노선이나 크루즈선을 타고 여행을 다녀온 뒤 아직 그곳에 못 가본 개인 여행자들에게 정보를 제공하는 기행문을 썼다. 돈을 받고 일을 한 건 아니지만, 받을 돈을 위해 일을 한 것이었고, 그런 면에서 그 작가들에게 있어 여행은 일이나 마찬가지였다. 그럼에도 불구하고 그 작가들은 그런 여행이라면 과감히 포기하겠노라고 선언했다. 부유층들도 불만이 많았다. 빠듯한 수

입에도 짬짬이 돈을 모아 대중매체에서 본 멋진 여행지를 찾는 서민들이 적지 않은데, 부유층은 그들을 마뜩잖은 눈초리로 쳐다보곤 한다. 독일 출신의 거물 패션 디자이너 볼프강 욥 Wolfgang Joop도 2019년 어느 언론과의 인터뷰에서 기후변화에 관한 개인적 의견을 묻는 질문에 다음과 같이 대답했다.

> 예전에는 누구나 모든 것을 다 가지거나 모든 것을 다 소비할 수 있지 않은 게 당연했고, 바로 그 결핍이 우리에게 더 큰 창의력을 심어줬다. 이제 35유로만 내면 비행기를 탈 수 있게 되었지만, 그 결과로 깨닫는 건 '잘못 달려왔구나', 아니, '잘못 타고 왔구나'밖에 없다. 캐비어와 코카인 등을 즐길 수 있는 진정한 여행은 이른바 상류층만이 즐길 수 있던 문화였다. 나머지 사람들은 그 문화를 즐길 기회가 없었다.[10]

'황제 라이프스타일'을 당연하게 여기던 이들은 '평민'들이 자신들을 흉내 내는 걸 보며 실컷 비웃는다. 하지만 이제 여행은 일상이 되었다. 세계적 패션 디자이너 욥조차도 이제 '여행 = 유행'이라는 사실을 제대로 인지하지 못한 듯하다. 여행뿐 아니라 우리 삶을 구성하는 많은 분야에서 이와 비슷한 낙수효과를 관찰할 수 있다. 상류층만 즐기던 문화가 물방울처럼 아래로 떨어지며 서민들도 즐길 수 있는 대중적 문화로

번져나간 것이다. 하지만 여행에 대한 비판은 불가피하다. 일부 인플루언서들은 "무슨 소리냐! 여행이야말로 인간이 마땅히 누려야 할 가장 중요한 권리다"라며 목청을 높이겠지만, 여행은 다가올 기후재앙에도 불구하고 절대 포기할 수 없는, 객관적으로도 인정 가능한 기본 권리가 아니다. 관광산업에 대한 비판의 목소리가 그 어느 때보다 높아지고 있는 상황에서 그 목소리를 그저 투덜거리기에만 바쁜 문화비평가들의 볼멘소리로만 치부할 일이 아니다. 신식민주의 사관에 물든 성장만능주의를 찬양하는 행태에 대한 비판도 무시할 수 없다. 인피니티풀에 몸을 담그고 있을 때에는 기후변화에 따른 부작용이 보이지 않지만 수영장 아래쪽 어디에선 수많은 이들이 열사병으로 목숨을 잃고 있다.

과거 식민지배국이었던 나라들 중 이제 식민지배의 역사를 충분히 반성하고 극복했다고 믿는 나라들이 꽤 많다. 인플루언서들 중에도 그러한 역사의식을 지닌 이들이 적지 않다. 2020년 독일의 어느 여성 인플루언서가 세상을 발칵 뒤집어놓을 만큼 심각한 수준은 아니었지만 그래도 논란을 일으킬 정도는 되는 악성 댓글을 유발한 적이 있다. 그 인플루언서는 남아공 케이프타운을 여행하던 중 독일 언론사 소속 아프리카 특파원을 인터뷰했다. 아프리카에 대한 애정을 담뿍 담은 시선과 아프리카의 역사에 대한 지식과 인식을 바탕으로 인플루언서가 특파원에게 자신의 견해를 피력했다. 아프리카에는 아직 제대로 된 기업문화가 정착하지 못했고, 그러니 유럽이 어서 빨리 그 부분에 대해 아프리카를 도와줘야 하지 않겠냐는 의견이었다. 그러자 그 특파원은 "그렇지 않아요. 유럽이 별생각 없이 그렇게 자국민들을 아프리카로 '수출'해서는 안 됩니다"라고 대답했다. 특파원은 "흑인들은 게으르다"는 철학자 칸트의 명제를 박살내야 할 의무감도 느낀 듯했다. 특파원은 '아프리카인들'이라는 복수가 아닌 '아프리카인'이라는 단수 명사를 사용하며 결연하게 논리를 전개하기 시작했다. "아프리카인은 지금 이곳에서의 삶을 정말 좋아합니다. 조금 덜 미래지향적인 건 사실입니다. 안타깝게도 자꾸만 과거를 돌아보는 게 습관이 되었다고 할까요? 자꾸만 배상금을 내놓으라고 하는 것도 그 때문이겠죠. 식민 시대에 머물러 있는 게 사실이고요. 그런데 이렇게 게으름을 피우게 된 원인을 제공한 게 유럽이잖아요?" 특파원의 열변이 끝나자 인플루언서는 아이처럼 순진한 미소를 지으며 고개를 끄덕였다.

그 영상이 공개된 뒤 악플이 몰려오자 인플루언서는 해당 영상을 '삭제'했고, 자신의 잘못을 반성하며 분위기를 반전시켰다. 인종차별주의에 정통한 전문가의 설명 덕분에 많은 것을 깨달았다며 참회한 것이다. 비판을 끌어안는 전략, 잘못을 실토하며 반성하는 태도는 관심이 곧 돈이 되는 플랫폼 경제 체제에 있어 매우 중대한 포인트다. "흑인의 목숨도 중요하다" 운동이 한창이던 때, 수많은 백인 인플루언서들이 이제껏 자신들이 얼마나 큰 혜택을 누려왔는지를 비로소 깨달았다고, 그간 별생각 없이 인종차별적 행동을 하거나 발언을 내뱉은 걸 진심으로 반성한다고 고백하면서 '신흥 사제'들, 즉 네티즌들로부터 죄를 용서받고 박수갈채를 받았다. 그런 다음에는 유색인종에 대한 편견을 다루는 팟캐스트에 출연해 인스타그램 영상을 올린 뒤 "정말 많은 얘길 들었어요", "정말 많은 걸 배웠어요"라며 자기반성을 하고 있는 자신을 칭찬하기에 급급했다.

그 과정에서 인플루언서들은 사회적, 문화적 다양성을 마케팅 포인트로 보는 '진보적-신자유주의적 정체성 정치progressive-neoliberal identity politics'에 발맞추며 타인을 또 다른 타자, 제3의 타자로 규정하고, 포장하고, 자본가 입장에서 착취한다. 그간 자신이 인종차별주의에 물들어 있었다는 사실을 진심으로 인정하고 반성하는 대신 인종차별주의의 희생자들을 언급하며 자신과 희생자들 사이에 놓인 이들을 질타하는 것이다. 이는 만민평등을 무엇보다 우선시하는 보편주의를 거부하는 것과 다름없다. 하지만 지금 우리가 살고 있는 사회는 게르하르트 슐체가 말했듯 체험 사회다. 직접 경험하지 않은 일에 대해서는 획기적 변화를 이끌어내기가 쉽지 않다.

한편, 얼핏 보기엔 매우 깨어 있는 생각, 진보적인 사상인 것 같지만 알고 보면 케케묵은 지배주의에 물든 사상일 때도 많다. 교묘한 차별과 관련해 팔레스타인 출신의 문명비평가 에드워드 사이드Edward Said는 다음과 같이 말한다. "오리엔탈리즘은 늘 우월적 포지션을 '융통성 있게' 활용하는 전략에 기반을 두고 있었고, 결국에는 어떤 관계 속에서든 서구가 동양을 지배하는 수단으로 작용했다."[11]

사이드는 '타인 비하 목적으로 무언가를 이용하는 행위'[12]에 대해서도 의견을 덧붙였다. 인플루언서는 자신이 남보다 조금 더 깨달았다는 사실을 이용해 아직 아무것도 모르는 이들을 '계몽'시킨다. 그러면서 점점 더 깊은 모순, 자본주의의 모순에 빠진다. 자본주의 사회를 살아가는 여행 인플루언서들은 여행이 얼마나 짜릿하고 다양한지를 알리는 걸로 돈을 버는데, 그러려면 그 세계를 미처 경험하지 못한 무지몽매한 이들이 필요하다. 미처 몰랐던 세상을 들여다보며 각성하는 이들이 반드시 있어야만 한다. 그 덕분에 여행문화는 점점 더 천편일률적으로 변하겠지만 말이다. 그런데 인플루언서가 원래 노린 것과 다른, 의외의 피드백이 나올 때도 많다. 오리엔탈리즘이나 이국적 노스탤지어를 자극하는 모든 콘텐츠들은 실제 현실을 재구성한 콘텐츠, 정치와도 관련 있는 콘텐츠들이다. 요즘 우리는 그 콘텐츠 대부분을 온라인 세계를 통해 접하는

데, 거기에서 오는 충격의 강도는 예전에 미술 작품을 통해 접하던 것보다 훨씬 더 강력하다. 우리는 인플루언서가 방문한 여행지 속 타인들을 보며 가끔은 "가난하지만, 저 사람들이야말로 행복한 거야"라고 생각하고, 그곳이야말로 진정한 낙원이라 여긴다. 현지인들을 촬영한 인플루언서와 극도로 대비되는 이미지 속에서 그런 느낌을 받는 것이다.

여행이 사고思考의 지평을 넓혀준다는 말은 마케팅용 개그에 지나지 않는다. 인류 역사상 지금만큼 많은 이들이 여행을 떠난 때는 없었다. 그런데 때마침 전 세계 곳곳에서 새로운 권위주의가 고개를 들고 있다. 문화적, 민족적 정체성을 최우선으로 내세우는 극단적 보수주의가 고개를 쌱트고 있는 것이다. 독일의 작은 마을 슈넬로다에 사는 뉴라이트(신우익) 계열의 부부 엘렌 코지차와 괴츠 쿠비체크도 드넓은 세상을 둘러본 뒤 고국으로 돌아와서 다음과 같은 글을 남겼다.

> 남편과 나는 여러 곳을 다양한 방식으로 둘러봤다. 특히 남편은 카메룬을 몇 차례나 방문했다. 그곳에서 현지 문화를 둘러봤고, 타인은 결국 타인이라는 생각을 갖게 되었다. 그게 여행에서 얻은 소득이었다. 타인을 깔보거나 얕보지 않으면서 그런 소중한 깨달음을 얻은 것이다.[13]

에드워드 사이드는 타인이 나와 다르다고 낙인찍는 행위가 이미 우월감을 지니고 있다는 증거라 지적했지만, 엘렌 코지타는 아마도 사이드의 글을 읽지 않은 듯하다. 이 대목에서 내가 하고 싶은 말은 한 가지뿐이다. 여행 인플루언서들도 분명 코지타가 말한 '소중한 깨달음'으로 꽤 괜찮은 장사를 하고 있다는 것이다. 그 인플루언서 중 타인을 깔보거나 얕봤다고 말하는 이는 장담컨대 아무도 없을 것이다. 그런데 왜 그 사람들이 찍은 사진은 대부분 위에서 아래로 내려다보는 사진들일까? 낙타 등을 타고 있든, 호텔 테라스에 앉아 있든, 인피니티풀에 잠겨 있든, 대부분 인플루언서들은 아래를 내려다보고 있다. 그 사람들의 '발밑'에는 누가 있을까? 모르긴 해도 아마 비상을 꿈꾸는 팔로워들이 올려다보고 있지 않을까?

10

아메리칸 드림의 마지막 주자

유튜브 초기 시절 큰 인기를 끌었던 청년 하나가 두바이의 어느 2층 빌라 앞에 서 있다. 수영장과 정원이 딸린 고급 빌라다. 젊은 나이에 많은 돈을 번 것에 비하면 차림새는 예전과 다름없이 검소하다. 회색 트레이닝 팬츠에 주황색 스웨터를 걸치고 있다. 목에 걸친 금목걸이가 오히려 어색하게 느껴질 정도다. 온라인 스타의 눈빛은 꽤나 결연하다. 활짝 벌린 양팔이 무언가를 암시하는 듯하다. "너도 할 수 있어. 네 인생의 주인은 너야. 어서 와, 너도 내가 지금 서 있는 바로 이 자리에 오를 수 있어"라고 외치는 듯하다.

별것도 아닌 영상들로 돈을 벌기 시작한 지 어언 10년, 청년은 한동안 매일 새로운 영상을 제작했다. 지금도 그 유튜브 채널에 가면 "매일 새로운 영상이 올라옵니다"라고 적혀 있다. 하지만 이젠 어쩌다 한 번씩 영상을 올릴까 말까 한다.

영상의 주인공은 20대 후반에 이미 평생 놀고먹어도 될 만큼의 돈을 벌었다. 동창들이 완벽한 노후대비를 위해 이리 뛰고 저리 구르고 있는 것에 비하면 이 청년의 고민은 사치스럽기 짝이 없다. '내가 가진 여러 채의 집 중 어느 집, 어느 발코니에서 여자친구과 아침을 먹을까?', '해변 도로를 누빌 때 SUV가 좋을까, 스포츠카가 나을까?' 같은 고민들뿐이다. 얼마면 온 세상 땅 전부를 내 등기부등본에 등록할 수 있는지 물어보지 않는 게 신기할 정도다.

이 청년의 일상과 고민은 그를 우러러보는 팔로워들의 일상이나 고민과 거리가 멀다. 팔로워들에게 그건 그림의 떡일 뿐이다. '언젠가 나도 저렇게 되겠지?'라고 꿈꿀 수 있는 롤모델에 불과하다. 하지만 그는 그의 사진 옆에 이런 글을 달아놓았다. "지금 어떤 상황에 놓여 있든 너에게 한계란 없다는 걸 분명히 알아야 해. 함부르크 북구에서 태어나 용돈을 7유로밖에 못 받던 어린아이도 해낸 걸 너라고 못할 리 없잖아?"

"슬프지만, 아메리칸 드림은 죽었습니다." 자본주의를 아니꼽게 보는 어느 좌파 비평가의 손끝이나 입에서 나온 말이 아니다. 2015년 여름, 도널드 트럼프가 대선 출마 선언 당시에 한 말이다. 전 세계를 주무르는 권력을 지닌 미합중국의 미래 세대는 제45대 대통령 트럼프를 '가짜 뉴스'와 '대안적 사실'이라는 키워드로 기억할 듯하다. 하지만 적어도 트럼프는 민주당 사람들에 비해 솔직했다. 트럼프는 최소한 아메리칸 드림이 죽었다고 외쳤다. 표 떨어지는 소리가 우수수 들릴 게 빤한데도 용감하게 현실을 직시했다.

성장을 장담하던 미국의 목소리가 전 세계로 퍼져나가던 시대는 끝났다. 미국인의 소득 수준만 흘깃 살펴봐도 그 사실을 잘 알 수 있다. 미국의 경제학자 이매뉴얼 사에즈Emmanuel Saez와 게이브리얼 주크먼Gabriel Zucman은 2017년 미국 노동자 계층(소득 피라미드 하위 절반을 차지하는 1억 2,200만 명)의 평균 소득이 세전 기준 겨우 18,500달러(약 2200만 원)밖에 되지 않는다는 점을 지적했다.[1] 임금이 오를 기미를 보이지 않고 완전히 정체된 상태에서도 성장과 복지에 대한 희망을 어떻게든 유지하기 위해 미국 정부는 가계 부채를 늘리는 전략을 썼지만, 2008년 서브프라임 모기지론 사태가 벌어지면서 그 전략은 완전한 실패로 돌아가고 말았다. 초저금리에 주택 시세 대비 지나치게 많은 자금을 대출해주다가 세계적 금융위기를 촉발시키고 만 것이다.

아메리칸 드림은 코로나19 위기 발발 이전에 이미 종지부를 찍었다. 2015년 공화당 대선 후보 경선에 참가할 당시부터 트럼프는 미국을 다시금 그 어느 때보다 더 크고, 더 낫고, 더 강한 나라로 만들겠다고, 미국을 되살려 놓겠다고 호언장담했지만 수많은 규제완화 정책에도 불구하고 트럼프의 시나리오는 실패로 돌아가고 말았다. 접시닦이도 백만장자가 된다는 스토리는 20세기 어느 정권의 선전에 지나지 않는다. 이제 많은 이들이 희망에 부푼 눈으로 위를 올려다보는 대신 불안한 시선으로 아래를 내려다보고 있다.

미국만 그런 게 아니다. 꽤 많은 서구 자본주의 국가들이 비슷한 상황에 처해 있다. 프랑스는 2018년 가을부터 몇 달 동안 '노란 조끼Gilets Jaunes' 시위로 몸살을 앓았다. 에마뉘엘 마크롱 대통령이 환경보호를 이유로 유류세 인상을 주장하자 정부가 져야 할 짐을 노동자에게 떠넘긴다며 대규모 반발이 인 것이었다. 시위대는 길을 가로막았고, 도심에서는 폭동이 일어났다. 몇 달 동안 이어진 시위를 막기 위해 정부는 경찰을 비롯한 공권력을 동원해 진압에 나섰다. 독일에서는 그 정도로 심각한 사태가 벌어지는 상황은 상상하기 힘들지만, 젊은 층들의 표정에서 희망을 찾아보기는 힘들어졌다. 모두들 인생이라는 엘리베이터가 위로 올라가고 있는 게 아니라 아래로 내려가고 있다고 생각한다. 고위직 정치가들은 예전부터 청년층에 관심이 없었다. 기껏해야 청년층의 목소리가 노년층의 이익과 배치될 때 관심을 가지는 정도였다. 여성주의 사회학자이자 철학가인 프리가 하우그는 1993년 "아직 얼굴이 토실토실한 아이들이 먹여 살려야 할 연금생활자의 수가 하루가 다르게 늘고 있다. 연금수령자들은 성과중심주의 사회 속에서 갑자기 기생충으로, 산더미 같은 부채의 원흉으로, 무능한 이들로 전락하고 말았다"[2]라고 지적했다. 정치가들은 긴축정책의 근거를 찾아야 할 때면 으레 "오늘의 부채가 내일의 세금으로 바뀝니다"라며 겁을 준다. 눈앞의 부채 부담으로 학교 정비 사업이나 기후보호 사업에 쓸 예산이 없다는 것이다. 그러한 긴축정책의 최대 피해자는 결국 다음 세대다.

청년, 중년, 노년 등 연령대를 불문하고 누구나 사회적 지위 하락에 대한 공포심을 지니고 있다. 독일의 사회학자 올리버 나흐트바이Oliver Nachtwey는 노동시장 유연화에 따른 부작용에 대한 두려움과 관련해 다음과 같이 말한다.

> 2014년, 대학생 세 명에게 장차 어느 분야에 진출하고 싶은지 질문하자 그중 한 명이 공공 분야 정규직 직원이 되는 게 목표라 대답했다. 점점 더 많은 대학생들이 실험적 직업, 리스크가 많이 따르는 모험, 창의적 자영업에 흥미를 잃어가고 있다. 학생들은 공공 분야야말로 고용안정과 안정적인 삶, 예측 가능한 승진을 보장해주는 몇 안 되는 직장 중 하나라 말한다. 젊디 젊은 학생들의 장래희망이라 보기에는 너무 지루하게 느껴지지만, 이는 언제 어디든 사회적으로 추락할 수 있다는 우리 사회의 집단적 공포심을 대변하는 한 단면이다.[3]

아시아, 그중에서도 특히 중국의 상황은 좀 다르다. 중국은 1980~90년대 덩샤오핑 체제 하에서 문호를 점차 개방했고, 2001년에는 세계무역기구에 가입했다. 그때부터 급성장을 거듭하더니 현재는 시진핑 주석이 '차이나드림', 즉 '중국몽中國夢'을 언급하는 상황에 이르렀다. 중국에서 큰 인정을 받고 있는 정치학자 장 웨이웨이張維為 교수는 베스트셀러에 오른 여러 권의 저서에서 미국은 이제 점점 더 제3세계 국가들을 닮아가고 있고, 유럽의 상황도 그다지 나아 보이지는 않으므로 더 이상 서구사회를 기준으로 삼을 필요가 없다고 지적했다.[4] 2013년, 시진핑 주석도 전국인민대표회의 연설에서 다음과 같이 천명했다.

> 측정 불가능할 정도로 바쁘게 흘러가는 시간과 더 나은 삶을 위한 인민의 뜨거운 열망 앞에서 우리는 조금의 자기만족이나 게으름도 허용해서는 안 됩니다. 두 배로 더 노력하고, 끈질기게 앞으로 나아가야 합니다. 중국식 사회주의를 계속 전진시키고, 중화민족 부흥이라는 중국몽 실현을 위해 앞으로도 강력히 투쟁해야 합니다.[5]

시진핑 주석은 향후 몇 년간 극빈자들을 구제하는 정책을 펼치겠다고 했는데, 중국 경제는 그사이 이미 부쩍 성장했고, 매년 수십 억대 부자들이 새록새록 탄생하고 있다. 그에 반해 서반구에서는 낙관적 미래를 언급조차 못 하고 있다. "도전하지 않으면 아무것도 얻을 수 없다"는 속담도 있지만, 요즘 서구 청년들에게는 전혀 와닿지 않는 구호다. 요즘 젊은 세대들에게는 오히려 "아무것도 없는 자, 아무 도전도 할 수 없다"는 말이 더 와닿을 것이다. 성장이라는 장밋빛 비전은 국내적으로나 국외적으로나 벼랑 끝으로 내몰리고 있다. 서구 국가들은 내적으로는 '성장 후 자본주의post-growth capitalism'[6]가 초래한 위기에 직면했고, 외적으로는 아메리칸 드림의 반대 담론 격인 중국몽, 즉 성장은 거듭하지만 개인의 자유는 축소하는 담론으로부터 위협받고 있다.

이러한 절망 속에서도 살아남은 아메리칸 드림에는 최후의 희망이 하나 있다. 최근 몇 년 사이 수많은 젊은 층이 유튜브, 인스타그램, 틱톡 속에서 사회적 지위와 부라는 두 마리 토끼를 한꺼번에 잡을 수 있는 기회를 찾은 것이다. 최근 약 15년 사이 소셜미디어 세계에서는 이름 없는 누군가가 초대형 스타로 발돋움하는 사례가 적지 않았다. 디지털 시대가 시작되기 이전에는 꿈도 꾸지 못했을 일이다. 예전에는 아메리칸 드림을 실현하려면 운과 더불어 실력도 따라줘야 했다. 그래야 신들의 산 올림포스에 오를 수 있었다.

1990년대 초반 데뷔해 한 시대를 풍미했던 팝스타 머라이어 캐리의 노래 '당신이 믿을 때When You Believe'에는 "당신의 능력을 충분히 믿는다면/그리고 당신이 원하는 게 뭔지 정확히 알기만 한다면/그 일을 이뤄낼 거예요/이뤄내세요"라는 가사가 있다. 하지만 만약 타고난 아름다운 목소리가 없었다면 아무리 노력해도, 제아무리 아메리칸 드림이라는 이데올로기에 딱 들어맞는 노래를 불러도 그만큼 큰 성공을 거둘 수는 없었을 것이다. 그런데 30년 전, 아날로그 시절에 유행했던 저 노래 가사가 왠지 SNS 시대에 더 잘 들어맞는 듯하다. 유튜브와 인스타그램에서는 발군의 기량을 자랑하는 이들보다는 끈기를 지닌 이, 개척정신으로 시류를 읽고 포착하는 눈과 손을 지닌 이들이 큰 성공을 거둘 때가 더 많다. 그러려면 매일 콘텐츠를 올려서 팬덤을 구축하고, 댓글에 성실히 답하고, '클릭 장사' 수완이 좋아야 한다. 디지털 관심 경제 체제의 게임 룰을 조기에 꿰뚫고 터득해야 한다. 물론 그렇게 한다고 모두가 성공하는 건 아니지만, 적어도 미디어 진입 문턱이 지금보다 훨씬 더 높던 시절보다는 부와 인기를 거머쥘 확률이 높아진 건 사실이다.

인터넷 시대가 열리기 전 올드미디어 시절에는 몇 겹의 검열을 통과해야 비로소 이름과 얼굴을 알릴 수 있었다. 거기에는 방송사 사장이나 편집부장, 영화감독 같은 인적 장벽도 있었고, TV나 라디오 방송사, 종이 매체, 뮤직 레이블 같은 제도적 장벽도 있었다. 하지만 SNS가 등장하고 블로그나 브이로그 같은 새로운 홍보매체들이 등장하면서 미디어 지형은 매우 민주적으로 바뀌었다. 어차피 아메리칸 드림은 뛰어난 실력을 지닌 소수 엘리트에게나 실현 가능한 꿈이었다. 실상보다는 허상에 가까웠고, 평등보다는 차등에 가까웠다. 하지만 인터넷의 출현과 함께 누구나 꿈을 이룰 수 있다는 약속에 한 가닥 희망을 거는 이들의 수가 그 어느 때보다 많아졌다. 적어도 한동안은 그랬다.

2018년 파블로 벤-야코프와 앙드레 크루멜이 만든 다큐멘터리 영화 〈장난감의 제왕Lord of the Toys〉이 세상에 모습을 드러냈다. 드레스덴에 사는 '공병 천사Pfandangels'라는 모임을 추적한 영화다. 해당 모임의 이름은 인플루언서들끼리 모여 만든 팀의 리더인 막스 헤르츠베르크가 팬들에게 공병을 보내달라고 요구한 것에서 비롯했다. 빈 병을 반납해서 받은 돈으로 살아갈 수 있게 해달라고 호소한 것이다. 공병 천사 소속 인플루언서들은 일반 인플루언서들이 모두 다 오만하고 건방지다고 생각하고, 그들과 전혀 다른 자세를 취한다. 주인공들은 구동독 지역의 절망적 경제 상황을 뚫고 온라인에서 대안을 찾는다. 그곳에서 대단한 스타가 되지는 못했지만, 약간의 유명세를 얻는다. 헤르츠베르크는 오래전부터 꽤 큰 성공을 거둔 인스타그램 계정을 운영하는 동시에 유튜브에도 리뷰 채널 하나를 갖고 있다. 한정판 랩뮤직 앨범이나 칼, 스피커 등 각종 제품들을 테스트하고 상품평을 남기는 것이었는데, 조회수가 여섯 자리에 달한다. 나머지 멤버들도 최소한 마이크로 인플루언서 급은 된다. 모임 회원 모두가 광고 수입이나 팬들이 보내주는 약간의 후원금으로 생활을 해나갈 수 있는 것이다. 오프라인에서도 인기를 누린다. 특히 자신들이 사는 지역에서는 외출할 때마다 사람들이 같이 사진을 찍어도 되겠냐고 부탁하는데, 그럴 때마다 멤버들은 약간의 사례금을 받는다. 그러면서 모두들 밥벌이를 위해 아무 고생도 하지 않아도 되는 삶을 꿈꾼다. 멤버 중 한 명은 이렇게 말한다. "야, 계속 이렇게 나가면 언젠가 일을 완전히 접어도 되는 날이 오겠는 걸."

촬영이 끝난 뒤 유튜브 측에서 헤르츠베르크의 채널을 폐쇄하자(기술상의 문제로 유튜브 규정을 위반한 것으로 내용상 규정 위반은 아니었다) 인지도가 그다지 높지 않은 유튜버들이 몰려와 꼭 다시 일어나 꿋꿋이 잘 버티길 바란다는 응원 댓글을 달며 강력한 연대의식을 보여주었다. 팬들도 댓글창을 통해 롤모델이었던 헤르츠베르크가 이렇게 무너져서는 안 된다고, 평범한 월급쟁이가 되면 안 된다며 간절히 호소했다. 월급 노예로 살아야만 하는 팬들, 정치계가 거의 외면해왔던 이들에게 헤르츠베르크는 한 줄기 희망이었던 것이다.

중국의 디지털 세계도 비슷하다. 중국계 미국인 감독 하오 우吴皓의 다큐 영화 〈욕망 인민공화국People's Republic of Desire〉은 중국의 스트리밍 붐을 적나라하게 보여준다. 영화 속 라이브 스트리머들은 인터넷 생방송 플랫폼 YY歡聚時代에서 제품 홍보를 하지만, 주 수입원은 팬들이 쏘는 기부금이다. BJ들은 그 때문에 몇 시간에 걸쳐 지치지 않고 사이버 머니 형태의 기부금을 쏴달라고, 그게 곧 자신에게 표를 주는 거라고 애원한다. YY나 스트리머를 관리하는 에이전시들은 다양한 챌린지를 제시하는데, 기부금 액수가 많으면 챔피언이 되어 인지도를 한층 더 끌어올릴 수 있다. 떠돌이 일용직 신세를 면하지 못할 위기에 놓인 수백만 젊은이들이 라이브 방송으로 몰려들 수밖에 없는 것이다. 그들은 처음에는 어떤 서비스를 제공해야 팬들이 사이버 머니를 선물하는지 파악하기가 어렵다. 팬들은 사실 재밋거리나 특별한 서비스를 보고 기부하는 게 아니다. 그보다는 유명세가 돈을 부른다고 하는 편이 맞다. 팬들은 자신들이 보기에 성공한 것 같은 BJ, 그 사람을 알고 그 사람의 방송을 보고 있다는 것만으로도 뿌듯한 마음이 들게 만드는 BJ에게 기꺼이 사이버 머니를 쏜다. 어떤 의미에서는 부모들의 대리만족과도 비슷하다고 할 수 있다. 자신이 이루지 못한 그 꿈을 이뤄낸 자녀를 보며 이루 말할 수 없는 뿌듯함을 느끼는 부모들 말이다. 헤르츠베르크는 그 메커니즘을 본능적으로 감지했고, 지금도 본업이 스트리밍이라고 한다.

공병 천사들의 스토리는 디지털 자본주의가 "다 잘될 거야"라며 내걸었던 수많은 약속들 중 적어도 한 가지는 지켰다는 점을 입증한다. 그 어느 때보다 더 민주적이고 간단하게 아메리칸 드림을 실현할 수 있는 길을 열어준 것이다. 이제 굳이 거대 음반사나 영화 제작사를 거치지 않아도 명성을 얻을 수 있게 되었다. 비록 몇몇 거대 플랫폼이 시장 전체를 지배하고 있고, 그 내부 역시 백 퍼센트 투명한 건 아니지만 디지털 플랫폼은 누구나 스타가 될 수 있는 길을 열어주었고, 그 길은 지금도 여전히 열려 있다.

반면, 기존 미디어들의 위상은 날로 쪼그라들고 있다. 지난 15년간 십 대도 하루아침에 유튜브 스타가 될 수 있었고, 누가 자신이 올린 영상에 관심을 갖건 말건 한 우물만 지겹도록 파는 사람도 있었으며, '중퇴자'가 각종 순위를 휩쓸기도 했다. 이런 특별한 사례들은 커뮤니티 전체에 새로운 바람을 불러 일으켰고, 인플루언서들만 봐도 그런 트렌드를 읽을 수 있다. 예전에는 연예계 아역 스타나 신인들 중 아티스트 집안 출신이 많았다. 이른바 '부모 찬스' 덕분에 유리한 고지를 선점한 것이었다. 인플루언서들에게는 그런 카드가 없다. 인플루언서들은 그야말로 맨땅에서 시작한 이들이다.

틈새 없는 틈새 시장

하지만 최근 몇 년 민주적 개방의 물결만 있었던 것은 아니다. 문턱이 더 높아지는 움직임도 그와 나란히 평행선을 달렸다. 유튜브, 인스타그램, 틱톡 등 온라인 미디어들이 세상에 선보인 뒤 몇 년 만에 이른바 유명 인플루언서들 사이에 '그들만의 리그'와 누구도 감히 무너뜨리기 힘든 '성벽'이 생겨났다. 그 단계가 지나자 디지털 세계의 '땅따먹기' 공식을 간파한 개척자들이 외부와 단절된 자신들만의 세계를 구축했다. 그들끼리 성공을 만끽하면서 고급 풀빌라나 두바이의 호텔들로 향했다. 물론 어디에 있든 정당한 세금은 내지 않은 채 계속 광고 방송을 내보냈을 것이다. 인플루언서들은 소수 정예 동료들하고만 소통하면서 슈퍼 인플루언서의 세계를 공고히 다지고 확대하는 데에 온 힘을 다했다. 메가 유튜버들 중에는 방송에 서로서로 초대하고, 똑같은 챌린지를 지겹도록 보여주는 이들이 적지 않다. 그러면서 이미 충분히 누리고 있는 온라인 광고 효과를 더욱더 극대화한다.

인스타그램도 마찬가지다. 소속사가 같은 인플루언서들이 서로 밀어주는 모습을 흔히 볼 수 있다. 걸어 다니는 광고판들이 합숙을 하며 세력을 키우는 경우도 있다. 미국에는 '틱톡 콜라보 하우스'라는 것도 있다고 한다. 틱톡 톱스타들이 모여 사는 숙소인데, 그들이 그곳에서 하는 일은 단 한 가지밖에 없다. 짧은 동영상을 제작하는 것이다.

> 원년 멤버 대부분이 떠나긴 했지만, 체이스 허드슨은 베벌리힐즈의 '하이프 하우스Hype House'에 다른 인플루언서들과 함께 모여 살며 이 트렌드를 대세로 굳혔다. LA의 부촌 벨에어 한복판에 위치한 '스웨이 하우스Sway House'에도 반항 정신으로 똘똘 뭉친 십 대 남자아이들이 합숙 중이다. 팝스

타 리한나는 자신의 이름을 딴 메이크업 브랜드 '펜티 뷰티 Fenty Beauty'를 홍보하기 위해 십 대들을 섭외하고 숙소도 직접 마련해주었다. 프로게이머들로 구성된 팀 '페이즈 클랜 Faze Clan'도 최근 호화 맨션 하나를 빌려서 입주를 끝냈다. 해당 맨션의 이전 소유자는 저스틴 비버였다.[7]

흐름은 전통 미디어 시절과 별반 다를 바 없다. TV 스타로 한번 이름을 알리고 출연 횟수가 잦아지면 그다음부터는 인맥과 알음알음으로 모든 게 일사천리로 흘러간다. 러브콜이 끊이지 않는다. MTV나 Viva 채널에서 끗발을 날렸던 어린 스타들이 은퇴한 뒤에도 각종 TV 프로그램에 얼굴을 비치고 히트곡 리스트를 점령하고 있듯, 인플루언서들 역시 시간이 흐름에 따라 나이를 조금 먹어도 여전히 십 대 때의 인기를 구가한다.

하지만 인플루언서 시장도 온라인 플랫폼 시장과 비슷한 과점 양상으로 흐르고 있다. 누구나 온라인 스타가 될 수 있는 시대지만, 시장을 선점한 톱스타들이 꿈쩍 않고 버티고 있으며 게다가 알고리즘이 (그리고 팬들이) 그 스타들의 사진과 영상을 더 열심히 볼 확률이 매우 높기 때문에 이름 없는 일반인이 온라인에서 벼락 스타가 될 확률은 점점 떨어진다. 아직은 아는 사람이 거의 없는 앱이지만 '대박 예감'을 하고 신대륙을 개척해 성공한 사례도 있으나 그럴 확률은 매우 낮다. 새로운 플랫폼들 역시 다른 곳에서 이미 이름을 널리 알린 인플루언서들이 순식간에 점령해버리기 때문이다. 유튜브에서 인스타그램으로, 인스타그램에서 틱톡으로 가는 길은 생각보다 멀지 않다. 단 한 번의 클릭이면ㄴ 충분하다.

IT와 온라인 플랫폼 분야 전문 기자인 크리스 앤더슨은 2004년, 트래픽이 많은 플랫폼 속에도 틈새시장이 있고, 그 시장이야말로 세분화된 사회를 공략하는 중대한 시장이 될 수 있다고 지적했다.[8] 문제는 비록 시장을 제대로 꿰뚫는다 하더라도 그 틈새시장으로는 이미 몸집이 커질 대로 커진 시장을 무너뜨리지는 못한다는 것이다. 거꾸로 비대해진 기존 시장이 이제 막 고개를 드는 틈새시장들을 집어삼킬 공산이 더 크다. 톱 인플루언서들이 반인종차별주의나 기후정책 등 한동안 소수의 활동가들만 관심을 가져온 사회적 주요 이슈들마저 자신의 이슈로 끌어다 붙이는 탁월한 능력을 지니고 있으니 말이다. 인플루언서들은 진짜 전문가들을 이슈의 바깥으로 내모는 재능을 지니고 있다.

오늘날 온라인에서 성공을 꾀하는 이들은 두 가지 모순에 봉착한다. 대형 플랫폼을 누구나 자유롭게 이용할 수 있는 민주적 환경은 마련되었지만, 거기에는 이미 초특급 인플루언서들로 구성된 '패밀리'가 버티고 있다. 그 톱스타들의 위상은 감히 건드리지도 못할 신성한 영역에 가깝고, 웬만한 노력으로는 그 세계에 진입하지 못한다. 심지어 노출 순위 상위에 오른 인플루언서들조차도 이른바 '버추얼virtual 인플루언서'라는 백퍼센트 디지털화된 가상의 광고 모델이 등장하면서 생존의 위협을 느끼고 있다. 패스트푸드 업계의 거대 기업인 KFC는 최근 창업주 할랜드 D. 샌더스를 디지털 가상 인간으로 재창조했다. 우리가 흔히 아는 KFC 지점 앞에 서 있는 그 할아버지 인형이 아니다. '대령'이라는 직함도 지닌 그는 진짜 사람과 똑같은 모습을 하고 있고, 여느 인플루언서와 다를 바 없는 행동들을 취한다. 침실에서 포즈를 취하며 사진도 찍고, 팬들에게 동기를 부여하는 글귀도 포스팅한다. 버추얼 인플루언서가 앞으로 점점 더 인기를 끌고 하나의 트렌드로 자리 잡을 게 확실해 보인다. 아메리칸 드림에 최후의 희망이 아직 완전히 사라진 것은 아니지만, 쪼그라들고 있는 것만큼은 확실하다. 꽤 많은 이들에게 있어 온라인 벼락부자가 될 희망도 그만큼 사그라지고 있는 것이다.

인플루언서를 꿈꾸던 어느 청년의 이야기

그럼에도 불구하고 많은 꿈나무들이 인플루언서가 되어 큰돈을 거머쥐겠다는 희망에 매달리고 있다. 그리고 그 과정에서 쓴맛만 본 뒤 항복하고 있다. 그렇게 절망에 빠진 이들을 조명하는 것으로 이 책을 마무리하고자 한다.

젊은 남자 한 명을 떠올려 보자. 다니던 직장을 때려치우고 SNS에 모든 걸 걸었는데, 운 좋게도 SNS 스타 대열에 올랐다. 그 남성의 십 대 시절 우상은 그 이전 세대의 십 대 시절 우상과는 다르다. 적어도 아예 손이 닿지 않는 별에 살고 있는 스타는 아니다. 그 남성의 부모님이나 할머니, 할아버지는 아마도 마이클 잭슨이나 마릴린 먼로를 좋아했고, 그들을 감히 범접할 수 없는 존재로 생각했을 것이다. 하지만 그는 자신이 좋아하는 아이돌이 타이밍과 기회를 잘 포착했다는 점만 빼면 자신과 크게 다를 바 없다고 생각한다. 그리고는 자문한다. "과연 그 스타들에게 거부할 수 없는 매력이 있었을까? 아닐 수도 있잖아? 그런데 어떻게 저렇게 유명해졌지? 그냥 알고리즘이나 그 알고리즘을 만든 이들의 구미를 꿰뚫는 비법을 알고 있었던 건 아닐까? 뭐, 알 수 없지. 근데 저 평범한 애들도 해낸 걸 나라고 못하라는 법은 없잖아? 그래, 나도 할 수 있어!"

남자는 일단 작은 것부터 시작한다. 아마도 잘 가다듬은 근육을 뽐내거나 특정 식단을 홍보할 것이다. 하지만 생명력이 길지 않다. 그 두 가지를 조합한 보디빌더 인플루언서 지망생이 금세 나타날 테니까 말이다. 그래서 남자의 다음 행보는 일단 가족과 친구, 지인과 친척 등 그가 아는 모두에게 자신의 인스타그램 계정을 팔로우해달라고 부탁한다. 그런 다음 매일 사진이나 동영상, 스토리나 릴스reels(짧은 동영상)를 올린다. 재료를 다듬고 요리하는 과정이나 음식 사진도 올리고, 피트니스 센터로 향하는 과정과 운동하는 모습도 올린다. 모든 게 촬영 대상이다. 벤치프레스(바벨)를 낑낑 때며 들어 올리거나 트레드밀(일명 런닝머신)을 '아작'을 낼 기세로 열심히 달리는 것 정도는 기본이다. 하루 일과 중 그 어느 것도 포스팅의 그물을 빠져나가지 않는다. 하지만 아무리 노력해도 주변 사람 몇몇을 제외하면 관심을 보이는 이가 거의 없다. 친구와 친구의 친구들까지 다 동원해도 팔로워 수가 좀처럼 오르지 않는다. 경쟁은 치열하고, 내가 올리는 콘텐츠와 남이 올리는 영상의 차이는 종이 한 장도 안 된다.

그래도 포기란 없다. 한때 자신의 우상이었던 이들과 똑같은 해시태그(#fitness, #active, #muscle 등)를 끈질기게 고집한다. 그 키워드들이 그나마 자신이 발견한 틈새시장 속 고객들한테는 먹히기 때문이다. 문제는 틈새시장이 너무 커져버렸다는 거다. 거기에서 직접 센터를 운영하는 이들조차 길을 잃고 헤맬 정도다. 전략을 수정해야 할 때가 왔다. 지금부터는 이제 막 출발선에 서 있는 SNS 스타 지망생들을 자극하기 시작한다. 어떻게든 그 꿈나무들이 나를 따라 하게 만들어야 한다. 그곳에 가서 사진이나 동영상 아래에 칭찬과 응원의 댓글을 단다. 그들을 팔로잉하는 팬들을 내 팬으로 만들 수 있다는 기대감으로 '좋아요'를 끝도 없이 누른다. 와우! 소득이 없지는 않다. 하지만 오래가지는 않는다. 의도적인 '맞팔(서로 팔로우하기)'을 들키지 않으려면 '경쟁업체'들, 즉 선의의 경쟁자들을 금세 '언팔(팔로우 취소하기)'해야만 한다. 그래야 프로필이 깨끗해진다. 내가 팔로잉하는 사람이 너무 많아지지 않게 관리하면서 나를 팔로잉하는 팬들은 아주 많다는 인상을 줘야만 한다. 그런데 세상은 넓고 똑똑한 사람은 많다. 남들도 다 나만큼은 머리를 굴린다. 그래서 이 계획도 성공할 확률이 그다지 높지 않다.

실망한 그 남성은 자신의 계정에 유명 인플루언서의 스토리나 포스팅을 링크하기 시작한다. 그는 "이러면 그 사람들이 나를 알아주고, 그게 결국 나한테 도움이 되지 않을까?"라고 생각하지만 그 역시 실패로 돌아간다. 이 '워너비 인플루언서' 남성의 모든 계획이 수포로 돌아간다. 다들 잘 알겠지만, 팔로워 수가 수백 명밖에 안 되는 사람에게 손을 내미는 광고주는 없다. 그래서 남자는 협찬이나 보수 없이 그렇게 링크라도 걸어두면 언젠가는 자신의 포스팅이 그 제품의 회사 스토리에 실릴 것을 기대하면서 자신이 평소에 진짜로 사용하는 제품들을 카메라 앞에 들이민다.

그는 왜 성공하지 못했을까? 한때 우상으로 삼았던 이들과 비교할 때 결코 근육이 덜 발달한 건 아니다. 업로드한 사진의 퀄리티가 더 형편없었던 것도 아니다. 동기를 부여하는 명언과 삶의 지혜를 담은 짧은 글들을 적절히 버무려 넣었고, 유명 인플루언서들의 콘텐츠들에 비해 뒤처질 것도 더 나을 것도 없이 거의 비슷하게 했다. 그런데 왜 그는 구름 떼 같은 팬을 끌어모으지 못했을까? 인플루언서는 가졌지만 이 남자는 가지지 못한 것은 무엇일까? 정답은 '그런 건 없다'다. 이미 이름을 널리 알린 SNS 스타와 그 자리에 오르기 위해 애쓰는 새싹들 사이에 눈에 띌 만한 차이는 거의 없다. 유일한 차이는 그들은 성공했고, 이 남성은 실패했다는 것뿐이다.

그 남성에게 남은 것이라고는 실망만 듬뿍 안겨준 인스타그램 계정 하나뿐이다. 그래도 포기하지 않고 어쩌다 한 번씩 포스팅을 하겠지만, 성공은 물 건너간 것이나 다름없다. 그러다 조금만 지나면 그 남성의 프로필을 아무리 들여다봐도 한때 인플루언서가 되기를 꿈꾼 사람이었다는 흔적조차 찾지 못하게 될 것이다. 마지막으로 상의를 탈의한 채 이두박근을 뽐내며 찍은 사진을 올린 날짜를 확인하니 이미 8개월 전이다. 거기에는 19개의 '좋아요'와 더불어 단 한 개의 댓글만 덩그러니 달려 있다. 거기에는 "섹시 바디"라고 적혀 있다. 작성자는 '댓글 봇bot(홍보 목적으로 댓글을 기계적으로 다는 사람)'이다.

참고문헌

서문

1. Paula Doenecke, 《Lavendel-Bauern in der Provence klagen über Influencer》, in: *Frankfurter Allgemeine Zeitung* (8. August 2019), available online at: https://www.faz.net/aktuell/stil/drinnendraussen/lavendel-bauern-in-der-provence-klagen-ueber-influencer-16322575.html (alle URL Stand November 2020).
2. Rakuten Marketing, 《Influencer Marketing. Globale Umfrage Verbraucher 2019》, available online at: https://go.rakutenmarke ting.com/hubfs/RMUK2019/2019-Influencer-Marketing-GlobalSurvey-Germany-FINAL.pdf.
3. Rakuten Advertising, 《Umfrage: Deutsche Unternehmen zahlen bis zu 38000 Euro pro Influencer-Post》(25. März 2019), available online at: https://rakutenadvertising.com/de-de/media-andpress/umfrage-deutsche-unternehmen-zahlen-bis-zu-38-000-euro-pro-influencer-post/.
4. Kerstin Dämon, 《Viele Influencer-Kooperationen sind ziemlicher Blödsinn》, Interview mit Johst Klems, in: *Wirtschaftswoche* (15. Juni 2017), available online at: https://www.wiwo.de/erfolg/ trends/werbung-mit-bloggern-und-co-kosten-von-0-bis-100-000-euro/19928656-2.html.

1. 인플루언서 예고편

1. Blake Snyder, *Rette die Katze! Das ultimative Buch übers Drehbuchschreiben*, Berlin: Autorenhaus Verlag 2015(2005).
2. Siegfried Kracauer, 《Die kleinen Ladenmädchen gehen ins Kino》(1928), in: *Das Ornament der Masse*, Berlin: Suhrkamp 2017(1963), p. 279-294, p 282.
3. Jean Baudrillard, *Agonie des Realen*, Berlin: Merve Verlag 1978, p 25.
4. Francis Fukuyama, 《The end of history》, in: *The National Interest*(16) 1989, p 3-18, p 17f.
5. cf. Cinzia Arruzza/Tithi Bhattacharya/Nancy Fraser, *Feminismus für die*

99 %. Ein Manifest, Berlin: Matthes & Seitz 2019.
6. Nancy Jo Sales, 《The suspects wore Louboutins》, in: *Vanity Fair*(März 2010), available online at: https://archive.vanityfair.com/article/share/e9cc0cc3-dbf1-4fab-8367-5fc7c05608e6.

2. 스러져가는 자본주의의 구원 투수

1. Karl Marx, *Das Kapital. Kritik der politischen Ökonomie*, Zweiter Band, herausgegeben von Friedrich Engels, *Marx-Engels-Werke*, Band 24, Berlin: Dietz 1963(1893), p. 146f.
2. Hanns Buchli, *6000 Jahre Werbung. Geschichte der Wirtschaftswerbung und der Propaganda*, vol. 3: *Das Zeitalter der Revolutionen*, Berlin: Walter de Gruyter & Co. 1966, p. 210.
3. ibid., p. 213.
4. cf. Wolfgang Fritz Haug, *Kritik der Warenästhetik. Gefolgt von Warenästhetik im High-Tech-Kapitalismus*, Berlin: Suhrkamp 2009(1971).
5. Karl Marx, *Das Kapital. Kritik der politischen Ökonomie*, Erster Band, *MEW* 23, Berlin: Dietz 1989(1867), p. 49.
6. Haug, *Kritik der Warenästhetik*, l.c., p. 28, p. 29.
7. ibid., p. 41f.
8. ibid., p. 29.
9. ibid., p. 69.
10. cf. Bianca Frank/Carsten Rennhak, 《Product Placement am Beispiel des Kinofilms Sex and the City: The Movie》 (2009), available online at: https://www.esb-business-school.de/fileadmin/user_upload/Fakultaet_ESB/Forschung/Publikationen/Diskussionsbeitraege_zu_Marketing_Management/WP_2009-03__PP_ Sex_and_the_City.pdf, p. 31.
11. Quoted from, Wolfgang Streeck, *Gekaufte Zeit. Die vertagte Krise des demokratischen Kapitalismus*, erweiterte Ausgabe, Berlin: Suhrkamp 2018(2013), p. 31.
12. Philipp Staab, *Digitaler Kapitalismus. Markt und Herrschaft in der Ökonomie der Unknappheit*, Berlin: Suhrkamp 2019, p. 150.
13. Philipp Staab spricht in Anlehnung an die Regulationstheorie von Akkumulationsregimes als 《einer spezifischen Weise der Profitgenerierung - im Fordismus die Kombination von Massenproduktion und Massenkonsum》(ibid., p. 153).
14. Der Soziologe Ulrich Beck schrieb daher auch von einem 《Fahrstuhleffekt》(cf. Ulrich Beck, *Risikogesellschaft. Auf dem Weg in eine andere*

Moderne, Frankfurt am Main: Suhrkamp 1986).
15. Staab, *Digitaler Kapitalismus*, l.c., p. 220.
16. 《In dieser (Sequenz) unterscheide ich drei Phasen: die Inflation der 1970er Jahre, die beginnende Staatsverschuldung im Jahrzehnt danach und die zunehmende Verschuldung der privaten Haushalte sowie der Unternehmen sowohl des industriellen als auch des Finanzsektors seit Mitte der 1970er Jahre. Den drei Phasen war gemeinsam, dass jede von ihnen in einer Krise endete, deren Lösung zugleich Ausgangspunkt einer neuen Krise war》(Streeck, Gekaufte Zeit, l.c., p. 8).
17. n. n., 《US-Verbraucher stecken in der Schuldenfalle》, in: *Handelsblatt* (8. September 2004), available online at: https://www.handelsblatt.com/politik/international/pro-haushalt-betragenkreditkartenschulden-mehr-als-8400-dollar-us-verbraucherstecken-in-der-schuldenfalle/2397674-all.html.
18. Staab, *Digitaler Kapitalismus*, l.c., p. 172, p. 174, p. 175.
19. ibid., p. 221.
20. Entsprechende Berichte sind available online at: https://abc.xyz/investor/static/pdf/2019Q4_alphabet_earnings_release.pdf and https://s21.q4cdn.com/399680738/files/doc_news/Face book-Reports-Third-Quarter-2020-Results-2020.pdf.
21. 이 두 기업이 자체 상품을 전혀 생산하지 않는다는 뜻은 아니다. 구글도 스마트폰을 생산하고 있고, 페이스북은 2014년 20억 달러를 들여 VR 헤드셋 생산업체인 오큘러스Oculus를 인수했다. 하지만 두 기업의 전체 매출액 중 뭐니 뭐니 해도 가장 큰 비중을 차지하는 것은 광고주와 잠재고객을 중개해서 벌어들이는 수입이다.
22. Nick Srnicek, *Plattform-Kapitalismus*, Hamburg: Hamburger Edition 2018, p. 93.
23. ibid., p. 123.
24. Quoted from Steven Levy, *Facebook. Weltmacht am Abgrund*, München: Droemer 2020, p. 599.
25. 마르크스는 《자본론》 1권에서 자본주의는 "생산자와 생산수단이 역사적으로 분리되는 과정에서 생겨났다"고 말한다(Marx, *Das Kapital*, vol. 1, l.c., p. 742). 자본주의 등장과 함께 이해관계가 정면으로 배치되는 두 개의 계층이 생겨났다. 생산수단(e. g. 기계, 천연자원 등)을 지닌 자본가와 이중으로 자유로운 임금노동자가 생겨난 것이다. 이 "이중적 의미에서 자유로운 임금노동자들은 한편으로는 노동력이라는 재화를 지닌 자유인이지만, 다른 한편으로는 노동력을 제공하지 않을 경우 자신의 노동력을 실현하기 위해 필요한 모

든 것들로부터 '자유로워질' 뿐이다."(ibid. p. 183).

3. 새로운 광고 도구의 탄생

1. n.n., 《Rezo: 'YouTuber ist ein sehr dummer Ausdruck - wie Fernsehler oder Printler'》, in: *Zapp* (23. Oktober 2019), available online at: https://www.ndr.de/fernsehen/sendungen/zapp/Rezound-der-Journalismus,rezo108.html.
2. Sarah Frier, *No Filter. Die Instagram-Story*, Kulmbach: Plassen 2020, p. 14.
3. ibid., p. 255.
4. For comparison: Die *Bild*-Zeitung hat Stand 10/2020 eine verkaufte Auflage von knapp 1,2 Millionen Exemplaren.
5. Emma Lee, 《Livestreams on Taobao Live earn RMB 20 billion in sales on Singles Day》 (13. November 2019), available online at: https://technode.com/2019/11/13/livestreams-on-taobao-liveearn-rmb-20-billion-in-sales-on-singles-day/.
6. Liu Chang, 《China im Influencer-Fieber: Wie neue Onlinemarketing-Modelle den Konsum ankurbeln》(29. Juli 2020), available online at: http://german.chinatoday.com.cn/2018/jdschwer punkt/202007/t20200729_800215993.html.
7. Haug, *Kritik der Warenästhetik*, l.c., p. 60.
8. David Graeber, *Bullshit Jobs. Vom wahren Sinn der Arbeit*, Stuttgart: Klett-Cotta 2020, p. 40.
9. ibid., p. 79.
10. Erik Olin Wright, 《Wo liegt die Mitte der Mittelklasse?》, in: *Prokla. Zeitschrift für kritische Sozialwissenschaft* 15/58 (1985), p. 35-62, p. 47, p. 48.

4. 창의력인가, 흉내 내기인가

1. Max Horkheimer/Theodor W. Adorno, *Dialektik der Aufklärung.Philosophische Fragmente*, Frankfurt am Main: Fischer 2016(1994), p.142, p. 139.
2. ibid. p. 129.
3. Martin Scorsese, 《I said Marvel movies aren't cinema. Let me explain》, in: *The New York Times* (4. November 2019), available online at: https://www.nytimes.com/2019-11-04/opinion/martinscorsese-marvel.html.

4. Richard Dawkins, *Das egoistische Gen*, Berlin/Heidelberg: Springer-Verlag 2007, p.321, p.328.
5. Horkheimer/Adorno, *Dialektik der Aufklärung*, l.c., p.128.
6. ibid.
7. Richard Florida, *The Rise of the Creative Class. And How It's Transforming Work, Leisure and Everyday Life*, New York: Basic Books 2004, p. xiii.
8. Andreas Reckwitz, *Die Erfindung der Kreativität. Zum Prozess gesellschaftlicher Ästhetisierung*, Frankfurt am Main: Suhrkamp 2012, p.9.
9. ibid., p.337.
10. cf. Frier, *No Filter*, l.c., p.158f.
11. ibid., p.200.
12. Quoted from ibid., p.116.
13. ibid., p.25.

5. 시들지 않는 외모 비즈니스

1. Béla Balázs, *Der sichtbare Mensch oder die Kultur des Films*, Frankfurt am Main: Suhrkamp 2001(1924).
2. Quoted from Frier, *No Filter*, l.c., p.302.
3. n. n., 《DGÄPC-Statistik 2018-2019. Zahlen, Fakten und Trends der Ästhetisch-Plastischen Chirurgie》, available online at: https://www.dgaepc.de/wp-content/uploads/2019/11/dgaepc_ statistik-2019.pdf, p.12.
4. ibid., p.14.
5. Frier, *No Filter*, l.c., p.207.
6. cf. Grégoire Chamayou, *Die unregierbare Gesellschaft: Eine Genealogie des autoritären Liberalismus*, Berlin: Suhrkamp 2019, p.166-173.
7. Eva Illouz, Warum Liebe endet. Eine Soziologie negativer Beziehungen, Berlin: Suhrkamp 2018, p.154.
8. Frier, *No Filter*, l.c., p.177.
9. Roland Barthes, *Die helle Kammer. Bemerkungen zur Photographie*, Frankfurt am Main: Suhrkamp 1989(1980), p.36.
10. ibid., p.50.
11. Nina Power, *Die eindimensionale Frau*, Berlin: Merve 2008, p.58.
12. Siegfried Kracauer, *Die Angestellten. Aus dem neuesten Deutschland*, Frankfurt am Main: Suhrkamp 1971(1930), p.24, p.25.
13. cf. Anna-Verena Nosthoff/Felix Maschewski, *Die Gesellschaft der Wearables. Digitale Verführung und soziale Kontrolle*, Berlin:Nicolai 2019.
14. Kathryn Pauly Morgan, 《Foucault, Hässliche Entlein und Techno-

Schwäne - Fett-Hass, Schlankheitsoperationen und biomedikalisierte Schönheitsideale in Amerika》, in: *schön normal. Manipulationen am Körper als Technologien des Selbst*, herausgegeben von Paula-Irene Villa, Bielefeld: Transcript 2015, p.143-172, p.153.
15. Horkheimer/Adorno, *Dialektik der Aufklärung*, l.c., p.148.

6. 다시 쓰는 핑크와 블루

1. Charlotte Theile, 《Sex sells - endlich profitieren Frauen selbst davon》, in: *Berliner Zeitung* (19. Juni 2020), available online at: https://www.berliner-zeitung.de/politik-gesellschaft/sex-sellsund-ploetzlich-nutzt-das-auch-den-nackten-frauen-li.86667.
2. Simone de Beauvoir, *Das andere Geschlecht. Sitte und Sexus der Frau*, Reinbek bei Hamburg: Rowohlt 2020(1949), p.257, p.191f.
3. ibid., p.257.
4. Laura Mulvey, 《Visuelle Lust und narratives Kino》 (1975), in: *Texte zur Theorie des Films*, herausgegeben von Franz-Josef Albersmeier, Ditzingen: Reclam 2017, p.389-408, p.397.
5. Marx, 《Nachwort zur zweiten Auflage》, in: *Das Kapital*, Erster Band, l.c., p.18-28, p.28.
6. Mulvey, 《Visuelle Lust und narratives Kino》, l.c., p.392.
7. cf. Annekathrin Kohout, *Netzfeminismus. Strategien weiblicher Bildpolitik*, Berlin: Wagenbach 2019.
8. Frigga Haug, *Erinnerungsarbeit*, Hamburg: Argument 2001, p.14.
9. ibid., p.7, p.15f.
10. ibid., p.9.
11. Mulvey, 《Visuelle Lust und narratives Kino》, l.c., p.398.
12. Quoted from: Daniel Drepper/Paul Schwenn/Johann Voigt, 《Exklusiv: Undercover bei Kollegahs Alpha-Armee》(31. Juli 2019), available online at: https://www.vice.com/de/article/jkqb/alphamentoring-felix-blume-exklusiv-undercover-bei-kollegahs-alphaarmee.
13. '젠더리빌파티'라는 표현은 착각의 소지가 많다. 사회-문화적 성별인 '젠더'가 아니라 생물학적 성별인 '섹스'를 알아내는 파티이기 때문이다. 따라서 해당 파티는 '섹스리빌파티'로 불러야 마땅하다.
14. Jenna Karvunidis/Molly Langmuir, 《I started the 'gender reveal party' trend. And I regret it》, available online at: https://www.theguardian.com/lifeandstyle/2020/jun/29/jenna-karvuni dis-i-started-gender-reveal-party-trend-regret.

15. Antonia Noori Farzan, 《A Border Patrol agent threw a genderreveal party. He ended up starting a 47,000-acre wildfire》, available online at: https://www.washingtonpost.com/news/morning-mix/wp/2018/10/01/a-border-patrol-agent-threw-a-genderreveal-party-he-ended-up-starting-a-47000-acre-wildfire/.
16. Bill Hutchinson, 《Grandmother killed by inadvertently made 'pipe bomb' at gender-reveal party》, available online at: https://abcnews.go.com/US/gender-reveal-party-turns-tragic-iowa-wo man-killed/story?id=66567086.
17. Quoted from Klaus Raab, 《Miley würde sogar gern viel, viel öfter mit der Kamera reden》, in: *Brand eins* 2/2019, available online at: https://www.brandeins.de/magazine/brand-eins-wirtschaftsmagazin/2019/marketing/kinder-influencer-miley-wuerde-sogargern-viel-viel-oefter-mit-der-kamera-reden.
18. Luise Meergans, 《Spielst du noch oder arbeitest du schon? Ein kinderrechtlicher Beitrag zur Debatte um Kinder-Influencerinnen und -Influencer》, in: *Zwischen Spielzeug, Kamera und YouTube. Wenn Kinder zu Influencern (gemacht) werden*, herausgegeben vom Deutschen Kinderhilfswerk, 2019, p.5-11, p.7.
19. Quoted from Lili Ruge, 《Youtube, Instagram & Co.: Kinderarbeit in Social Media》, in: *Capriccio. Das Kulturmagazin des BR Fernsehens* (08. Februar 2019), available online at: https://www.youtube.com/watch?v=ljYEHBJRK.

7. 댓글을 달아주세요

1. Andreas Reckwitz, *Die Gesellschaft der Singularitäten. Zum Strukturwandel der Moderne*, Berlin: Suhrkamp 2017.
2. Michael Klonovsky, 《Die Freigabe aller Dinge》, Interview mit Peter Sloterdijk, in: *Focus* (Nr. 31/2005), available online at: https://www.focus.de/kultur/medien/kultur-die-freigabe-allerdinge_aid_209752.html.
3. Renata Salecl, *Die Tyrannei der Freiheit. Warum es eine Zumutung ist, sich anhaltend entscheiden zu müssen*, München: Blessing 2014, p.23.
4. ibid.
5. Slavoj Žižek, 《Warum lieben wir es alle, Haider zu hassen?》 (Februar 2000), available online at: https://transversal.at/transversal/0401/zizek/de.
6. Diedrich Diederichsen, *Eigenblutdoping. Selbstverwertung, Künstlerro-*

mantik, Partizipation, Auflage, Köln: Kiepenheuer & Witsch 2009, p.279.

7. Katrin Schulze, 《Machen sich Facebook-Verweigerer verdächtig?》, in: *Der Tagesspiegel* (24. Juli 2012), available online at: https:// www.tagesspiegel.de/gesellschaft/panorama/nach-dem-attentatvon-denver-kein-facebook-profil-kein-job-angebot/6911648-2.html.
8. Bertolt Brecht, *Die Dreigroschenoper. Text und Kommentar*, Frankfurt am Main: Suhrkamp 2017, p.55.
9. Pierre Bourdieu, *Über das Fernsehen*, Frankfurt am Main: Suhrkamp 1998, p.96.
10. Milton Friedman/Rose Friedman, *Chancen, die ich meine. Ein persönliches Bekenntnis*, Berlin: Ullstein 1980, p.79f.
11. cf. Frank Schirrmacher, *Ego. Das Spiel des Lebens*, München:Blessing 2013, p.186.
12. Christoph Kucklick, *Die granulare Gesellschaft. Wie das Digitale unsere Wirklichkeit auflöst*, Berlin: Ullstein 2017, p.33, p.35.
13. ibid., p.40.
14. Robert B. Cialdini, *Die Psychologie des Überzeugens. Wie Sie sich selbst und Ihren Mitmenschen auf die Schliche kommen*, Bern: Hogrefe 2019, p.240f. Die US- 오리지널 미국판은 1984년 '인플루언서'라는 제목으로 출간됨.

8. 친절하고 다정한 인플루언서

1. Siegfried Kracauer, 《Die kleinen Ladenmädchen gehen ins Kino》, l.c., p. 279.
2. Theodor W. Adorno, *Einleitung in die Musiksoziologie* (1968), in:*Gesammelte Schriften*, Band 14, Berlin: Suhrkamp 2020, p.169-433, p.185f.
3. Brecht, *Die Dreigroschenoper*, l.c., p.12.
4. Karl Marx/Friedrich Engels, *Manifest der kommunistischen Partei*(1848), in: *MEW* 4, Berlin: Dietz 1959, p.459-493, p.465.
5. Brecht, *Die Dreigroschenoper*, l.c., p.13.
6. Karl Marx, 《Vorwort zur ersten Auflage》, in: *Das Kapital*, Erster Band, l.c., p.11-17, p.16.
7. Brecht, *Die Dreigroschenoper*, l.c., p.66.
8. Theodor W. Adorno, *Minima Moralia. Reflexionen aus dem beschädigten Leben, Gesammelte Schriften*, Band 4, Frankfurt am Main: Suhrkamp 2019(1951), p. 55.
9. Nancy Fraser, 《Vom Regen des progressiven Neoliberalismus in die

Traufe des reaktionären Populismus》, in: *Die große Regression.Eine internationale Debatte über die geistige Situation der Zeit*, herausgegeben von Heinrich Geiselberger, Berlin: Suhrkamp 2017, p.77-91, p.82, p.83f.
10. Bertolt Brecht, *Der gute Mensch von Sezuan*, Berlin: Suhrkamp 2018(1953), p.10.
11. ibid., p.29.
12. ibid., p.139, p.142.

9. 인증샷으로 떠나는 여행

1. Bundesministerium der Finanzen, *Ich bin Influencer. Muss ich Steuern zahlen?* (2020), available online at: https://www.bundesfinanzministerium.de/Content/DE/Standardartikel/Themen/Steuern/Steuerliche_Themengebiete/Social_Media_Akteure/2020-07-30-FAQ-Ich-bin-Influencer.pdf?__blob=publicationFi le&v=5.
2. Andrea Diener, 《Instagrammable》, in: *Frankfurter Allgemeine Zeitung* (25. Oktober 2018), available online at: https://www.faz.net/aktuell/feuilleton/instagrammable-ist-der-neue-hype-imtourismus-15854387.html.
3. Constanze Baum, 《Vorbild - Abbild - Zerrbild. Bewältigungsstrategien europäischer Neapelreisender um 1800》, in: *Dreckige Laken. Die Kehrseite der 《Grand Tour》*, herausgegeben von Joseph Imorde und Erik Wegerhoff, Berlin: Wagenbach 2018, p.30-47, p.42.
4. Zygmunt Bauman, *Flaneure, Spieler und Touristen. Essays zu postmodernen Lebensformen*, Hamburg: Hamburger Edition 2007, p.157.
5. Zitiert n. n., 《Saudi-Arabien. Mit Influencern das Image des Landes aufpolieren》, in: *Deutschlandfunk Nova* (21. November 2019), available online at: https://www.deutschlandfunknova.de/beitrag/saudi-arabien-mit-influencern-das-image-des-landes-aufpo lieren.
6. n. n., 《Saudi Arabia turns to foreign social media influencers to improve its image》, in: *Global Village Space* (07. September 2019), available online at: https://www.globalvillagespace.com/saudi-arabia-turns-to-foreign-social-media-influencers-to-improveits-image/.
7. ZHAO Tingyang, *Alles unter dem Himmel.Vergangenheit und Zukunft der Weltordnung*, Berlin: Suhrkamp 2020.
8. Carl Schmitt, *Völkerrechtliche Großraumordnung: mit Interventionsverbot für raumfremde Mächte. Ein Beitrag zum Reichsbegriff im Völkerrecht*, Berlin: Duncker & Humblot 1991(1941).
9. Hans Magnus Enzensberger, 《Vergebliche Brandung der Ferne.Eine

Theorie des Tourismus》, in: *Merkur 126* (August 1958), available online at: https://www.merkur-zeitschrift.de/hans-ma gnus-enzensberger-vergebliche-brandung-der-ferne/#en-7881-3.
10. Timo Hoffmann, 《Wir wollten krass sein》, Interview mit Wolfgang Joop, in: *die tageszeitung* (04. Oktober 2019), available online at: https://taz.de/Modedesigner-Wolfgang-Joop/!5628230/.
11. Edward Said, *Orientalismus*, Frankfurt am Main: Fischer 2010(1978), p.16.
12. ibid., p.376.
13. Quoted from Thomas Wagner, *Die Angstmacher. 1968 und die Neuen Rechten*, Berlin: Aufbau 2017, p.82.

10. 아메리칸 드림의 마지막 주자

1. Emmanuel Saez/Gabriel Zucman, *Der Triumph der Ungerechtigkeit. Steuern und Ungleichheit im 21. Jahrhundert*, Berlin: Suhrkamp 2017, p.82.
2. Frigga Haug, 《Leistung muß sich wieder lohnen》, in: *Hat die Leistung ein Geschlecht? Erfahrungen von Frauen*, herausgegeben von Frigga Haug und Eva Wollmann, Hamburg: Argument 1993, p.11-30, p.14.
3. Oliver Nachtwey, *Die Abstiegsgesellschaft. Über das Aufbegehren in der regressiven Moderne*, Berlin: Suhrkamp 2016, p.7.
4. cf. Zhang Wei-Wei, *The China Horizon. Glory and Dream of a Civilizational State*, Hackensack (New Jersey): World Century Publishing Co. 2016.
5. Xi Jinping, 《Rede auf der 1. Tagung des XII. Nationalen Volkskongresses.17. März 2013》, in: ders., *China regieren*, Peking: Verlag für fremdsprachige Literatur 2018, p.44-50, p.45.
6. Nachtwey, *Die Abstiegsgesellschaft*, l.c., p.45.
7. Michael Moorstedt, 《Legebatterie für Influencer》, in: *Süddeutsche Zeitung* (06. November 2020), available online at: https:// www.sueddeutsche.de/leben/tiktok-chase-hudson-hype-collabhouse-1.5095021?fbclid=IwARHyDctLaCjxTXcAPnitkOSPAWeAuC3u9MWERUWL4tID9SFjVH20R4PBw.
8. Chris Anderson, *The Long Tail - der lange Schwanz. Nischenprodukte statt Massenmarkt - Das Geschäft der Zukunft*, München:Hanser 2007.

인플루언서

디지털 시대의 인간 광고판

초판 1쇄 발행 2022년 2월 21일

지은이 볼프강 M. 슈미트 · 올레 니모엔
옮긴이 강희진
펴낸이 성의현
펴낸곳 (주)미래의창

편집주간 김성옥
책임편집 김효선 · 권서현
디자인 윤일란
홍보 및 마케팅 연상희 · 김지훈 · 이희영 · 이보경

출판 신고 2019년 10월 28일 제2019-000291호
주소 서울시 마포구 잔다리로 62-1 미래의창빌딩(서교동 376-15, 5층)
전화 070-8693-1719 **팩스** 0507-1301-1585
홈페이지 www.miraebook.co.kr
ISBN 979-11-91464-74-0 03320

※ 책값은 뒤표지에 있습니다. 잘못된 책은 바꿔 드립니다.

생각이 글이 되고, 글이 책이 되는 놀라운 경험. 미래의창과 함께라면 가능합니다.
책을 통해 여러분의 생각과 아이디어를 더 많은 사람들과 공유하시기 바랍니다.
투고메일 togo@miraebook.co.kr (홈페이지와 블로그에서 양식을 다운로드하세요)
제휴 및 기타 문의 ask@miraebook.co.kr